本书获国家自然科学基金项目（项目编号：71573277）、国家社会科学基金项目（项目编号：19BGL225）资助

NONGCUN JIATING
PINKUN DONGTAIXING YANJIU
——SHENGMING ZHOUQI SHIJIAO

# 农村家庭贫困动态性研究
## ——生命周期视角

霍增辉　吴海涛　丁士军　著

中国财经出版传媒集团
经济科学出版社
Economic Science Press

图书在版编目（CIP）数据

农村家庭贫困动态性研究：生命周期视角/霍增辉
吴海涛　丁士军著.—北京：经济科学出版社，2019.11
ISBN 978－7－5218－0759－2

Ⅰ.①农… Ⅱ.①霍… Ⅲ.①农村-家庭-贫困问题
-研究-湖北　Ⅳ.①F323.8

中国版本图书馆CIP数据核字（2019）第171429号

责任编辑：王柳松
责任校对：隗立娜
责任印制：王世伟

**农村家庭贫困动态性研究——生命周期视角**
霍增辉　吴海涛　丁士军　著
经济科学出版社出版、发行　新华书店经销
社址：北京市海淀区阜成路甲28号　邮编：100142
编辑部电话：010－88191441　发行部电话：010－88191522
网址：www.esp.com.cn
电子邮箱：esp_bj@163.com
天猫网店：经济科学出版社旗舰店
网址：http://jjkxcbs.tmall.com
北京季蜂印刷有限公司印装
710×1000　16开　13印张　200000字
2019年12月第1版　2019年12月第1次印刷
ISBN 978－7－5218－0759－2　定价：58.00元
（图书出现印装问题，本社负责调换。电话：010－88191510）
（版权所有　侵权必究　打击盗版　举报热线：010－88191661
　QQ：2242791300　营销中心电话：010－88191537
　电子邮箱：dbts@esp.com.cn）

# 前言
PREFACE

改革开放以来，在取得经济快速增长的同时，中国政府也取得了极其显著的减贫成就。按照2011年新执行的贫困标准2300元/人·年计算，中国农村贫困人口从1978年的77039万人下降到2015年的5575万人，贫困发生率从97.5%下降到5.7%。[①] 但是，中国贫困人口基数大、分布广，特别是贫困人口中持久贫困比重仍较高、返贫问题严重，农村家庭贫困动态性问题尤为突出。鉴于农村家庭的贫困现状，深入研究农村家庭动态贫困，对于中国政府在2020年全面建成小康社会以及贫困人口如期脱贫具有重要的现实意义和理论意义。

家庭生命周期被认为是家庭贫困状态的重要"预测器"。在不同生命周期阶段，结婚、离婚、子女出生及子女成年离家等家庭事件的发生，可能会导致家庭劳动力、劳动时间配置、就业结构选择等方面的变化，进而可能造成家庭收入波动，最终导致家庭贫困状态的转换。另外，在不同生命周期阶段，家庭生计资本和收入能力可能也不尽相同，这势必会导致家庭生计结果也不同。因此，需要从生命周期视角来考察农村家庭贫困动态性及其作用机理，从而为政府精准识别扶贫对象、精准实施扶贫项目提供微观证据支持和理论借鉴。

鉴于此，本书以可持续生计框架、家庭生命周期理论和贫困理论为研究基础，构建农村家庭贫困动态性分析框架。利用大样本、6年期湖北省农村家庭调查数据，考察贫困动态过程、不同组分特征及其生命周期

---

① 中华人民共和国国务院新闻办公室编. 中国的减贫行动与人权进步 [M]. 北京：人民出版社，2016.

规律。计量分析农村家庭贫困动态性的决定因素及生命周期的影响效应。研究内容分为五部分：

第一部分是理论基础与分析框架，即第一章和第二章。导论提出研究的问题，确定研究目标与研究内容，论述研究方法和研究数据，构建研究框架。第二章界定家庭生命周期、贫困动态性等关键概念，并论述相关理论基础与文献综述等。

第二部分是湖北省家庭生命周期模型及家庭贫困动态过程，即第三章、第四章。第三章在构建湖北省农村家庭生命周期模型的基础上，测算、比较模型的包容度；并考察湖北省农村家庭生命周期分布特征及人口特征。第四章从生命周期视角分析湖北省农村家庭总体贫困状况、经历贫困年数、进入贫困状况和退出贫困状况、贫困持续年数。

第三部分是不同贫困动态过程中的湖北省农村家庭生计特征及贫困动态程度影响因素，即第五章、第六章。第五章首先，分析不同生命周期阶段湖北省家庭收入能力、生计资本与生计策略差异；其次，分析不同贫困经历湖北省农村家庭（长期贫困、短期贫困、从未贫困）的收入能力、生计资本与生计策略差异；最后，分析退出贫困家庭和进入贫困湖北省农村家庭的收入能力、生计资本和生计策略差异。第六章首先，利用广义定序回归模型（generalized ordered logit model，Logit）估计经历贫困年数的影响因素。其次，采用久期分析（duration analysis）考察湖北省农村家庭贫困持续年数及其家庭生命周期规律，并利用 cox（cox proportional hazards model）比例风险模型估计贫困持续年数的影响因素。最后，利用 Logit 回归模型估计家庭进入贫困、退出贫困的影响因素。

第四部分是湖北省农村家庭的暂时贫困组分与持久贫困组分及其影响因素，即第七章。首先，采用组分分解法将贫困分解为暂时贫困组分和持久贫困组分，并考察暂时贫困趋势及其生命周期特征、持久贫困趋势及其生命周期特征。其次，利用受限分位数回归方法（censored quantile regression）估计暂时贫困、持久贫困的影响因素。

第五部分是主要结论及政策建议，即第八章。总结全书主要研究结论，有针对性地提出相关精准扶贫的政策建议。

通过定性分析与定量分析，本书的主要研究结论有：

第一，湖北省农村家庭贫困动态总体特征。从经历贫困年数看，多数农村家庭没有经历贫困,只有43.22%的农村家庭经历了1年以上的贫困。从贫困状态转换看,在某年陷入贫困的农村家庭,主要来源于此前的非贫困农村家庭。但是,当贫困标准提高后,在某年陷入贫困的农村家庭,主要来源于此前的贫困农村家庭。从贫困持续年数看,农村家庭主要经历短期贫困而非长期贫困。经历贫困次数越多,贫困持续年数则越长。从不同贫困组分看,在较低贫困标准下,农村家庭暂时贫困水平及比重比持久贫困高;在较高贫困标准下,农村家庭持久贫困水平及比重比暂时贫困高。

第二,不同生命周期阶段湖北省农村家庭的贫困动态特征。成立期农村家庭贫困发生率、贫困年数、陷入贫困概率、贫困持续年数和持久贫困水平等最低,而退出贫困概率及暂时贫困水平最高。三代同堂家庭贫困发生率最高、经历贫困的年数更长、贫困持续年数最长。其他农村家庭贫困动态则与贫困标准选择有一定的关系:比如,在较低贫困标准下,相比抚育期家庭和成熟期家庭,空巢期家庭的短期贫困比重更多,长期贫困比重更低。而选择较高贫困标准时,空巢期家庭的短期贫困比重则比抚育期家庭、成熟期家庭低,长期贫困比重则比抚育期家庭和成熟期家庭高。

第三,湖北省农村家庭贫困动态过程影响因素。生命周期对农村家庭贫困持续年数、退出贫困有显著的负向影响,对贫困经历年数、进入贫困有显著正向影响。能显著缩短贫困持续年数的因素包括:人力资本、家庭耕地资源、非农劳动时间和外出务工时间等。显著推动退出长期贫困的因素有:人力资本、家庭耕地面积、非农劳动时间、农业补贴政策等。显著影响进入贫困的因素有:家庭人口规模、户主年龄、户主性别、以务农为主的经营方式及农业劳动时间等。

第四,湖北省农村家庭暂时贫困和持久贫困的影响因素。家庭生命周期对持久贫困、暂时贫困都有显著正向影响,在相同分位数上,对持久贫困的影响系数均高于暂时贫困。能显著降低暂时贫困、持久贫困的共同因素有:金融资产、耕地面积和非农业劳动时间等。农业劳动时间、初中以上劳动力和接受培训劳动力对暂时贫困和持久贫困的影响不同:农业劳动时间对暂时贫困有显著正向影响,而对持久贫困没有显著正向影响。初中以上劳动力和接受培训劳动力等人力资本对持久贫困有显著负向影响，而对暂时贫困没有显著影响。

基于以上结论，本书提出以下政策建议：根据农村家庭贫困动态信息，完善扶贫对象精准识别机制与动态管理机制；针对不同贫困类型，精准实施差异化扶贫项目和帮扶措施；针对不同生命周期阶段的农村家庭，因户实施差异化扶贫项目和帮扶措施，从就业能力和经营能力两方面提升家庭的自我发展能力。

本书可能的主要创新之处有如下三点。

1. 在选题方面，目前仅有少量文献碎片化地考察部分家庭特征对贫困动态性的影响。而本书将农村家庭视为一个整体，划分为不同的生命周期阶段，围绕贫困动态性主题，刻画农村家庭贫困动态的生命周期特征，揭示农村家庭贫困动态的成因，为政府精准识别扶贫、精准安排扶贫项目、精准落实扶贫措施等方面提供微观证据支持和政策建议。

2. 在分析框架方面，本书将结合贫困理论、可持续生计理论和家庭生命周期理论，构建贫困动态性分析框架，并运用湖北省农村调查数据进行实证检验。本书的结论对于减少中国农村贫困，尤其是对于减少与湖北省地域相似的中部地区农村贫困，可能提供较充分的微观证据及理论借鉴。

3. 在研究方法和研究内容方面，现有农村家庭贫困动态问题的相关中文文献，大多采用2~4年的数据进行分析，只有少数文献采用5年期以上的面板数据，尚需长时期面板数据的证据支持。本书将通过6年期面板数据，采用对右删失数据更稳健的久期分析方法，估计家庭生命周期对农村家庭贫困持续年数的影响。对于左截断贫困组分数据，采用一个改进的受限分位数回归估计方法，计量分析生命周期对农村家庭暂时贫困、持久贫困的影响。采用更稳健的广义定序Logit模型估计生命周期对农村家庭贫困年数的影响效应。

本书的主要不足之处在于：（1）构建的家庭生命周期模型还有不足之处。例如，没有考虑四世同堂的家庭结构，也没有考虑留守儿童对家庭结构的影响等。（2）在贫困测度方面，本书的贫困仅指收入贫困，没有涉及消费贫困或其他贫困，也不涉及多维贫困。（3）尽管根据数据特点（比如，左删失或右删失等问题）来选取合适的研究方法，并且，部分控制变量采用代理指标，但仍不能排除个别变量的内生性问题。（4）数据说明。本书主要采用了2005~2010年的湖北省统计局农村家庭调查数据。原因有二：一是 2005～2010 年是中国实施第一个农村扶贫开发 10 年纲要的后半程，贫困人口日益减少，而农村家庭的持久贫困与返贫等难点问题开始突显。因此，以该期间的数据为研究对象，研究结论有较强的代表性。二是 2011 年以后湖北省统计局农村家庭调查数据的结构已不同以往，且调查对象中 90% 以上都重新选样，也不是原来那批农户，故本书并没有对 2011 年以后的数据进行更新。

作者

2019 年 1 月

# 目录
## CONTENTS

**第一章 导 论** ………………………………………………… 1

 第一节 问题的提出 …………………………………………… 1

 第二节 研究目标、研究方法及研究数据 …………………… 2

 第三节 研究框架 ……………………………………………… 6

 第四节 可能的创新点及不足之处 …………………………… 7

**第二章 研究基础与研究综述** …………………………………… 10

 第一节 四个基本概念 ………………………………………… 10

 第二节 基础理论 ……………………………………………… 19

 第三节 研究综述 ……………………………………………… 22

**第三章 湖北省农村家庭生命周期模型构建** ………………… 33

 第一节 经典家庭生命周期模型 ……………………………… 33

 第二节 农村家庭生命周期模型 ……………………………… 38

 第三节 湖北省农村家庭生命周期特征 ……………………… 44

**第四章 农村家庭贫困动态过程：以湖北省为例** …………… 54

 第一节 不同生命周期阶段农村家庭的贫困状况 …………… 54

 第二节 不同生命周期阶段农村家庭的贫困经历 …………… 64

第三节　不同生命周期阶段湖北省农村家庭进入
　　　　　　贫困状况与退出贫困状况 ································ 78

第五章　不同贫困动态视角下湖北省农村家庭生计特征········ 88
　　　第一节　不同生命周期阶段湖北省农村家庭的生计特征····· 88
　　　第二节　不同贫困经历湖北省农村家庭的生计特征 ·········· 94
　　　第三节　进入贫困和退出贫困的湖北省农村家庭生计特征 ····· 101

第六章　湖北省农村家庭贫困动态过程的影响因素 ············ 107
　　　第一节　湖北省农村家庭经历贫困年数的影响因素 ·········· 107
　　　第二节　湖北省农村家庭贫困持续年数的影响因素 ·········· 115
　　　第三节　湖北省农村家庭进入贫困或退出贫困的影响因素 ····· 130

第七章　湖北省农村家庭的暂时贫困测度
　　　　与持久贫困测度 ···································· 137
　　　第一节　基于组分分解法的暂时贫困测度和持久贫困测度 ····· 137
　　　第二节　暂时贫困的影响因素分析 ························ 159
　　　第三节　持久贫困的影响因素分析 ························ 166

第八章　结论与建议 ·········································· 175
　　　第一节　主要结论 ···································· 175
　　　第二节　政策建议 ···································· 180

参考文献 ···················································· 185

# 第一章

# 导　论

## 第一节　问题的提出

贫困问题是一个既古老又现代的话题。贫困问题不仅是贫穷家庭的不幸,还是引发社会矛盾、激化社会动荡的深刻根源。中华人民共和国成立以来,中央政府在不同历史时期都非常重视对贫困的治理,推行了积极的反贫困政策。大致经历了以下几种模式:经济体制改革推动反贫困模式(1978~1985年)、开发式反贫困模式(1986~2011年)、精准扶贫模式、精准脱贫模式(2012年至今)。[①] 精准扶贫、精准脱贫的两个关键点在于:识别哪些人口是贫困人口、属于暂时贫困还是持久贫困?导致贫困的关键因素有哪些?扶贫要精准做到因人因地、因致贫原因、因贫困类型分类实施。因此,从扶贫实践来看,识别贫困群体,深入考察农村家庭贫困类型和致贫原因具有重要的现实意义。

从反贫困效果看,1978年以来,中国取得了前所未有的减贫成就。按照2010年的贫困标准(2300元/人·年,2010年不变价)计算,中国农村贫困人口下降到2015年的5575万人;贫困发生率从97.5%下降到5.7%(国家统计局,2016)。但是,中国贫困人口基数大、分布广,持久贫困及返贫问题严重,脱贫难度大。2015年,中国有8个省贫困人口超过300万人、贫困发生率高于10%。农村返贫率通常在20%以

---

① 国家行政学院编写组. 中国精准脱贫攻坚十讲 [M]. 北京:人民出版社,2016.

上，有些年份甚至达到60%以上，其中，2009年贫困人口中就有62%为返贫人口（万喆，2016）。贫困人口中大约有20%～25%处于持久贫困中（郭劲光，2011）。可见，属于贫困动态性范畴的贫困持续年数、进入贫困和退出贫困、持久贫困和暂时贫困，是值得进行学术研究的热点问题。

现有研究表明，生命周期是家庭贫困状态的重要"预测器"，在不同家庭生命周期阶段，结婚、离婚、子女出生及子女成年离家等家庭事件的发生，可能会导致家庭劳动力、劳动时间配置、就业结构选择等方面的变迁，进而影响家庭收入的波动，导致家庭在不同贫困状态之间转换。另外，不同生命周期阶段的农村家庭，生计资本积累和自我发展能力也可能不同，这势必会影响家庭的生计结果是否为贫困状态。因此，需要关注以下四个问题。（1）湖北省农村家庭的生命周期有哪些阶段？不同生命周期阶段家庭的分布结构如何？在家庭结构方面，有何不同之处？（2）不同生命周期阶段的农村家庭，其贫困动态问题呈现出什么规律特征？哪个生命周期阶段农村家庭的贫困率高，哪个生命周期阶段农村家庭的贫困率低？哪个生命周期阶段农村家庭的持久贫困严重，哪些生命周期阶段农村家庭的暂时贫困严重？哪类家庭更易于退出贫困，哪类家庭更可能陷入贫困？（3）不同生命周期阶段农村家庭的贫困动态性差异是哪些因素导致的？背后的影响机制是什么？（4）基于家庭生命周期视角该如何精准确定扶贫目标？如何精准安排扶贫项目？如何精准落实扶贫措施？

## 第二节　研究目标、研究方法及研究数据

### 一、研究目标

本书采用湖北省农村家庭调查数据，以家庭生命周期为视角，描述农村家庭贫困的动态过程，比较不同生命周期阶段的农村家庭贫困动态性，分析贫困动态性的影响因素及影响路径，为政府精准识别扶贫、精准安排扶贫项目、精准落实扶贫措施等提供微观证据支持和政

策建议。具体目标包括以下五个方面：

（1）建立湖北省农村家庭贫困分析的面板数据，描述湖北省农村家庭贫困动态过程；

（2）构建基于生命周期的农村家庭贫困动态分析框架，比较处于不同生命周期阶段湖北省农村家庭的贫困动态性；

（3）比较处于不同贫困动态过程中的湖北省农村家庭生计差异，揭示家庭生命周期对湖北省农村家庭贫困动态性的影响路径；

（4）计量分析湖北省农村家庭贫困动态性的影响因素；

（5）为构建动态贫困瞄准机制和制定减贫政策提供微观证据支持和针对性建议。

## 二、研究方法

本书主要采用文献综述法、演绎推理法、比较分析法和计量分析方法，对研究内容进行较全面、深入地分析。

### 1. 文献综述法

读史以明智，对已有文献的收集、整理及认真研读，为本书在思路、思想、方法等方面的创作创新提供了有益的借鉴。主要针对家庭生命周期理论、贫困理论和农村家庭经济行为等文献进行综述，为从生命周期视角下考察农村家庭贫困动态性提供理论基础。

### 2. 演绎推理法

演绎推理法主要用于探究关键概念或关键变量之间的因果关系，进而推理出它们之间的关联性。比如，在分析不同生命周期阶段农村家庭的贫困动态差异原因时，通过对家庭生命周期、生计资本、收入能力、风险冲击和贫困等变量之间的内在逻辑进行推理，从而形成理论框架。

### 3. 比较分析法

有对比，才能知晓差异。比较分析法主要用于分析不同时期湖北省农村家庭的贫困差异，不同生命周期阶段农村家庭的贫困差异，不同生命周期阶段农村家庭的生计特征差异，不同贫困动态类型农村家庭的生计特征差异。

### 4. 计量分析方法

主要采用久期分析（duration analysis）或事件史分析（event history analysis）、受限分位数回归（censored quantile regression）、广义定序 Logit 回归、Tobit 回归、Logit 回归、贫困分解法等方法。在分析贫困持续年数的影响因素时，采用久期分析展开研究；在分析不同贫困类型的影响因素时，运用广义定序 Logit（GOLM）展开研究；分析农村家庭进出贫困的影响因素时，采用 Logit 回归进行估计。另外，还采用贫困分解法，将贫困分解为暂时贫困和持久贫困；然后，采用受限分位数回归法（CQR），对农村家庭持久贫困和暂时贫困的影响因素进行计量分析。

## 三、研究数据

本书主要采用定量分析法展开研究，高质量的研究数据是稳健研究结果的基础保障。本书的数据来源有两类：国家统计数据和湖北省农村家庭调查数据。

### 1. 宏观数据

在分析湖北省社会经济发展概况时，所采用的地区生产总值、产业产值、城市居民人均可支配收入、农村居民人均纯收入、县人均耕地面积、人均粮食产量、人均财政收入等指标来自《湖北统计年鉴》《中国统计年鉴》等。在分析湖北省农村家庭结构时，全国数据来源于《中国家庭发展报告》。在分析湖北省农村家庭贫困趋势时，全国贫困数据来源于《中国农村贫困监测报告》。

### 2. 微观调查数据

本书主要采用 2005~2010 年湖北省农村家庭调查数据，根据陈和拉瓦鲁（Chen and Ravallion, 1996）、麦卡洛赫和卡兰德里诺（McCulloch and Calandrino, 2002）、吴海涛和丁士军（2013）、周晶（2015）的介绍，总结该数据的优点有：（1）相比一次性调查数据，湖北省统计局农村家庭调查数据是通过农村家庭每日记账的方式获得。（2）采用被调查湖北省农村家庭、助理调查员、县统计局调查队、湖北省统计局调查队等多级别、按月反馈机制。相比一般调查数据，该数据在数据收集、检查和处理过程中大大降低了非抽样误差。

湖北省农村家庭调查数据涵盖了湖北省的33个县（市、区），每个县（市、区）选择5～13个样本村，每村选择10户，共调查330个村，3300户农村家庭，具体样本分布见表1-1。因为不是所有农村家庭在6个调查年份都被连续调查，需要删除那些信息不连贯的农村家庭，构建每年2952个样本、连续时间为6年的面板数据。上述数据中，有关农村家庭结构、家庭成员的信息用于构建家庭生命周期模型，农村家庭人口规模及收入等信息用来测度农村家庭贫困程度，还包括家庭劳动力、物质资本、金融资本、劳动时间配置和社区特征等资料。与本书相关的调查内容，详见表1-2。

2011年以后，湖北省统计局农村家庭调查数据的结构已不同于以前，且调查对象中90%以上都重新选样，也不是以前那批农户，故本书并没有对2011年以后的数据进行更新。

表1-1　　　　　　　　湖北省农村家庭调查样本分布

| 调查县（市、区） | 调查村数量（个） | 调查农户数（户） | 连续调查农村家庭（户） | 调查县（市、区） | 调查村数量（个） | 调查农户数（户） | 连续调查农村家庭（户） |
| --- | --- | --- | --- | --- | --- | --- | --- |
| 黄陂县 | 11 | 110 | 80 | 监利县 | 10 | 100 | 63 |
| 新洲区 | 10 | 100 | 84 | 松滋市 | 12 | 120 | 115 |
| 阳新县 | 10 | 100 | 0 | 黄州区 | 5 | 50 | 38 |
| 郧县 | 7 | 70 | 69 | 罗田县 | 10 | 100 | 83 |
| 房县 | 6 | 60 | 52 | 浠水县 | 11 | 110 | 106 |
| 夷陵区 | 7 | 70 | 60 | 黄梅县 | 11 | 110 | 98 |
| 秭归县 | 8 | 80 | 76 | 通城县 | 10 | 100 | 99 |
| 当阳市 | 8 | 80 | 75 | 赤壁市 | 10 | 100 | 89 |
| 枝江市 | 11 | 110 | 105 | 曾都区 | 10 | 100 | 87 |
| 襄阳区 | 13 | 130 | 76 | 广水市 | 10 | 100 | 78 |
| 谷城县 | 6 | 60 | 60 | 恩施市 | 8 | 80 | 67 |
| 保康县 | 8 | 80 | 73 | 利川市 | 10 | 100 | 91 |
| 荆门市 | 9 | 90 | 69 | 鹤峰县 | 6 | 60 | 48 |
| 钟祥市 | 13 | 130 | 101 | 仙桃市 | 14 | 140 | 123 |
| 云梦县 | 14 | 140 | 132 | 潜江市 | 14 | 140 | 137 |
| 汉川市 | 12 | 120 | 119 | 天门市 | 14 | 140 | 128 |
| 公安县 | 12 | 120 | 90 | | | | |

资料来源：吴海涛，丁士军. 贫困动态性：理论与实践 [M]. 武汉：武汉大学出版社，2013.

表1-2　　　　　　　与本书相关的农村家庭调查内容

| 调查板块 | 具体内容 |
| --- | --- |
| 住户家庭基本情况 | 从业类型、期末生产性固定资产拥有情况、期末存款 |
| 农村住户总收入与总支出 | 总收入情况、总支出情况 |
| 农村住户纯收入来源 | 全年纯收入、工资性收入、经营收入、转移性收入、财产性收入 |
| 购买商品情况 | 生活消费品情况、购买生产资料、购买生产用电、购买生产性固定资产情况 |
| 农村调查户所在村基本情况 | 调查地势等情况、调查村人口情况 |
| 调查户人口与劳动力情况 | 农村住户人口状况、农村住户劳动力素质状况 |
| 农村住户劳动力就业情况 | 就业劳动力人数、劳动力受教育水平、劳动时间 |
| 农村住户劳动力外出务工情况 | 外出就业的劳动力人数、外出务工时间 |

资料来源：吴海涛．丁士军．贫困动态性：理论与实践［M］．武汉：武汉大学出版社，2013.

## 第三节　研究框架

本书的研究框架，如图1-1所示。首先，根据家庭结构、户主年龄及子女年龄，本书构建湖北省农村家庭生命周期模型，将家庭分为成立期、抚育期、成熟期、三代同堂和空巢期5个生命周期阶段。以此为基础，考察农村家庭贫困动态性问题。其次，本书提出的贫困动态性是指，贫困在经历年数维度、状态转换维度、贫困组分构成等方面的发展变化或运动过程。具体而言，贫困动态性可以分为贫困动态过程和贫困组分分解两方面。贫困动态过程重点考察家庭经历贫困年数、贫困持续年数以及进入贫困和退出贫困的状态转换。不同贫困组分则是将贫困分解为暂时贫困组分和持久贫困组分。

本书以家庭生命周期理论、可持续生计分析框架、贫困理论为基础，以生命周期为研究视角，分析农村家庭贫困动态性及其影响因素。具体来看，首先，考察不同生命周期阶段农村家庭经历贫困年数、贫困持续年数及进入贫困状态和退出贫困状态等贫困动态过程，以及农村家庭的暂时贫困组分和持久贫困组分的特征。其次，通过对不同生命周期阶段农村家庭的生计资本、生计策略和生计结果（以收入代表）差异分析，解释农村家庭贫困动态性的影响机制。其中，生计资本是农村家庭进行生产和经营的基础；生计资本包括自然资本、物质资本、金融资本、人力资本和社会资本。生计策略是农村家庭谋生的方式,可以通过家庭从业类型和劳动时间配置来反映。从业类型包括以农业为主的经营模式和其他经营模式,劳动时间包括农业劳动时间、非农劳动时间和外出劳动时间。最后,采用计量分析方法,考察农村家庭贫困动态过程的影响因素以及暂时贫困组分与持久贫困组分的影响因素。

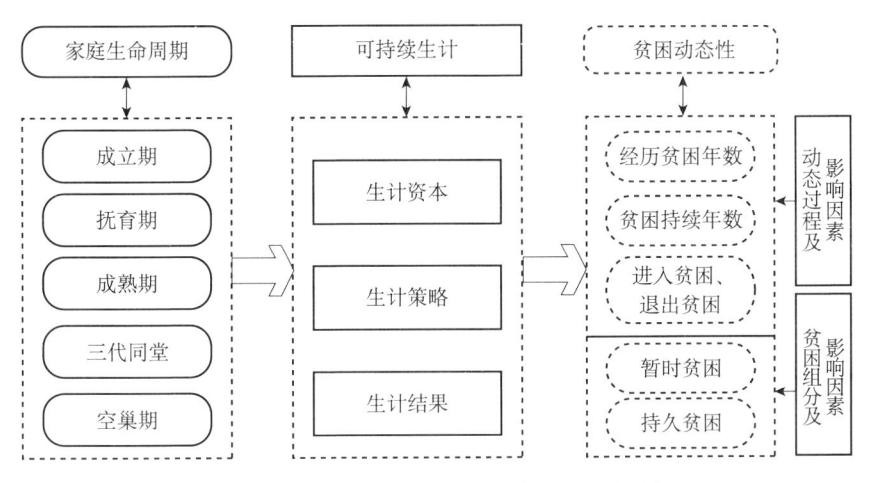

**图 1-1 生命周期视角下农村家庭贫困动态性框架**

资料来源:笔者绘制。

## 第四节 可能的创新点及不足之处

### 一、可能的创新点

#### 1. 在选题方面

动态贫困正在被越来越多的中外文文献所关注。但是,中文文献尚比较缺乏从家庭生命周期视角考察贫困问题,仅有少量文献碎片化地考察了家庭的部分因素(或者说家庭特征)对农村家庭贫困动态性的影响,这对于理解中国农村贫困问题还不够全面、深入。本书将农村家庭视为一个整体,将农村家庭划分为不同生命周期阶段,围绕贫困动态性主题,刻画农村家庭贫困动态性的生命周期特征;考察农村家庭生计资本、生计策略、收入能力的差异，揭示农村家庭贫困动态的成因，为政府精准识别扶贫、精准安排扶贫项目、精准落实扶贫措施等提供微观证据支持。

2. **在分析框架方面**

本书将结合贫困理论、可持续生计理论和家庭生命周期理论等，构建本书的贫困动态分析框架，并运用湖北省农村调查数据进行实证分析。对于减少中国农村贫困问题，尤其是对于减少与湖北省地理条件相似的中部地区农村贫困问题，可能提供一定的借鉴意义。

3. **在分析方法与研究内容方面**

现有对贫困动态性的研究多从单一角度度量。如贫困年数或贫困程度等，且一般考察的时段为 2~5 年，缺乏用长时段的数据，从多角度理解贫困动态性。本书将通过 6 年的面板数据，采用对右删失数据更稳健的久期分析方法，分析农村家庭贫困持续年数的影响。在研究农村家庭贫困组分时，对于左删失数据，采用改进的受限分位数回归（CQR）估计方法，分析农村家庭的持久贫困和暂时贫困的影响因素。在分析农村家庭不同类型的贫困时，采用了更稳健的广义定序 Logit 模型分析农村家庭长期贫困的影响效应。

## 二、研究的不足之处

1. **本书构建的家庭生命周期模型还有不足之处**

受到数据结构所限，没有考虑四世同堂的家庭结构，也没有考虑留守儿童对家庭结构的影响。同时，以户主年龄 50 岁作为家庭收缩的标准，这在一定程度上不能涵盖全部家庭。比如，一些户主年龄小于 50 岁的家庭，子女已经析出家庭另成立新家，将该家庭划入成立期家庭，可能会高估成立期家庭的收入能力，进而低估贫困状况。当然，同时也可能高估空巢期家庭的收入水平并低估其贫困水平。这是未来的研究方向。

2. **在贫困测度方面**

由于数据约束，本书所研究的贫困仅指收入贫困，没有涉及消费贫困或其他贫困，也没有拓展到多维贫困层面。另外，对于贫困动态过程中出现的多次进入贫困、退出贫困问题，本书像大多中外文文献一样简化处理，这有待采用更科学的估计模型解决。

**3. 在对贫困动态性进行回归估计时，受到数据限制，没有考虑社会资本的影响**

尽管本书根据数据特点（比如左删失或右删失等）尽量选取合适的研究方法，部分控制变量采用代理指标，仍不能排除个别变量的内生性问题。

**4. 由于 2011 年以后的湖北省统计局农村家庭调查数据，在数据结构上已经不同于以前；并且，调查对象中 90% 以上都重新选样，不是以前那批农户**

在本书中却需要一个长时期的面板数据，故本书并没有对 2011 年以后的数据进行更新。另外，2005～2010 年是中国实施第一个农村扶贫开发 10 年纲要的后半程，随着贫困人口的日益减少，农村家庭的持久贫困与返贫等难点问题开始凸显，这正符合本书的研究主题。

# 第二章

# 研究基础与研究综述

## 第一节 四个基本概念

### 一、家庭生命周期

家庭生命周期的概念起源于20世纪初期（Rowntree，1903），后来，格利克（Glick，1947）、杜瓦尔（Duvall，1988）、吉利和埃尼斯（Gilly and Enis，1982）等发展形成了现在的家庭生命周期理论。生命周期的概念为家庭从产生到解体或个体从生到死的循环过程，有着不同的循环阶段（潘允康，2002）。家庭本身是无生命特征的，但家庭成员的生命特征和一系列人口事件（如结婚、离家、死亡等）赋予了家庭生命。对于一个家庭，家庭成员之间的关系是动态变化的，而不是静态不变的，会随着家庭成员的变化而产生变化（黄馨慧，1996）。家庭和个体成员一样，具备发展的特征。任何一个家庭都可能像个人一样，有出生期、儿童期、少年期、青年期、中年期及老年期等阶段，从而形成一个个生命周期阶段（黄明煜，2003）。一个家庭的发展也有周期性，从家庭成员结婚为起点，陆续经历第一个孩子出生、第一个孩子入学、第一个孩子离家、夫妻一人死亡或其他人口事件（如离婚、分家）等阶段，这些阶段的不断发生和循环构成了家庭生命周期。一个家庭在不断发展中，家庭经历上述不同事件，而使家庭从一个阶段转变为另一个阶段。

20世纪90年代以后，部分研究采用"家庭生命周期"来表达家庭生命周期概念（如，Rex Y. Du and Kamakura，2006；Schaninger and Danko，1993）。家户与家庭并无太大区别，家户更突出其居住状态，而家庭更突出家庭成员之间的关系。家户分为家庭家户和非家庭家户，家户是一个更宽泛的概念。生命周期的实质是指，家庭的产生和解体及这两者之间不同的阶段，而与这些阶段相联系的是家庭人口事件或血缘关系，这些构成家庭的核心和本质。虽然家户的概念更广，但不适合做经济学方面的研究。经济学中的家庭更强调家庭成员收入和开支的共同性，而不局限于居住在一起的家庭成员，因此，后文我们仍用家庭生命周期这一概念。

本书的家庭生命周期是一个循环反复的过程，从家庭的产生到解体的过程中，经历不同的家庭生命周期阶段，并产生新的家庭的过程。在这个过程中，不同的家庭生命周期会有不同的阶段，这些阶段有不同的特点，其在家庭结构、家庭规模等方面存在差异，家庭行为也随之不同。

## 二、贫困与贫困标准

### （一）贫困的概念

已有文献表明，贫困是一个动态发展的概念，与当时的社会经济环境及人们的思想认识水平有紧密关系。贫困概念的发展，主要经历收入贫困、能力贫困、权利贫困和多维贫困等。

**1. 收入贫困**

英国学者朗特里（1902）在《贫困：关于城镇生活的研究》（Poverty：A Study of town life）一书中对贫困的定义为，如果一个家庭的总收入水平不足以获得仅维持身体正常功能所需的最低数量的生活必需品，这个家庭便处于贫困之中（郭熙保等，2005；吴海涛等，2012）。这类贫困又称为绝对贫困，通常用收入或消费来测算。汤森（Twonsend，1979）提出相对贫困概念，指出贫困是所有居民中那些无法获得充足的食物、不能参加社会活动和不具有最起码的生活条件及社交条件的个人、家庭和群体。

## 2. 能力贫困

阿玛蒂亚·森（Amartya Sen，1999）在《以自由看到发展》（*Development as Freedom*）一书中提出能力贫困的概念，贫困是基本能力的剥夺和机会的丧失，而不仅是低收入。能力贫困被广泛接受，联合国开发计划署的《人类发展报告 1996》（*Human Development Report*，1996）、世界银行的《世界发展报告 2000/2001》（*World Development Report*，2000/2001）以及《中国发展报告 2007》等官方机构引入能力贫困。比如，《世界发展报告 2000/2001》论述的贫困是指，福利被剥夺的状态，贫困不仅指收入低微和人力发展不足，还包括外部冲击的脆弱性，以及缺乏发言权、权利被社会排斥在外。

## 3. 权利贫困

20 世纪 90 年代以后，研究者从社会排斥、脆弱性、政治等角度扩展了贫困的内涵，提出权利贫困概念。大多数学者认为，从经济资源角度看待贫困只不过是一种表象，从个人能力视角审视贫困仅仅拓展了贫困的内涵，真正深层次的原因是社会权利的不足，这些社会权利主要体现为社会剥夺、社会排斥、脆弱性、无发言权等方面。权利贫困是指，在缺乏平等权利和社会参与的条件下，社会的一部分特殊人群的政治权利、经济权利、文化权利及基本人权缺乏保障，使其难以享有与社会成员基本均等的权利而被社会排斥或边缘化导致的一种贫困状态（吴海涛和丁士军，2012）。

## 4. 多维贫困

多维贫困观点认为，贫困不是用某一个指标能代表的，需要从多个维度考察，通常采用多维度指标和加权方法来综合度量贫困。例如，联合国发展计划署等使用"健康、教育和生活标准"三方面的 10 个指标加权计算多维贫困指数。中文文献则从教育、健康、资产、生活质量 4 个维度共 8 个指标测度，采用模糊集理论度量多维贫困（张志国，2015）。

综上所述，不同层次的贫困概念之间不是相互排斥的，而是互为补充的关系。贫困的内涵在扩展以后，变得非常丰富而又复杂，也加大了准确度量贫困的难度。结合来自中国农村贫困的实践，以及考虑到与国际通用指标的比较，本书认为贫困是由于农村家庭的人均收入不足导致家庭生活水平低于社会认可的贫困标准之下的生活状况。在后续研究中，采用中国官方的扶贫标准和国际通用标准度量贫困发生率指标，进而考察农村家庭的贫困年数、贫困持续年数、进入贫困和退出贫困以及不同组分贫困等动态性问题。

需要注意的是，贫困的含义与贫困标准的选择有一定关系，当采用更高的贫困标准时，虽然还是收入贫困，但其测度的贫困范畴在一定程度上可以反映贫困的其他维度。比如，采用2010年的2300元/人·年贫困标准时，可以在一定程度上反映健康生存需要，以及基本住房需要、医疗需要、教育需要。

(二) 贫困标准

**1. 中国的贫困标准及其调整**

贫困标准也称为贫困线，中国农村贫困标准是指，在一定社会发展阶段，维持人们的基本生活所必需消费的食物、非食物（包括服务）的基本费用。确定贫困标准的方法，主要有基本需求法、恩格尔系数法、马丁法和扩展线性支出法等。中国贫困标准测算的主要步骤为：第一步，确定食物贫困标准。根据每人每天2100大卡热量的最低营养需求确定食物消费量、消费结构，再乘以相应的食物价格计算出食物贫困标准。比如，现在的贫困标准下，基本食物需求量为每人每天1斤大米或面粉、1斤蔬菜、1两肉或1个鸡蛋，以提供维持人体健康生存所需要的每天2100大卡的热量和60克左右的蛋白质（鲜祖德等，2016）。第二步，计算非食物贫困标准。非食物贫困标准有两类：最低非食物贫困标准是牺牲一定的食物支出而换取的最基本的非食物支出。比如，基本衣着和取暖消费；较高非食物贫困标准是指，与食物消费同等必要的非食物消费，比如，必要的衣着、住房、教育、健康、交通通信等方面的支出。第三步，计算贫困标准。低贫困标准等于食物贫困标准加非食物贫困标准，表示农村家庭达到基本温饱状态，通常食物消费占比大约为70%~80%，低贫困标准也称为扶贫标准。高贫困标准等于食物贫困标准加较高非食物贫困标准，表示农村家庭达到稳定温饱状态，通常食物消费占比大约为40%~50%。

随着社会经济发展水平和人民生活水平的提高，中国的农村家庭贫困标准经历了多次调整。(1) 1986年的贫困标准。该标准是以每人每天2100大卡热量的最低营养需求为基础测算的,没有考虑食物质量,只能保证勉强果腹。根据每年的贫困人口生活消费价格指数,会对每年贫困标准进行调整。在中国的反贫困实践中和相关贫困研究中,一直沿用到2007年,见表2-1。(2) 低收入线标准。该标准从1998年开始制定,2000年公布使用,2008年,低收入线标准与1986年贫困标准进行合并。低收入线标准的测定,假定食物支出份额占总消费支出的60%,食物支出占比远远低于1986年的贫困标准;低收入线标准可以反映农村家庭的基本温饱水平,属于温饱标准(王萍萍)。(3) 现行贫困标准。2011年,中国政府确定了现行贫困标准,即2011~2020年"按2010年价格水平每人每年2300元"。现行贫困标准既能满足健康生存需要,又能保证基本住房需要、医疗需要、教育需要。比如,食物消费量1斤米面、1斤菜、1两肉或1个鸡蛋,基本可以满足健康生存需要的热量和蛋白质需求,做到"吃饱,适当吃好"。现行贫困标准与《中国农村扶贫开发纲要(2011~2020年)》提出的到2020年要稳定实现扶贫对象"不愁吃、不愁穿,保障其义务教育、基本医疗和住房"的奋斗目标是一致的,既考虑基本需求,又考虑了部分发展需要(范小建,2011)。

**表2-1 1978~2015年中国农村年绝对贫困标准和低收入线**

| 年份 | 绝对贫困标准<br>(元/人·年)[①] | 年份 | 低收入线<br>(元/人·年) | 年份 | 现行贫困标准<br>(元/人·年)[②] |
| --- | --- | --- | --- | --- | --- |
| 1978 | 100 | 2000 | 865 | — | — |
| 1985 | 206 | 2001 | 872 | — | — |
| 1990 | 300 | 2002 | 869 | — | — |
| 1995 | 530 | 2003 | 882 | — | — |
| 2000 | 625 | 2004 | 924 | 2005 | 1742 |
| 2001 | 625 | 2005 | 944 | 2008 | 2172 |
| 2002 | 627 | 2006 | 958 | 2010 | 2300 |
| 2003 | 637 | 2007 | 1067 | 2011 | 2536 |
| 2004 | 668 | 2008 | 1196 | 2012 | 2625 |
| 2005 | 683 | 2009 | 1196 | 2013 | 2736 |
| 2006 | 693 | 2010 | 1274 | 2014 | 2800 |
| 2007 | 785 | 2011 | 1274 | 2015 | 2855 |

注:"—"表示无数据。
资料来源:①绝对贫困线和低收入线根据吴海涛,丁士军. 贫困动态性:理论与实践[M]. 武汉:武汉大学出版社,2013;②现行贫困标准来自国家统计局住户调查办公室. 中国农村贫困监测报告2016[M]. 北京:中国统计出版社,2011。

## 2. 世界银行的国际贫困标准

世界银行制定的国际贫困标准被广泛接受和使用,主要有低贫困标准和高贫困标准。(1)低贫困标准是绝对贫困标准,该贫困标准由最初的1美元/人·天逐步调整到1.25美元/人·天和1.9美元/人·天。1990年世界银行研究发现,最贫困的6个国家和地区的贫困标准均在1美元/人·天左右,逐渐被广泛接受成为"每天每人1美元"的贫困标准。2008年,世界银行研究发现,按照2005年购买力平价(PPP)测算,15个最不发达国家贫困标准的平均数为1.25美元/人·天,世界银行将1美元/人·天贫困标准提高到1.25美元/人·天。2015年10月,世界银行进一步将低贫困标准提高到1.9美元/人·天。(2)高贫困标准,2008年世界银行开始公布使用每人每天2美元的高贫困标准,该标准采用了除最不发达国家以外的发展中国家贫困标准的中位数;后来,世界银行又根据2011年购买力平价将高贫困标准调整为3.1美元/天。

## 3. 中国贫困标准和世界银行的国际贫困标准对比

在研究贫困问题时,因为中国贫困标准和国际贫困标准的度量单位不同,两类贫困标准不能直接对比。通常可以按照汇率和购买力平价进行换算。但是,市场汇率和官方汇率难以直接反映消费品的真实价格,因此,可以采用购买力平价作为转换单位。购买力平价(purchasing power parity, PPP),反映两个国家用本国货币购买相同货物或服务的价格比率。作为一个估计量,购买力平价数值定会存在偏差。但是,在理论上购买力平价比汇率法更有优势。用购买力平价不仅能解决货币的同一性问题,也能消除各国之间的价格水平差异,作为一种主流的国际经济比较方法,购买力平价数据已被国际权威组织广泛使用(谢长等,2015)。

将2005年购买力平价作为转换因子,并用湖北省农村居民消费者物价指数(CPI)进行调整后,以人民币测算的国际贫困标准,见表2-2。结果表明,按照2005年购买力平价测算的国际贫困标准高于同期的中国绝对贫困标准、低收入线标准和现行贫困标准,低收入线标准大约接近1美元/人·天贫困标准。这个结果与徐映梅等(2016)测算结果是一致的。该文献同时指出,现行贫困标准2300元/人·年相当于用2005年购买力平价折算的1.3美元/人·天,相当于用2011年购买力平价折算的 1.9 美元/人·天。本书后续内容将采用本表所测算的 1 美元/人·天、1.25 美元/人·天和 2 美元/人·天等国际贫困标准为基础进行分析。

表 2-2　　　　　中国贫困标准与国际贫困标准对比

| 年份 | 中国贫困标准 | 1 美元/人·天 | 1.25 美元/人·天 | 2 美元/人·天 |
|---|---|---|---|---|
| 2005 | 683 | 1076 | 1346 | 2153 |
| 2006 | 693 | 1097 | 1371 | 2194 |
| 2007 | 785 | 1153 | 1441 | 2306 |
| 2008 | 1196 | 1238 | 1548 | 2476 |
| 2009 | 1196 | 1238 | 1548 | 2476 |
| 2010 | 1274 | 1277 | 1596 | 2553 |

资料来源：笔者根据历年《中国农村贫困监测报告》（北京：中国统计出版社）及其他相关资料整理计算而得。

### 三、贫困动态性

已有研究表明，大量文献集中考察某一个时点的贫困问题及其影响因素，这类研究通常被认为是静态贫困研究。静态贫困研究无法反映一定时期内贫困的动态过程。比如，无法反映现在不贫困的家庭今后是否会陷入贫困，或现在贫困的家庭今后是否会退出贫困，或家庭贫困状态保持不变的情况；也无法反映贫困家庭经历了几年贫困或者贫困状况持续多长时间，以及未来退出贫困的概率等问题。贫困问题研究，需要从静态向动态转变。

贫困动态性是什么？希尔（Hill，1983）认为，贫困动态性是指，在一段相对较长的时期内，个体或者家庭进入贫困和退出贫困的运动和过程。吴海涛和丁士军（2013）指出，贫困动态性是指，一段时期内，伴随着社会福利水平变化引起的贫困标准变化，个人或者家庭福利状况的改变引起的个人或家庭进入贫困或者退出贫困的运动和状态。

现有文献表明，贫困动态性研究或者有的文献称之为动态贫困研究，通常考察了以下六个问题：（1）贫困的跨时期变动趋势问题。比如，刘宗飞等（2013）考察陕西省延安市吴起县农户在 1998~2011 年的相对贫困动态变化的原因。（2）农户经历贫困年数。比如，罗楚亮（2010）考察农户在 2007~2008 年,从未贫困、仅贫困 1 年、持续贫困 2 年的问题。(3) 农户经历持续贫困年数及退出贫困概率。比如,比斯滕等 (Bigsten et al., 2008) 研究了埃塞俄比亚城市和农村 1994~2004 年家户在经历了一段持续贫困时间之后脱贫的概率问题。(4) 贫困农户退出贫困或非贫困农户的返贫问题。比如,王朝明 (2008)、姚毅 (2012) 考察了 1990~2005 年城乡家庭脱贫问题或返贫问题。(5) 长期贫困问题和短期贫困问题。比如,哈珀和马库斯 (Harper and Marcus, 2003)、何晓琦 (2004) 认为,经历 5 年或 5 年以上贫困的家庭,处于长期贫困状态。盖哈和德奥拉卡尔 (Gaiha and Deolalikar, 1993)、格劳本等 (Glauben et al., 2012) 则提出,按照经历样本考察期半数以上为标准,比如,在 9 个年份里至少 5 年贫困的为长期贫困。该分类方法的主要缺点有两个:一是没有考虑贫困深度问题;二是用贫困年数来判断长期贫困还是短期贫困,有时候会造成概念混乱。比如,9 年中,第 1、3、5、7、9 年经历了贫困,或者第 1、2、5、8、9 年经历了贫困,这类跳跃式贫困状态虽然也经历 5 年贫困,但是,如果归类为长期贫困,显然不太科学。(6) 暂时贫困组分和持久贫困组分。比如,贾兰和拉瓦雷 (Jalan and Ravallion, 1998) 将一定时期内永久性消费或永久性收入低于贫困标准的状态称为持久贫困;暂时贫困是指,由于永久性消费或永久性收入在贫困标准上下跨期变动而导致的贫困。

综上所述,本书认为,贫困动态性是贫困在经历年数维度、状态转换维度、贫困组分构成等方面的发展变化或运动过程。具体而言,是指在一段时期内,随着家庭的福利状况以及贫困标准的变化,个人或者家庭进入贫困状态或者退出贫困状态;或者个人或家庭经历几年贫困,或持续经历几年贫困;或者个人或家庭属于暂时贫困,还是持久贫困。

在后续研究中,本书将贫困动态性分为贫困动态过程和贫困组分分解两个方面。贫困动态过程重点考察家庭经历贫困年数、贫困持续年数以及进入贫困或退出贫困的状态转换。不同贫困组分则是将贫困分解为暂时贫困组分和持久贫困组分,见图 2-1。

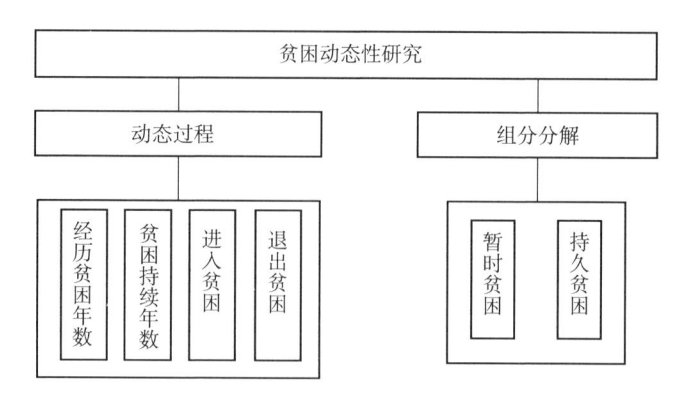

```
                    贫困动态性研究
                   ┌──────┴──────┐
                动态过程        组分分解
            ┌──┬──┼──┐       ┌───┴───┐
            经 贫 进 退       暂      持
            历 困 入 出       时      久
            贫 持 贫 贫       贫      贫
            困 续 困 困       困      困
            年 年
            数 数
```

图 2-1 贫困动态性内容

资料来源：笔者绘制。

## 四、生计

生计的含义较为丰富。英文词典对生计有清楚的定义，生计（livelihood）是人们为了在未来能够维持目前生活水平的一种生存手段，主要包括工作获得或者收入提高等方面。而《现代汉语词典》对生计的定义是，人们为了获取必要的生活物资，运用一定资本的某种生产经营方式。在传统的农村研究领域中，主要采用尚贝尔和康威（Chambers and Conway，1992）对生计的定义。生计是人们在一定的资产基础上，通过某种方式来获取自己生存和发展所需的物资资料，重点要求不断地提高人们的收入水平，通过调整生计策略而不断地使收益最大化。

尚贝尔和康威（1992）主要从能力角度对生计做出了定义，指人们在社会生产活动中应对冲击或者把握机会的能力。阿玛蒂亚·森（1997）认为，人贫困的根本原因是缺失了某种能力，可能是自身人力资本的欠缺，而难以更好地获得其他资本或者更好地最大化利用其他资本产生效益。至此，人们对于生计的考虑更多地纳入能力因素，生计的发展不再像以前只关注生存，更多地开始关注生计中能力的重要意义。埃利斯（Ellis，2000）认为，生计主要包括两方面，主要包含资产和行为以及取得资产的途径和行为策略，这两方面决定了人们生活和发展的资源。该文献认为，能力和资产在一定意义上会有一定的重合，把能力引入生计的概念并不是很合适。本书还涉及生计资本和生计策略等概念,将会在后续展开分析。

## 第二节 基础理论

在发展经济学中有解释贫困成因的理论,比如马尔萨斯(Malthus)的人口增长理论、纳克斯(Nurkse)的贫困恶性循环理论、缪尔达尔(Myrdal)的循环积累理论、舒尔茨(Schultz)的人力资本理论、阿玛蒂亚·森的权力贫困理论、贫困的社会资本解释理论等。随着研究内容从静态贫困转向动态贫困,出现了一些较新的理论解释贫困动态性。比如,家庭生命周期理论、可持续生计框架、风险冲击理论、空间贫困理论等。

### 一、贫困的个体生命周期理论

英国学者朗特里(Rowntree,1903)提出从家庭生命周期角度解释贫困的理论(poverty life cycle),塔特尔(Tuttle,1989)、斯特恩(Stern,1991)、瑞恩克和赫希尔(Rank and Hirschl,2001)、罗杰斯和罗杰斯(Rodgers and Rodgers,2010)拓展了朗特里的思想解释了不同国家或地区的贫困问题。本节重点介绍朗特里提出的理论观点,朗特里考察了19世纪末、20世纪初英国约克郡工人家庭的贫困问题,朗特里根据年龄将劳动者的一生分为5个阶段,见图2-2,认为在不同的生命周期阶段,个人的贫困状况也不相同。(1)第一个阶段:童年时期。一个人在童年时期除非儿童的父亲是技术工人,否则儿童将很可能陷入贫困。直到儿童本人或者其兄弟姐妹开始工作赚钱为止,全家的薪酬才可能使家庭脱离贫困。(2)第二个阶段:工作后和父母一起生活。劳动者开始获取收入,当收入超出租金、食物与衣着等方面的支出,就有机会储蓄,甚至足够的储蓄可以帮助劳动者改善住房条件,此时是第一个小康时期。(3)第三个阶段:结婚生子。结婚后生育2~3个孩子后,贫困将可能会再度造访劳动者,贫困状况可能会持续10年。如果孩子多于3个,贫困时间会持续更久。(4)第四个阶段:子女工作。当劳动者的孩子开始赚钱,他可能会处于另一个小康时期。(5) 第五个阶段：子女结婚后析出家庭。此时，当子女结婚离开，而因为年老而无法工作时，由于没有充足的储蓄可能再度陷入贫困。

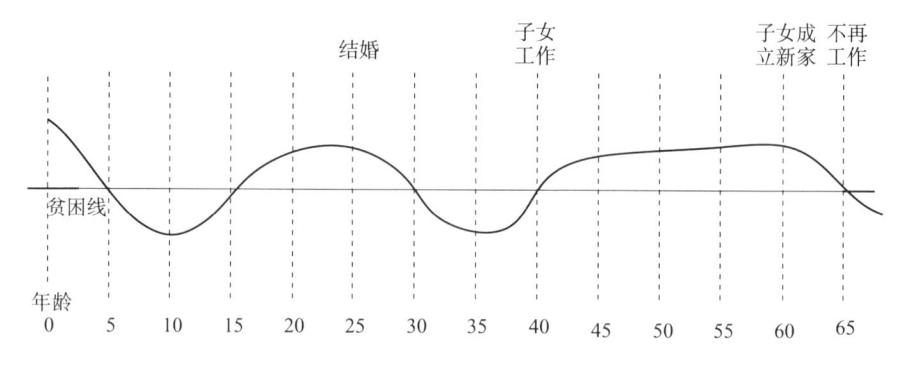

**图 2-2　朗特里的贫困生命周期理论**

资料来源：朗特里. 贫困：关于城镇生活的研究［M］. 伦敦：麦克米伦出版公司，1902.

朗特里提出的生命周期并不是家庭生命周期，仅仅是从个人角度解释的。但是，他将家庭的重大事件对个人贫困状况转换产生的影响这一分析思路，对后来家庭生命周期理论有重要的理论贡献（田丰，2011）。

## 二、可持续生计理论

在农村贫困与发展问题的研究中，生计分析框架已经被广泛运用。生计是家庭基于自身的资本、能力和行动的谋生方式。外文文献发展了多个生计分析的框架。比如，斯科内斯（Scoones，1998）和卡尼（Carney，1998，2002）的可持续生计分析框架；埃利斯（2000）提出的生计多样化分析框架；贝宾顿（Bebbington，1999）的以资本和能力为核心的用于分析农户脆弱性、农村生计和贫困的框架。同时，一些国际组织和国际机构也提出了不同的分析框架。比如，英国国际发展署（DFID）的可持续生计框架、国际救助贫困组织（CARE）的生计安全框架等。中文文献马志雄等（2012）指出，不同机构在生计框架的论述和实践中，都采用基于资产的分析方法，只是在强调某方面上有所不同。李小云等（2007）、孔祥智等（2008）、黎洁等（2009）、杨云彦等（2009）、李树苗等（2010）、李聪（2014）分析农户脆弱性、退耕还林、南水北调、移民搬迁农户的生计资本或生计策略问题。

农户为了实现其生计目标需要一定量的生计资本,生计资本可以从广义角度分为自然资本、物质资本、人力资本、金融资本和社会资本,这些资本形成了一个五边形的生计资本结构。自然资本是指,家庭或个人所拥有的土地、水和生物资源等;物质资本是指,维持生计的基本生产资料和基础设施。人力资本是指所拥有的用于谋生的知识、技能以及劳动能力和健康状况(李斌等,2004)。金融资本是指,在消费和生产过程中,人们为了取得生计目标所需要的积累和流动(苏芳等,2009);社会资本是指,人们为了追求生计目标所利用的社会资源,五类生计资本在不同条件下可以相互转换。

吴海涛和丁士军(2012)指出,生计资本决定农村家庭贫困状态的逻辑在于:农村家庭拥有的生计资本决定了农村家庭当前的农业生产发展方向(以生存为导向还是以发展为导向),从而决定了农村家庭采取什么策略维持生计;农村家庭不同的生计策略可能会导致不同的生计结果。由于农村家庭生计资本的构成形态是不断变化的,农村家庭五边形的生计资本在不同时期表现出不同的形态。一个新的生计资本五边形的形成,是农村家庭新的生计策略和贫困状况的起点,农村家庭生计资本的变动决定了其贫困动态性。同时,农村家庭的贫困动态性,还受到外在政策、制度和过程的影响。

### 三、贫困的风险冲击理论

在贫困脆弱性研究中,外在风险冲击是一个密切相关的概念。通常,风险是指,农村家庭在生产生活中面临的、对自身福利水平不利的不确定性。陈传波(2005)认为,农村家庭风险与自然状态的不确定性、个人的主观行为等因素直接相关。贾兰和拉瓦雷(2005)对中国农村家庭的研究发现,负向冲击会对大多数家庭的消费水平下降产生显著影响,小型冲击和中型冲击不会产生持久贫困,大型冲击将导致持久贫困。农村家庭所面临风险的冲击包括多种类别。根据风险产生的原因和影响,农村家庭风险可以分为系统性风险和特质性风险。世界银行(2001)按照发生的层面和事态的性质将风险分为微观风险、中观风险和宏观风险。

通常，对个体或家庭的微观风险冲击是特质性风险，而中观风险和宏观风险则是系统性风险。从风险来源看，农村家庭风险分为自然风险、技术风险、市场风险。自然风险通常包括自然灾害、病虫害、野生动物侵袭等；市场风险通常指，农产品市场价格波动、劳动力市场价格的不确定性等，还包括健康风险引起的医疗支出，以及教育支出、结婚支出等一次性、高额的不确定性支出。在实证研究中，外在风险冲击通常有两种衡量方法：一种是按照持久性收入理论，把风险视为暂时性收入的平方；一种采用代理变量。比如，是否生病住院、慢性病的年消费，是否大于3000元等（邰秀军，李树茁，2012）。

根据郑浩（2012）、吴海涛（2013）等的研究，总结提出一个外在风险冲击对农村家庭贫困的影响路径。（1）小农户（尤其是贫困农户）通常是风险规避者，在面临风险时，小农户会选择低收益、低风险的生计活动，放弃有风险但高收益的生计活动，从而强化其处于持久贫困的状况。（2）农村家庭的贫困状态由生计受到的风险冲击与家庭收入创造能力共同决定，面临的风险冲击越多、越强，贫困持续年数会越长；风险打击程度相同，收入能力强的家庭可能不会陷入贫困或者只是暂时贫困，而收入能力弱的家庭可能陷入持久贫困。（3）农村家庭的收入能力主要取决于其生计资本及其积累程度，人力资本和土地等物质资本更重要，因为农村家庭收入主要来源于务工取得的工资性收入和家庭经营收入，人力资本是决定工资性收入的主要因素，而土地和工作经验则是家庭经营收入的决定性因素。

## 第三节 研究综述

### 一、农村贫困动态研究

#### （一）按照经历的贫困年数分类的短期贫困和长期贫困

**1. 经历的贫困年数**

已有文献表明，不同国家或地区的家庭经历的贫困年数也不同。邓肯（Duncan，1985）研究发现，在10年考察期内，大约1/4~1/3的美国人经历了至少1年贫困,大约有2.6%~5.1%的家庭经历了8年及以上的贫困。盖哈和德奥拉卡尔(1993)利用印度9年的收入面板数据研究发现,大约20%的家庭一直处于贫困状态,仅有12%的家庭从未经历过贫困。罗楚亮(2010)对2007年、2008年住户追踪调查数据分析发现,按照各种官方贫困标准,两年一直陷入贫困状态的很少,其占总体贫困的比重不到10%。于敏(2011)利用甘肃省、内蒙古自治区贫困县1999~2004年面板数据对动态贫困状况分析发现,没有农村家庭经历了6年贫困,内蒙古、甘肃分别仅有1.3%、1.6%的农村家庭经历了5年贫困,分别仅有3.4%、3.9%经历了4年贫困。

**2. 根据年数分类为长期贫困和短期贫困**

古斯塔夫松和丁(Gustafsson and Ding,2009)研究2000~2002年中国的部分省(自治区、直辖市)样本的贫困动态性,将经历3年贫困定义为长期贫困,发现处于短期贫困家庭的比例低于长期贫困家庭比例。岳希明等(2007)对1997~2001年中国的592个国定贫困县的16000个农村家庭面板数据研究发现,经历短期贫困家庭比例高于经历长期贫困家庭比例。汪三贵等(2003)对1997~2000年四川、贵州、山西、甘肃等地区的贫困县农村家庭研究发现,处于长期贫困状态的农村家庭占27.9%,而处于短期贫困状态的农村家庭占31%。类似的结论还有,张立冬(2010,2013)发现,持久贫困和暂时贫困占贫困农村家庭的比重分别为4.72%和95.28%。但是,郭劲光(2011)利用辽宁省重点贫困县调查样本数据研究发现,处于短期贫困的家庭占比为44.5%,处于长期贫困的家庭占比为41%。

## (二)农村家庭贫困持续年数与贫困动态转换

一些外文文献较早采用久期分析(duration model)考察农村家庭贫困持续年数(Bane and Ellwood,1986,1994;Devicienti,2002)。后来,一些研究者讨论方法、改进问题。比如,艾斯兰德(Iceland,1997)讨论了左删失数据问题,史蒂文森(Stevens,1995)、艾美和尤(Imai and You,2013)、阿兰兹等(Arranz et al.,2015)讨论多重久期模型在贫困动态性研究中的使用。比斯滕等(2008)研究了在1994~2004年埃塞俄比亚城市和农村家庭贫困的持续年数。研究发现,家庭贫困持续年数有显著的状态依赖特征：家庭经历贫困的时间越长，脱贫的难度越大；贫困家庭处于非贫困状态的时间越长，陷入贫困的可能性越小。尤（2011）利用1989年、1991年、1993年、1997年、2000年、2004年、2006年中国健康与营养调查微观数据（CHNS），发现贫困持续年数均值为2.55年；还发现一个不同的结果：农村家庭在持续贫困4年以后，退出贫困的可能性增加。中文文献王朝明等（2010）发现，在1990~2005年，农村家庭总体脱贫概率呈现下降趋势，非贫困群体的总体返贫概率呈现上升趋势。叶初升和赵锐（2013）利用1989~2009年中国健康与营养调查数据研究发现，86%的贫困家庭脱离贫困，而仅仅7%的非贫困家庭陷入了贫困；贫困持续时间越长，其脱离贫困的可能也越大。张立冬等（2010）则发现，贫困状态具有一定收入阶层特征，离贫困标准越近的贫困（或非贫困）家庭在下一调查年度脱离（或进入）贫困的可能性越高。周振和兰春玉（2014）用2000年、2004年、2006年、2009年中国健康与营养调查数据（CHNS）考察中国农村家庭动态贫困。杨慧敏等（2016）采用2000年、2006年、2011年中国健康与营养调查数据（CHNS）考察中国农村家庭贫困状况及其动态变化特征。高帅（2015，2016）、张志国（2015）研究了多维贫困的状态转换与持续问题。

### （三）将贫困分解为暂时贫困和持久贫困

鉴于按照贫困年数来划分短期贫困和长期贫困的缺点，罗杰斯和罗杰斯（1993）基于收入平滑法和永久性收入度量方法提出分解方法，贾兰和拉瓦雷（1998，2000）、章元等（2012）改进了该方法。贾兰和拉瓦雷（1998，2000）利用1985~1990年中国广东、广西、贵州和云南的数据研究发现，暂时贫困的严重性高于持久贫困。张立冬（2013）也发现类似结论，暂时贫困在2008年贫困标准以及1.25美元/人·天和2美元/人·天贫困标准下的比重，分别高达97%、92%和79%。然而，章元（2012，2013）采用改进后的研究方法，利用中国农村固定观察点1999~2005年的面板数据分析发现，在不同考察时间段内，在1美元/人·天贫困标准下，持久贫困比例大约在79%~91%区间，持久贫困远比暂时贫困严重。吴海涛等（2013）研究表明，不同的贫困标准和不同分解方法也会影响研究结论。比如，用章元（2012，2013）方法得到持久贫困比例通常高于贾兰和拉瓦雷（1998，2000）方法的结果。即使采用贾兰和拉瓦雷（1998，2000）的方法，当采用 2 美元/人·天贫困标准时，持久贫困的严重性也比暂时贫困高。张全红等（2017）采用 2000 年、2006 年、2011 年中国健康与营养调查数据（CHNS）数据对多维贫困进行分解发现，多维视角下的长期贫困比例要高于暂时贫困。另外，对少数民族农户研究表明，持久贫困农户容易返贫或代际传递（陈全功等，2009）。

## 二、农村贫困动态因素及反贫策略研究

### （一）贫困动态性的影响因素

**1. 贫困动态转换的影响因素**

阿达博和巴尔迪尼（Addabbo and Baldini，2000）指出，新人口出生、新户主或者其伴侣失业以及社会转移支付的减少，会导致 1991 年意大利经济衰退时期的非贫困家庭陷入贫困。瓦莱塔（Valletta，2006）研究发现，政府税收和社会转移支付可以明显地降低家庭进入贫困的概率并提高其退出贫困的概率。克里斯詹森等（Kristjanson et al.，2007）指出，收入来源的多样化、非农化劳动等有助于秘鲁贫困农户退出贫困。格劳本等（2011）指出，家庭劳动力受教育水平高、家庭成员的村干部身份有助于中国农户退出贫困，而土地禀赋和单一农业生产模式会延长农户贫困持续年数。尤（2011）指出，更高的劳动力文化技术素质、资本积累、健康保险和外出务工，有助于中国农户退出持久贫困。艾美和尤（2013）指出，相比在当地以非农经营为主要生计策略的中国农村家庭，以从事农业或外出务工为主要生计策略的家庭更容易退出持久贫困。

罗楚亮（2010）指出，外出务工显著降低了农村家庭陷入贫困的可能性，也是农村家庭贫困状态转换的重要因素。向运华和刘欢（2016）指出，外出务工对于家庭多维贫困发生率的变化有显著影响。姚毅（2012）指出，经济增长主要降低农村家庭的返贫风险；对于农村家庭，初中教育不仅能降低其所面临的返贫风险，而且能提高脱贫机会；另外，家庭人口特征、家庭区位状况，也是影响城乡贫困动态演化的重要因素。叶初升和赵锐（2013）指出，当户主年龄大约在 47 岁时，农村家庭脱离贫困的概率最大，这反映了农村家庭生命周期对脱离贫困的影响。教育

对农村家庭脱离贫困起到了显著作用,而农村家庭成员在民营企业就业却显著地降低了脱离贫困的概率。关爱萍和李静宜(2017)指出,人力资本、社会资本对农户贫困有显著的负向影响,人力资本、社会资本的交互项对农户贫困发生概率具有显著的负向影响。方迎风和张芬(2016)指出,邻里效应对个体的流动决策与贫困的动态变迁具有非常显著的作用。外部因素主要包括:社会保障制健全(刘玲琪,2003)、社会排斥(陈光金,2006)、收入分配不平等(刘宗飞等,2013)。

**2. 不同类型贫困的决定因素**

贾兰和拉瓦雷(1998)指出,家庭规模、家庭成员的受教育程度和健康状况是脱贫与否的决定因素。章元等(2013)发现,人力资本、政治资本和金融资本能显著降低持久贫困,更多的耕地和从事农业生产的农村家庭面临多种外部冲击和风险,会显著增加农村家庭暂时贫困。岳希明等(2007)认为,随机性因素导致短期贫困,而长期贫困是由于一些短期内无法克服的因素造成的。阿达博和巴尔迪尼(2000)认为,户主小于40岁或者为蓝领工人、自我雇用或者就业于农业部门对短期贫困有重要影响。陈全功等(2009)认为,自然条件恶劣、制度不完善是导致长期贫困的重要原因。王生云(2011)发现,远离区域经济中心、家庭负担较重、小孩老人较多的家庭,容易陷入长期贫困。另外,胡姆(Hulme,2003)指出,持久贫困家庭具有的特征包括地理位置较为偏僻、分担风险能力不强、社会关系网络较弱、被排斥在主流社会人群之外。

## (二)动态反贫策略

贾兰和拉瓦雷(1998)指出,对贫困者进行长期投资,提高他们的人力资本和物质资本的回报,对解决长期贫困是比较合适的;另外,保护家庭抵御特殊的经济冲击、波动的保险和收入稳定计划,对解决短期贫困是比较重要的。章元等(2013)指出,政府应对贫困农村家庭的教育或技能、健康和参与信贷市场方面给予支持,以减少持久贫困;更多地为从事农业生产的农村家庭提供保险或其他应对措施,帮助他们降低暂时贫困。张立冬(2013)提出,对于少数持久贫困农户,要继续实施以提高其人力资本投资和物质资本投资为主要手段的反贫困措施;对于绝大部分暂时贫困农户而言,应重点实施提高此类贫困农户应对收入波动能力的扶贫措施。在实施农业保险、完善农村信贷市场以及加大政府短期救济等针对暂时贫困的扶贫措施的同时，应加快完善农产品市场体系，并消除不利于农民非农就业的各种体制性、政策性障碍（如户籍制度等），努力探索试行农村小额保险制度并积极制定出台支出型贫困社会救助办法。陈全功等（2006）利用贫困重点县的资料研究发现，农村的持久贫困主要是由于受教育机会的不均等导致的，而教育恰恰是农民脱离持久贫困的重要方式。

### 三、家庭生命周期模型及其应用

#### （一）家庭生命周期模型

家庭生命周期的概念，起源于 20 世纪初期（Rowntree，1903）。20 世纪 40 年代以后，家庭生命周期理论得以发展。例如，格利克（1947）提出了 6 阶段模型，即家庭形成期、扩展期、稳定期、收缩期、空巢期与解体期 6 个阶段，这也是被普遍接受的关于家庭生命周期阶段的划分理论。此外，杜瓦尔（Duvall，1988）提出了 8 阶段模型，吉利和埃尼斯（1982）、雷克斯和卡玛库若（Rex and Kamakura，2006）提出了 13 阶段模型等。国内关于家庭生命周期分类的研究，大约始于 20 世纪后期。在不同的研究领域及根据不同的研究目的，家庭生命周期的划分阶段也不尽相同。在社会学研究领域，有以家庭发展过程为标准的，将其分为开始、生育、中间、离巢、空巢、解体 6 个阶段（杜鹏，1990）；有以家庭类型为标准的，如分家产生新的核心家庭（刘德寰，2006）；有以家庭事件为标准的，从初婚到第一个孩子出生的家庭形成阶段，第一个孩子出生至最后一个孩子出生的家庭扩展阶段，最后一个孩子出生到第一个孩子结婚或工作等原因离家的家庭扩展完成阶段，从第一个子女离家到最后一个子女离家的家庭收缩阶段，最后一个子女离家到配偶一方死亡的空巢阶段，从配偶一方死亡到双方死亡的家庭消亡阶段（如，史清华和侯瑞明，2001；何可等，2013）。

#### （二）生命周期模型与农村家庭经济行为

目前，利用家庭生命周期理论来分析贫困问题的文献还不多。家庭生命周期理论主要被用于解释家庭消费和农户生计决策以及福利方面的问题。

**1. 家庭生命周期与家庭消费**

家庭生命周期理论自20世纪50年代起被引入消费者行为研究领域，并得到了广泛推广和发展。威尔斯和古贝尔（Wells and Gubar，1966）对家庭生命周期在消费者行为研究中的应用进行了分析，发现食品、耐用品、住房和度假等与生命周期相关性较大。吉利和埃利斯（1982）提出的13阶段模型在更广阔的消费领域得到强大的解释能力。例如，在食品、饮料消费的解释上，丹科和施宁格（Danko and Schaninger，1993）指出，单身汉对食品有着较低或很少的消费量，对含有酒精的饮料更加青睐；单亲父母有所不同，他们会购买大量的方便食品和垃圾食品；新婚夫妇外出就餐较多，但很少喝酒精饮料；不同类型的有子女夫妇家庭的消费方式具有相似点，无子女的夫妇对于健康食品、方便食品和垃圾食品的消费比有子女的夫妇少。陈杭（2014）在划分家庭生命周期阶段的基础上，考察了湖北省农村家庭的消费行为。

一些中文文献已证实，在家庭生命周期的不同阶段，人们的消费行为存在差异。郭庆松（1996）总结不同生命周期的消费模式，认为处于家庭生命周期的新婚期的家庭消费模式偏向于"事业与消费二者并重"的模式；处于拓展期的家庭和拓展完成期的家庭，会将主要精力和主要消费支出用在孩子身上，进行智力投资；处于衰减期的家庭一般是"家庭与消费二者并重"，家庭既重视孩子的需要，又不忽视一定程度的享受；空巢期和鳏寡期的家庭，在娱乐和旅游及健康方面的消费支出占较大比重。熊汉富（2010）比较、分析了处于生命周期不同阶段的家庭和多子女家庭的消费热点、消费方式和消费模式。李志兰等（2014）采用中国的31个省（区、市）[①]城市调查数据分析发现，不同生命周期阶段的家庭在消费总量、消费档次、借贷消费、奢侈品消费及不同产品和服务的消费意愿上会呈现不同的偏好，在特定产品和服务消费意愿的作用强度上也具有明显差异。于洪彦等（2007）利用长春市城市家庭的调查数据，采用含虚拟变量的半对数回归模型进行经验检验，发现其新建的

---

[①] 中国的31个省（区、市）未包括中国港澳台地区，全书同。

家庭生命周期模型能对家庭消费结构做出很好的解释。

**2. 农户生产决策及农户福利方面**

陈和科里内克（2010）采用 1991 年、2000 年、2004 年中国健康与营养调查数据，分析了夫妻双方婚后对各自劳动力的分配。结果表明，女性因为婚后需要生育、抚养孩子，所以，在家庭非农就业上男性更占优势。史清华等（2001）考察了农户家庭决策模式与家庭生命周期的相关性，发现两者高度相关。李（Li，2005）按照家庭中妻子的年龄划分了生命周期，发现集体化时期农户收入与家庭生命周期有较强相关性。黄英伟等（2013）按照子女的年龄划分家庭生命周期，分析发现集体化时期，当家庭处在劳动供养比值较低的成熟期，家庭收入较高。林善浪等（2010）依据家庭内成员的组合情况和子女的年龄情况，将家庭生命周期分为年轻夫妇家庭、成长中的核心家庭、成熟的核心家庭、扩大家庭和空巢夫妇家庭 5 个类型，发现不同家庭生命周期的农户家庭劳动力外出务工存在特定的周期性波动规律。彭继权和吴慧（2015）总结了家庭生命周期视角下的家庭生计策略变化，主要考察了家庭内部成员劳动时间配置、职业类型选择等问题。在形成阶段，有土地的家庭主要以种植粮食作物为主，没有土地的家庭会从事非农劳动；在发展阶段，为了抚养孩子，家庭中劳动力减弱了，但家庭中可以通过种植经济作物以增加额外收入；在稳定阶段，孩子逐渐长大，其自理能力得到提升，且年长的孩子可以从事劳动，家庭中劳动力回升，家庭从事非农劳动的比例增大；在成熟阶段，孩子作为家中劳动主力来从事农业生产或者外出务工，父母都不再外出务工，孩子基本都长大成人开始分家；在衰退阶段，孩子都已经离开家庭，但夫妇双方仍然种植一些经济作物或者经营畜牧业来获得收益，从而减轻孩子们的负担，并希望孩子更多地从事非农活动。

## （三）生命周期与农户贫困

已有文献表明，与生命周期相关的部分家庭的特征因素是农村家庭贫困的重要影响因素。比如，父母进入劳动力市场、家庭结构及家庭其他收入者对于户主为女性的家庭退出贫困十分重要，户主受教育程度及劳动力受教育程度对农村家庭退出贫困有正向影响，而家庭规模、抚养比等则对农村家族退出贫困有负向影响。然而，上述文献在分析问题时，并没有采用家庭生命周期理论。

塔特尔（Tuttle）根据子女年龄及是否离家将家庭分为7个阶段，用收入需求比测度贫困，采用美国收入动态面板数据（PSID），发现双亲家庭在抚育期、孩子成年且离家后更容易陷入贫困。罗杰斯（Rodgers）按照个人年龄将生命周期划分为5个阶段，利用澳大利亚的农户、收入和劳动力动态调查数据（HILDA），将贫困横向加总，分解为持久贫困和暂时贫困，发现持久贫困在生命周期内呈"U"形趋势。沈康达（2014）运用生命历程理论，以宁夏盐池县Z村52个农村家庭的生命史，采用定性分析方法，分为平滑型生命轨迹、波浪型生命轨迹、阶梯型生命轨迹三类，来考查农村动态贫困，研究发现动态贫困的形成是社会变迁、社会关系网络和个人能动性互构的结果。张翠娥和王杰（2017）从家庭生命历程视角分析农村家庭贫困问题，发现贫困是先赋性弱势与事件性弱势在家庭内累积的过程和结果，先赋性弱势累积的影响具有基础性，事件性弱势累积的影响则具有直接性。李贝等（2017）采用湖北省某地的截面数据，分析家庭生命周期对农户贫困状态的影响。

## 四、文献评述

综上所述，贫困动态性研究主要涉及考察农户的贫困经历、贫困状态转换及不同贫困类型等内容，三者从不同的研究视角揭示了贫困的动态性。首先，分析贫困经历，着重点在于从时间维度来动态考察农户陷入贫困的长短，涉及经历贫困年数和贫困农户持续经历贫困的年数。其次，分析贫困状态转换，着重点在于从贫困临界状态"切换"的角度动态解释曾经贫困的农户在未来年度如何脱贫和不曾贫困的农户在未来年度如何陷入贫困的问题。最后，将贫困分为持久贫困（长期贫困）和暂时贫困（短期贫困），从贫困结构的视角来动态认识贫困问题。因为无论按照经历贫困年数来分类，还是对贫困组分进行分解，都需要在较长的时期内进行动态考察，而不是静态考察。比如，把暂时贫困定义为收入或消费跨期变动的贫困，或者认为经历5年以下贫困的状态为短期贫困，都是从动态视角考察。本书认为，根据经历贫困年数的长短对贫困分类时，强调的是时间维度，称为长期贫困或短期贫困比较合适；而按照组分来分解时，是基于持久性收入理论，而该理论认为收入由持久性收入和暂时性收入构成。因此，后文把不同组分的贫困，称为暂时贫困和持久贫困。

以上研究对于理解贫困动态性和农户家庭生命周期提供了丰富的参考，但是还存在以下四点不足。

（1）现有对贫困动态性的研究尚未形成较一致的认识，在研究内容、研究结论等方面，不同文献给出不同的解释。比如，有些文献认为，中国农户的贫困题，主要是暂时贫困；而另一些文献认为，中国农户的贫困，主要是持久贫困。这需要进一步来梳理以形成较全面的分析框架，并采用大样本数据进行深入分析，为中国动态贫困问题研究提供经验证据。

（2）中文文献大多采用 2~4 年数据进行研究，只有少数文献采用 5 年以上数据，尚需长时期面板数据的证据支持。比如，罗楚亮（2010）、高帅等（2016）使用 2 年期面板数据，张全红（2017）、李翠锦和李万明（2015）、杨慧敏等（2016）使用 3 年期面板数据，汪三贵等（2003）、罗曼等（2012）、张立冬（2014）则使用 4 年期面板数据，岳希明等（2007）、于敏（2011）则使用 5 年期面板数据，只有章元（2012，2013）、吴海涛和丁士军（2013）使用 6 年期面板数据。而外文文献通常采用较长时期数据。比如，胡姆和萨彼德（Hulme and Shepherd，2003）指出，研究贫困动态问题至少需要 5 年期面板数据，贾兰和拉瓦雷（1998，2000）、格劳本等（2011）、罗杰斯等（2010）则使用 6 年期面板数据，尤（2013）采用 7 年期面板数据，比斯滕等（2008）使用 10 年期面板数据。可见，在研究贫困动态性问题时，使用 5 年以上的面板数据对于研究结果能提供更科学的数据支持，而中文文献恰恰缺乏使用此类数据的文献。另外，还需要采用经历贫困年数、贫困持续年数、进入贫困退出贫困、暂时贫困和持久贫困多个指标，从多个角度来考察贫困动态性问题。

（3）已有文献关注农户贫困动态问题。但是，其主要从外在影响因素来解释农户贫困动态性。比如，考察不同地区、不同省区市、不同收入阶层、不同地理环境下的动态贫困差异性。从本质上讲，贫困动态性是将时间维度纳入贫困研究，家庭生命周期作为重要的时间维度，在已有的贫困动态性文献中还很少被讨论。虽然有部分文献从家庭特征、户主年龄视角来解释贫困动态性，将户主年龄视为家庭生命周期的变量。这实际上是采用朗特里（1903）的家庭生命周期概念，不是一个完整的、被广泛接受的家庭生命周期模型。因此，还需要采用更科学的家庭生命周期模型，分析农户贫困动态差异规律及其影响机制。

（4）已有文献对于贫困动态成因的理解，缺乏对农户自身能力的关注，尤其缺乏将农户生计资本、生计策略、风险冲击与家庭生命周期、贫困动态之间的关系进行系统整合与考察，并给出相关理论分析及实证检验。

# 第三章

# 湖北省农村家庭生命周期模型构建

## 第一节 经典家庭生命周期模型

分析农户经济行为离不开家庭因素。比如,多数文献都会考察家庭特征、户主年龄等。通常家庭是指,由婚姻、血缘、收养等关系形成的、生活在一起的社会团体。由于家庭内部成员之间关系的动态发展性,家庭才具有一定周期性,才能分为不同阶段。家庭生命周期是指,一个家庭诞生以后经历了不同阶段,直到家庭解体,被新家庭取代的过程(潘鸿雁,2005;刘艳彬,2010)。

家庭生命周期概念起源于朗特里(1902)对英国贫困问题的研究。朗特里根据个人的年龄划分了生命周期,并不是通常所讲的家庭生命周期。后来,家庭生命周期理论在社会学研究领域得到发展和使用,同时,被逐步引入家庭经济行为研究中。比如,家庭生产决策、家庭消费等领域。历经80多年研究和发展,家庭生命周期模型已经是一套比较完整、易接受的理论体系。其中,格利克(Glick)模型、威尔斯和古贝尔(Wells and Guber)模型、杜瓦尔(DuVall)模型、吉利和埃利斯(Gilly and Enis)模型,是研究领域中相对完善、广为接受的典型模型。

### 一、格利克模型

格利克(Glick,1947)率先提出了一个较为清晰、完整的家庭生命周期模型。杜瓦尔和希尔（1948）也提出了一个强调子女年龄变化的家庭生命周期模型。但该模型更多地承袭了社会心理学的传统，主要被用于社会心理学研究领域，而不是用于经济学研究领域。

格利克（1948）提出了7个重要的家庭事件作为对核心家庭的生命周期划分的依据，分别是结婚、第一个子女出生、最后一个子女出生、第一个子女离家、最后一个子女离家、夫妻一方死亡、夫妻另一方死亡等。根据模型，家庭可以被分为形成期、扩张期、稳定期、收缩期、空巢期和解体期共6个生命阶段，见表3-1。

格利克模型对研究者的影响和贡献在于，将家庭视为一个整体来考察其发展变化过程；该模型明确提出7个家庭事件和6个阶段，具有较可靠的适用性。因此，格利克模型对研究的影响深远，常常被认为是后续研究的基础。但是，格利克模型也存在一些不足之处：首先，该模型是以美国核心家庭为基础讨论的，没有考虑到主干家庭；其次，该模型假设家庭中至少有两个孩子，未婚、离婚、再婚等情况也未予考虑。同时，该模型对中国农村家庭而言，也可能有一定偏差。比如，中国农村家庭还保留着一些与西方不同的传统习惯，孩子结婚以后通常不会立刻与父母分家，多数家庭会和已婚的儿子一起生活一段时间，而女儿结婚后多到男方家庭生活。因此，结婚并不一定意味着新家庭的独立。

另外，在分析家庭生产决策时，没有考虑子女年龄和家庭结构，难以区分不同生命周期阶段在劳动力配置、劳动时间配置、就业选择等方面的差异，模型的有效性有限。举一个特定的、有一定代表性的例子。2010年，有一个核心家庭，第一个孩子出生了，家庭进入扩张期；2016年，第一个孩子6岁时，最后一个孩子出生，家庭进入稳定期。在中国农村地区，类似的二胎家庭很多，第一个孩子与第二个孩子年龄差距又不大。此时，从对生产决策的影响来看，在扩张期和稳定期，家庭的子女都没有成为劳动力，两个子女都需要抚养，占用家里的劳动力，把扩张期和稳定期合并可能更合理。

## 二、核心家庭模型

罗杰斯（1962）、威尔斯和古贝尔（1966）、杜瓦尔（1971）建立了以核心家庭为基础的家庭生命周期模型。威尔斯和古贝尔（1966）按配偶的社会地位、户主年龄、最小子女年龄、是否有依赖的子女等，将个人生命历程分为单身、新婚、满巢Ⅰ~满巢Ⅲ、空巢Ⅰ~空巢Ⅱ、寡居Ⅰ~寡居Ⅱ等9个阶段，见表3-1。该模型在食品、服务、耐用品消费等方面应用广泛，但仍然存在一些缺陷：无法涵盖一些非传统的家庭。比如，单亲家庭、大于45岁的单身家庭等。

从农村家庭生产决策来看，子女年龄的划分并不一定适合。因为从生产决策来讲，要考虑子女是否成为劳动力来赚钱，还要考虑养育子女中大额支出冲击、养育子女而导致的劳动时间减少带来的损失等。举一个特定的、有一定代表性的例子按照子女年龄6岁为临界点划分的满巢Ⅰ期~满巢Ⅱ期，可能存在一定重合性。2010年，有一个核心家庭，有两个子女，第一个子女为10岁，第二个子女为5岁，此时，家庭处在满巢Ⅰ期；2012年以后，最小子女为7岁，最大子女为12岁，家庭处于满巢Ⅱ期。根据前面的分析，满巢Ⅰ期~满巢Ⅱ期的分类对于家庭生产决策来讲意义不大。另外，在中国农村地区，空巢Ⅱ期家庭可能较少，甚至极少。因为45岁以上的夫妇，即使子女都离家后，没有达到领取养老金的年龄，仍然需通过劳动方式来维持家庭生计。由于养老金比较低，许多农村家庭甚至在60岁可以享受养老金以后，仍从事体力劳动。

杜瓦尔（1971）基于对双亲和孩子两代人的研究，建立了一个8阶段模型。该模型将家庭生命周期作为一个发展过程，分为已婚夫妇、养育子女、学龄前儿童、学龄儿童、青少年、子女离家、中年父母、老年父母8个阶段。该模型在社会心理学领域应用较广，但没有考虑户主年龄，也忽略了年幼子女的角色转变。

从家庭生产决策角度看，养育子女、学龄前儿童、学龄儿童、青少年阶段区别不大，不一定要划分得这么详细。同时，杜瓦尔模型也没有考虑除核心家庭以外的其他家庭。

表3-1　　　　　　　　主要核心家庭模型比较

| 格利克模型 || 威尔斯和古贝尔模型 || 杜瓦尔模型 ||
| 生命周期阶段 | 重要事件 | 家庭生命周期阶段 | 重要事件 | 生命周期阶段 | 重要事件 |
| --- | --- | --- | --- | --- | --- |
| 形成 | 结婚 | 单身阶段 | 年龄小于45岁、单身、不与父母同住 | 已婚夫妇 | 已婚，无子女 |

续表

| 格利克模型 || 威尔斯和古贝尔模型 || 杜瓦尔模型 ||
| 生命周期阶段 | 重要事件 | 家庭生命周期阶段 | 重要事件 | 生命周期阶段 | 重要事件 |
| --- | --- | --- | --- | --- | --- |
| 扩张 | 第一个孩子出生 | 新婚夫妇 | 年龄小于45岁、没有孩子 | 养育子女 | 最大子女的年龄30个月以下 |
| 稳定 | 最后一个孩子出生 | 满巢Ⅰ期 | 最小子女的年龄在6岁以下 | 学龄前儿童 | 最大子女的年龄为2~6岁 |
| 收缩 | 第一个孩子离家 | 满巢Ⅱ期 | 最小子女的年龄超过6岁 | 学龄儿童 | 最大子女的年龄为6~13岁 |
| 空巢 | 最后一个孩子离家 | 满巢Ⅲ期 | 45岁以上的已婚夫妻、有依赖于父母的孩子 | 青少年 | 最大子女的年龄为13~20岁 |
| 解体 | 夫妻一方死亡 | 空巢Ⅰ期 | 45岁以上的已婚夫妻、没有小孩同住、夫妇仍劳动 | 子女离家 | 从第一个子女离家到最后一个子女离家 |
|  |  | 空巢Ⅱ期 | 45岁以上的已婚夫妻、没有小孩同住、夫妇退休 | 中年父母 | 从空巢到退休 |
|  |  | 寡居Ⅰ期 | 退休年龄前,还在工作 | 老年家庭 | 从退休到死亡 |
|  |  | 寡居Ⅱ期 | 已退休 |  |  |

资料来源:笔者根据刘艳彬(2010)、田丰(2011)的研究总结整理而得。

### 三、吉利和埃利斯模型

后来,文献逐步将核心家庭扩展到非核心家庭。墨菲和斯特普尔斯(Murphy and Staples, 1979)纳入婚姻状况、户主年龄等变量,在改进了的威尔斯和古贝尔模型基础上,构建了一个13阶段模型。但是,该模型仍将较多的家庭排除在外。1982年,吉利和埃利斯对墨菲和斯特普尔斯模型修正后,重新定义了一个包括13个阶段的家庭生命周期模型,该模型被认为能更好地适应美国家庭的演进。

如图3-1所示,吉利和埃利斯模型以女性的年龄和家庭角色为参考,考虑1个成年人还是2个成年人、是否有子女、子女年龄等因素,将家庭生命周期分为13个阶段。需要注意的是,孩子的年龄大于6岁或小于6岁是满巢Ⅰ期或满巢Ⅱ期的分界线,同时也是单身家庭Ⅰ期、单身家庭Ⅱ期和延迟满巢家庭及满巢Ⅲ期的分界线。该模型动态地反映了不同生命阶段随着重要家庭事件的变化而变化的过程。

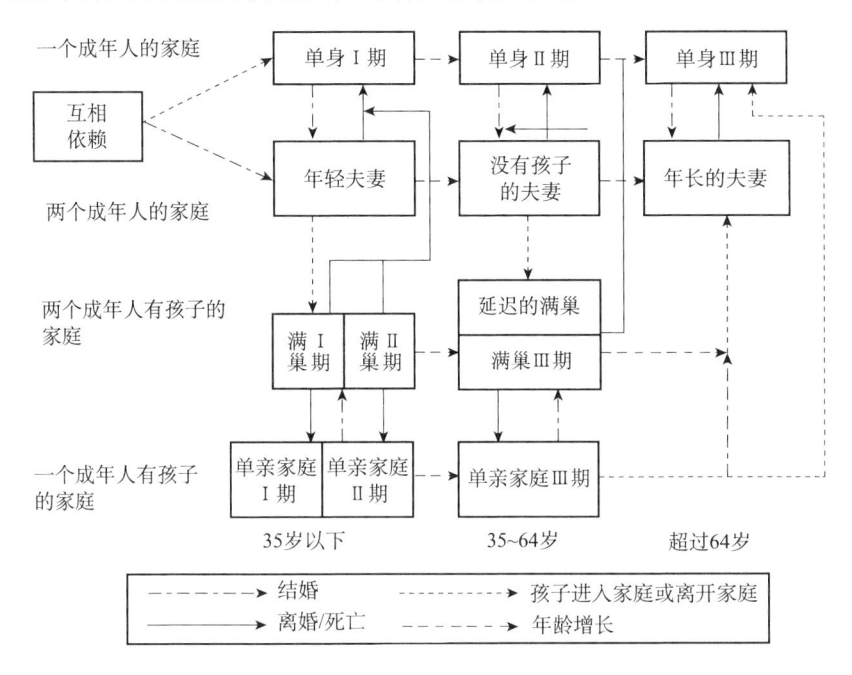

**图3-1 吉利和埃利斯的家庭生命周期模型**

资料来源:转引自刘艳彬.中国家庭生命周期的构建及产品消费关系的实证研究[D].杭州:浙江大学出版社,2010.

相比其他模型,吉利和埃利斯模型对家庭的包容度更高,可以包含寡居、晚育、离婚、再婚等情况。但是,在实证研究中,往往受到数据样本量的限制,13个阶段的家庭生命周期在计量分析时,估计结果不一定最有效、最适用。

从家庭生产决策角度看,吉利和埃利斯模型可能在以下方面需要讨论:(1)仅仅以子女年龄6岁为边界来分类家庭阶段,难以反映子女成为劳动力后对家庭的收入贡献,这可能会影响家庭的福利状态。比如,是否贫困等。同理,单亲家庭Ⅰ期与单亲家庭Ⅱ期的划分,也难以反映家庭决策的差异性。举例:2010年,一个单亲父亲28岁,带着5岁女儿一起生活,此时是单亲家庭Ⅰ期;2012年,女儿7岁,单亲父亲30岁,此时，进入单亲家庭Ⅱ期。根据前面的分析，单亲家庭Ⅰ期、单亲家庭Ⅱ期的分类对于家庭生产决策意义不太大。（2）以父母年龄35岁来划分青年和中年的临界点，对于评价家庭生产决策的有效性也有待商榷。继续本段的例子：2018年，女儿13岁，单亲父亲36岁，家庭进入单亲家庭Ⅲ期。此时，通常情况下，女儿还没有成为劳动力；2021年，女儿16岁，才有可能成为劳动力，赚取收入来帮助家庭，而此时父亲年龄39岁。在中国，法定结婚年龄是22岁，但农村地区男子的平均初婚年龄在25岁，生育第一个孩子是在结婚后的1.3年，生育最后一个孩子是婚后的3.5年（田丰，2011）。以此推算，当第一个子女最早可能成为劳动力并能帮补家庭时，父亲的平均年龄大约为42岁，母亲的平均年龄大约为40岁。

## 第二节 农村家庭生命周期模型

### 一、相关中文文献中使用的典型模型

目前，中文文献研究家庭生命周期理论的还不多，尤其将家庭生命周期理论运用于家庭生产决策方法分析的文献更少。吴兴旺（1999）建立了一个中国农村家庭生命周期模型。林善浪等（2010，2011）构建了一个五阶段的家庭生命周期模型来解释农村劳动力转移及回流问题。黄英伟等（2013）建立了一个四阶段的家庭生命周期模型，来分析集体化经济时期的农户收入差异。

吴兴旺（1999）认为，中国乡村社会特有的不同之处：家庭生命周期开始于分家，而不是结婚；当夫妇因年老丧失劳动能力，而依赖某一已婚子女生活时，家庭生命周期结束；在扩展阶段，家庭类型一般为扩大家庭。并以此为基础，建立了中国家庭生命周期的一般模型（乡村社会），将家庭分为形成、扩展、收缩和解体四个阶段。

林善浪等（2010，2011）借鉴佩尔茨（Perz，2001）对家庭生命周期的测度方法，在吴兴旺（1999）分析中国农村社会的基础上，考虑了子女年龄对劳动力就业的影响，将家庭生命周期划分为五个阶段：把没

有子女的家庭划分为年轻夫妇家庭;有16岁以下人口及17~60岁人口,且17~60岁人口只有2人的家庭,划为成长中的核心家庭;把只有16~60岁人口的家庭,划分为成熟的核心家庭;把同时具有上述3个年龄组人口的家庭,划分为扩大家庭。

黄英伟等(2013)借鉴格利克(1947)的研究思路,考虑集体化时期的分配制度,按照第一个子女的年龄将集体化时期中国农村家庭生命周期分为起始期、成长期、成熟期、老化期四个阶段。集体化时期,子女年龄是决定按人口分配制度获得收入的一个重要依据。按子女年龄来划分家庭生命周期,与农户生产活动直接相关。

综上所述,吴兴旺(1999)模型和林善浪等(2010)模型的主要不同点在于:吴兴旺(1999)模型以情况1和情况2区分核心家庭和扩大家庭,以儿子结婚作为家庭再次扩展的开始。而林善浪等(2010)模型按照子女的年龄划分家庭生命周期阶段,并根据家庭结构将核心家庭和主干家庭合并。黄英伟等(2013)模型也是按照第一个子女的年龄来划分家庭生命周期的,与林善浪等(2010)模型同样采用16岁作为判断子女成为劳动力的临界值。

这3个模型在研究农村家庭经济行为时都有一些不足:如吴兴旺(1999)模型没有考虑到中国农村普遍存在的空巢老人、留守儿童问题;而林善浪等(2010)模型将没有子女的家庭统统划入年轻夫妇家庭,没有考虑户主年龄,无法区分空巢家庭。黄英伟等(2013)模型则完全没有考虑家庭结构,无法反映核心家庭、三代家庭、联合家庭等区别;也没有考虑孩子已经离家的老年单亲家庭。

表3-2 典型的中国农村家庭生命周期

| 吴兴旺(1999)模型 || | 林善浪等(2010)模型 || 黄英伟等(2013)模型 ||
|---|---|---|---|---|---|---|
| 家庭阶段 || 标志性事件 | 家庭阶段 | 家庭事件 | 家庭阶段 | 最大孩子年龄 |
| Ⅰ.形成 || 与父母析产分家 | 年轻夫妇家庭 | 与父母析产分家 | 起始期 | 0~7岁 |
| Ⅱ.扩展 | 情况1 | 生育孩子 | 成长中的核心家庭 | 生育子女,且子女年龄小于16岁 | 成长期 | 8~15岁 |
| | 情况2 | 儿子结婚 | | | | |
| Ⅲ.收缩 | 情况1 | 女儿出嫁 | 成熟的核心家庭 | 生育子女,且子女年龄大于16岁 | 成熟期 | 16~29岁 |
| | 情况2 | 与儿子析产分家 | | | | |

续表

| 吴兴旺（1999）模型 || | 林善浪等（2010）模型 || 黄英伟等（2013）模型 ||
|---|---|---|---|---|---|
| 家庭阶段 || 标志性事件 | 家庭阶段 | 家庭事件 | 家庭阶段 | 最大孩子年龄 |
| Ⅳ. 解体 | 情况 1 | 父母依赖子女生活，失去实际户主身份 | 扩大家庭 | 同时具有年龄小于 16 岁和大于 16 岁的子女 | | |
| | 情况 A | 分家后父母独自居住和生活 | | | 老化期 | 30 岁以上 |
| | 情况 2 | | | | | |
| | 情况 B | 父母最后一方死亡 | 空巢夫妇家庭 | 分家后父母独居 | | |

资料来源：笔者根据吴兴旺（1999）；林善浪等（2010）；黄英伟等（2013）相关资料整理而得。

## 二、湖北省农村家庭生命周期模型的构建

田丰（2011）指出，家庭生命周期没有固定模式，不同的研究者可以根据研究目的、研究内容，建立适合自己研究的生命周期模型。但是，要遵循家庭的过程性和可分割性假设。家庭的过程性是指，家庭生命周期无论如何划分，都要包含家庭的产生和死亡的过程。家庭的可分割性是指，以家庭的重大事件来划分不同的家庭发展阶段。

已有文献表明，子女年龄、户主年龄、家庭结构是确定家庭生命周期的重要依据。在农户经济决策研究中，子女年龄常常被用作判断其是否为劳动力，从而衡量其为家庭经济的贡献；户主年龄则被用作判断家庭是否收缩的标准；家庭结构则是反映生命周期的重要指标，也是影响家庭生产决策的重要因素。

本书借鉴格利克（1947）模型的思想，结合吴兴旺（1999）模型对中国乡村现实分析的三个特征，并考虑了家庭事件因素和家庭结构因素，将家庭分为五个家庭生命周期阶段，见表 3-3。

表 3-3　　　　　　　　　　　　新家庭生命周期模型

| 家庭阶段 | 家庭结构 | 年龄条件 |
| --- | --- | --- |
| 成立期 | 单身或夫妇 | 户主年龄小于 50 岁 |
| 抚育期 | 夫妻、一个孩子 | 孩子年龄小于 16 岁 |
|  | 夫妻、两个孩子 |  |
|  | 夫妻、三个以上孩子 |  |
|  | 单亲与孩子 |  |
| 成熟期 | 夫妻、一个孩子 | 孩子年龄大于 16 岁，孩子结婚析出家庭前 |
|  | 夫妻、两个孩子 |  |
|  | 夫妻、三个以上孩子 |  |
|  | 单亲与孩子 |  |
| 三代同堂期 | 三代同堂 |  |
| 空巢 | 单身或夫妇 | 户主年龄大于 50 岁 |

资料来源：笔者绘制。

**1. 第一阶段为成立期**

在中国农村地区，子女结婚通常由父母操办。一般女子结婚后，嫁到男方生活，脱离了原生家庭。当然，赘婚则视同男方嫁入女方家庭。如果儿子婚后析出家庭，那么新家庭成立，为夫妻二人型的核心家庭，原生家庭则进入空巢家庭。田丰（2010）研究表明，第一个孩子离家事件发生在父亲 52.17 岁时或母亲 50.34 岁时（2000 年），并且，随着时间的推移，每隔 10 年孩子离家时间会提前 2 年。因此，本书假设户主年龄为临界 50 岁，50 岁以下的单身家庭或夫妇处于成立期。如果儿子婚后还同父亲生活在一起，且原家庭没有其他子女的，原家庭变为三代同堂家庭（或主干家庭）。对于单身户主，无论是否结婚，还是结婚后又离婚，都能独立进行生产和生活，也应被归入成立期。

**2. 第二阶段为抚育期**

生育子女是家庭发展的标志性重要事件，子女出生是抚育期的开始；当子女年龄达到 16 岁，成为劳动适龄人口，抚育期结束。黄英伟（2014）和林善浪（2010）在建立家庭生命周期模型来分析农户劳动力转移和收入差异时，都用 16 岁作为子女成为劳动力的临界值。抚育期农户为这几种核心家庭：夫妻与一个孩子、夫妻与两个孩子、夫妻与三个以上孩子、单亲与孩子。

3. 第三阶段为成熟期

子女成年是成熟期的开始，子女结婚析出家庭标志成熟期的结束。从家庭结构来看，成熟期家庭也是核心家庭，只是孩子已经成为适龄劳动力，且还没有结婚析出家庭。如果成熟期家庭的儿子结婚析出家庭，要根据子女数量、年龄以及户主年龄判断家庭生命周期，可能变动进入空巢期还是抚育期，或者仍处于成熟期。比如，成熟期家庭有2个孩子，假设第一个孩子为儿子，当儿子结婚后析出家庭，通常此时第二个孩子很可能也成年了，这是由田丰的估算，第一胎到最后一胎的生育间隔平均为3~5年。按此推算，第一个儿子结婚析出家庭时，第二个孩子的年龄大约为17~19岁。如果第二个孩子年龄小于16岁，此时，家庭就变动为抚育期家庭。当第二个孩子也结婚析出家庭后，原来处于成熟期的家庭基本上都会进入空巢家庭。

4. 第四阶段为三代同堂期

三代同堂家庭又称为主干家庭，通常指夫妻和一对已婚子女组成的家庭。除核心家庭、三代同堂家庭、单身家庭、空巢家庭以外的家庭归入其他家庭。比如，四代同堂、隔代家庭、兄弟姐妹组成的家庭。可以说，这正是本书模型所不能涵盖的家庭类型。

5. 第五阶段为空巢期家庭

子女离家是家庭收缩的开始，子女离家的方式通常包括婚后新家的成立或远离父母外出工作等。空巢期家庭从最后一个孩子离家开始，直到父母死亡家庭解体。需要说明的是，以户主年龄50岁为临界值来判断空巢期家庭，主要考虑模型简化和实证研究的可操作性。当然，这样的划分结果，可能并不能全面反映空巢期家庭内部生计模式的差异性，而这种差异性对贫困动态分析结果有一定影响。比如，相比户主年龄在51~60岁的家庭，户主年龄在61岁以上的家庭，家庭逐步转向为种地务农的生计模式，家庭收入能力可能会低于户主年龄在51~60岁的家庭，大病风险冲击的可能性更高，户主年龄在61岁以上的家庭可能更容易陷入贫困。

### 三、模型包容度分析

从理论上来讲，模型包含的家庭数越多，则模型对家庭的刻画越准确。但从实际情况看，一般家庭特征不可能表达所有的家庭，总会有一定比例的家庭不能被模型所解释。因此模型所覆盖的家庭比例越高，并不一定代表模型越好，还要考虑该模型对研究内容的解释力如何。另外，从趋势来看，家庭生命周期也是动态发展的，不同生命周期的家庭会随着时间的推移，向下个阶段演进或者返回前面的阶段，最终形成一个循环往复的过程。因此，在理想的家庭生命周期模型中，每个阶段所包含的家庭数不应相差太大。

运用2010年湖北省农村家庭调查数据，分析本书所建立的家庭生命周期模式的包容度，并与在中国农村家庭经济研究中的两个家庭生命周期模型进行比较，来讨论不同模型在实际运用中的特点及差异。由于格利克（1947）模型和吴兴旺（1999）模型更注重理论解释，并没有给出每阶段的具体测算指标，无法使用湖北省农村家庭数据考察不同家庭阶段的分布情况，因此，笔者选择了林善浪等（2010）模型和黄英伟等（2013）模型，作为与本书模型的对比对象。

林善浪等（2010）模型和黄英伟等（2013）模型根据年龄指标划分家庭阶段的方法，较为简单、快捷。而本书模型既考虑了家庭结构、家庭规模又考虑了户主年龄的方法，更为复杂。从覆盖率来看，各个模型实际所涵盖的家庭比例都比较高，对中国农村家庭有较强的适用性。林善浪等（2010）模型和黄英伟等（2013）模型分别将17.89%、15.85%的家庭排除在模型以外。虽然与林善浪等（2010，2011）模型和黄英伟等（2013）中的涵盖率有差距，但模型总体上对不同数据的适应性比较强；而本书模型仅仅将1%的其他家庭排除在外。这个差异也可能与数据本身的结构有一定关系，不一定代表不同模型的优劣。从不同家庭的具体分布看，三个模型的主要差异表现为：（1）新建模型和林善浪等（2010，2011）模型中的成熟家庭比例较为接近，而黄英伟等（2013）模型的成熟家庭比例大约要高10%。黄英伟等（2013）把第一个子女年龄在16~29岁区间的家庭归为成熟期家庭，所涵盖的范围可能更广。比如，可能包括了常见的核心家庭、主干家庭、联合家庭等。（2）林善浪等（2010）模型和黄英伟等（2013）模型中的第一个阶段家庭比例大约为16%，而新建模型则把成立期家庭独立分为第一阶段，其他占比很低。林善浪等（2010）模型中年轻的核心家庭可能包括老年的单亲家庭和夫妇家庭，而起始期家庭是指，第一个子女年龄在0~7岁区间的家庭，可能包括年轻的核心家庭、抚育期家庭的一部分，还包括主干家庭和联合家庭等。（3）总体来看，本书所建的五阶段家庭生命周期模型，在划分家庭阶段上更细致。比如，独立区分了成立期家庭和空巢期家庭，还考虑了核心家庭中离婚后与子女生活的家庭，对核心家庭的考察更全面，把三代同堂家庭从扩大家庭中分离出来考察，这是已往研究中所没有涉及的。

但是，正如前文分析，新建的家庭生命周期模型仍然存在两点不足之处：（1）以户主年龄50岁作为家庭收缩的标准，在一定程度上不能涵盖部分家庭。比如，一些户主年龄小于50岁的家庭，子女已经析出家庭另成立新家，将该家庭划入成立期家庭，在一定程度上可能会高估成立期家庭的收入能力、低估成立期家庭的贫困状况。（2）对空巢期家庭的处理也有待进一步细分，以解决空巢期家庭内部具有较大差异的特性。

## 第三节 湖北省农村家庭生命周期特征

本节将运用国家统计局湖北省农村调查队收集的2005~2010年农村家庭调查数据，这是一个2952户农村家庭经过整理后的面板数据。2011年以后，湖北省统计局农村家庭调查数据的结构已不同于以前；且调查对象中90%以上都重新选样，也不是以前那批农户，故本书没有对2011年以后的数据进行更新。另外，2005~2010年是中国实施第一个农村扶贫开发10年纲要的后半程，随着贫困人口的日益减少，农村家庭的持久贫困与返贫等难点问题突显，这正符合本书的研究主题。

在整理分析农村家庭结构、户主年龄、子女年龄等信息的基础上，按照前文新建的家庭生命周期模型，把家庭分成五个生命周期阶段来考察农村家庭生命周期规律。先分析湖北省农村经济发展现状,然后,考察湖北省农村家庭规模与结构特征、农村家庭生命周期的分布规律、农村家庭生命周期的人口特征等。

## 一、湖北省农村经济发展状况

### (一)湖北省总体经济发展状况

#### 1. 湖北省经济总量及其结构

改革开放以来,湖北省经济总量快速发展,主要得益于第二产业、第三产业的迅速发展。第一产业的发展则相对较慢,且所占比重逐步被第三产业所替代。1978~2015年,湖北省地区生产总值由151亿元增长到29550亿元,1992年突破千亿元,2004年突破5000亿元,2008年突破万亿元大关,2012年突破2万亿元大关,累计增长了195倍,年均增长率约为15.79%。第一产业产值从61亿元增长到3310亿元,年均增长率约为11.73%;而第三产业产值由26亿元增长到12737亿元,年均增长率约为15.99%。第一产业产值比重由44.47%下降到11.20%,第三产业产值比重由17.34%上升到43.10%,[①]形成了"以第二产业、第三产业齐头并进,第一产业为辅"的产业结构。

#### 2. 湖北省城乡居民收入及其差距

1978年农村改革以来,湖北省农村居民收入水平呈持续、稳定增长趋势。同时,城镇居民收入以相似的增速增长,城乡收入差距依然很大。但是,城乡收入差距呈现波动式下降趋势。1978~2015年,农户人均纯收入由110.52元增长到11843.89元,大约增长了106倍,年均增长率约为13.87%。城镇居民的可支配收入由325元增长到27051.47元,大约增长了82倍,年均增长率约为13.17%。城乡收入差距由1978年的3倍降到2015年的2.28倍,[②]尤其从2004年以来城乡收入差距下降明显,一方面,得益于政府给予农户惠农支农政策;另一方面,得益于农户务工性工资收入的快速增长,见图3-2。

---

[①][②] 资料来源:根据《湖北统计年鉴》或相关数据整理而得。

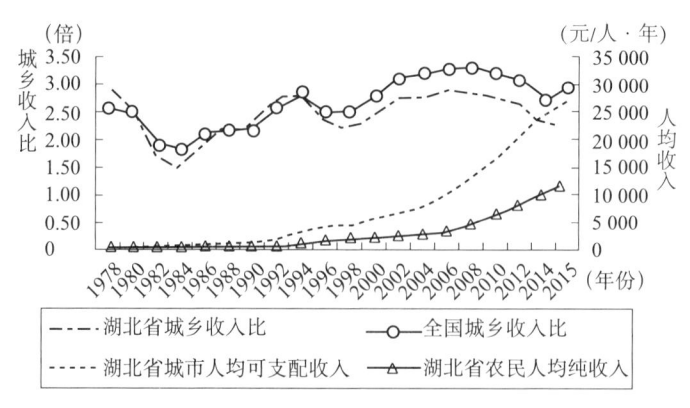

图 3-2　湖北省城乡居民收入及差距趋势

**3. 湖北省县域社会经济发展状况**

县域社会经济发展状况是影响农户贫困发生的中观环境因素，本书主要测算了人均 GDP、人均农业产值、人均财政收入、人均耕地面积、人均粮食产量、农民人均纯收入、农民人均农业收入等指标。为了考察县域层面因素的差异性，将统计资料中涉及的湖北省各地区，按照地理特征和是否属于国家贫困县两个角度进行分类，具体分类方法如下。

依据吴海涛（2012）的地理分区方法，将湖北省划分为西北、西南、东北、东南和中部五个区域。其中，西北区域位于秦巴山区，包括十堰市、神农架林区等；西南区域位于武陵山区，包括宜昌市和恩施土家族苗族自治州等；东北区域位于革命老区大别山—桐柏山区，包括黄冈市、孝感市北部和武汉市北部等；东南区域位于幕阜山区，包括鄂州市、黄石市、咸宁市、武汉市南部等；中部区域位于以江汉平原为中心的比较广泛的平原和丘陵区域，包括随州市、荆门市、荆州市、天门市、潜江市、仙桃市和孝感市南部等。西南区域、西北区域和东北区域是湖北省贫困较集中的地区，在 25 个国家级贫困县中，西南区域、西北区域和东北区域分别有 10 个贫困县、7 个贫困县和 7 个贫困县，三者占比高达 96%。[①] 2010 年，湖北省人均地区生产总值约为 27906 元，第二产业、第三产业、第一产业产值比重分别为 42.81%、38.06% 和 13.49%，人均财政收入仅为 1767 元。分区域看，东南区域、西南区域的人均地区生产总

---

① 考虑到与实证分析部分一致，这里仅测算 2010 年的数据。

值、人均财政收入高于其他区域。贫困较低的东南区域的第二产业相对较发达,第一产业比重已降到20%以下;而其他区域的第二产业、第三产业占比大致相当。另外,重点贫困县的人均地区生产总值、第二产业比重低于非重点贫困县,第一产业比重高于非重点贫困县,见表3-4。

表3-4　2010年湖北省不同地理区域、贫困县的主要社会经济发展指标

| 指标 | 湖北省平均水平 | 按地理区域分 ||||| 按国家重点贫困县分 ||
|---|---|---|---|---|---|---|---|---|
| | | 西北 | 西南 | 东北 | 东南 | 中部 | 非重点县 | 重点县 |
| 人均地区生产总值（千元） | 27906 | 16299 | 20442 | 16531 | 27540 | 18735 | 23443 | 11398 |
| 第一产业比重（%） | 13.49 | 25.57 | 25.50 | 26.50 | 18.06 | 25.35 | 21.98 | 29.88 |
| 第二产业比重（%） | 48.83 | 42.81 | 38.76 | 40.24 | 49.94 | 42.67 | 46.59 | 33.56 |
| 第三产业比重（%） | 38.06 | 31.62 | 35.74 | 33.26 | 31.99 | 31.91 | 31.40 | 36.56 |
| 人均财政收入（元） | 1767 | 764 | 917 | 696 | 1077 | 488 | 833 | 609 |
| 人均耕地面积（亩） | 1.05 | 1.2 | 1.12 | 0.86 | 0.89 | 1.15 | 1.08 | 0.99 |
| 人均粮食产量（千克） | 566 | 701 | 505 | 530 | 537 | 646 | 604 | 478 |
| 城镇居民人均可支配收入（元） | 16058 | 9959 | 11840 | 12735 | 12185 | 12760 | 6433 | 3491 |
| 农村居民人均纯收入（元） | 5832 | 4645 | 4590 | 5110 | 6362 | 6609 | 12502 | 10797 |

资料来源:《湖北统计年鉴》(2010年),笔者运用《湖北统计年鉴》数据测算而得。

从湖北省来看,人均耕地面积为1.05亩,产出粮食人均566公斤,城镇居民人均可支配收入达16000元,农村居民年人均纯收入仅为5832元。分区域看,贫困较高的西北区域、西南区域的人均耕地资源较多,但是,该区域的城镇居民、农村居民人均收入远远低于其他区域。另外,重点贫困县的城镇居民人均收入、农村居民人均收入、人均耕地和人均粮食产量等指标都低于非重点贫困县,可以表明贫困县社会经济发展相对落后。

(二) 湖北省农村经济发展状况

**1. 农民收入增长速度快**

自2006年湖北省农民收入进入增长的快车道,直到2016年,除2009年、2015年、2016年仅分别增长8.14%、8.75%、6.38%外,其余年份增速均保持在10%以上。其中,2010~2014年,连续五年实现了两位数增长,2011年,更是达到了18.27%的高速增长,见图3-3。2006~2016

年，湖北省农民人均纯收入年均增速达到 12.74%。

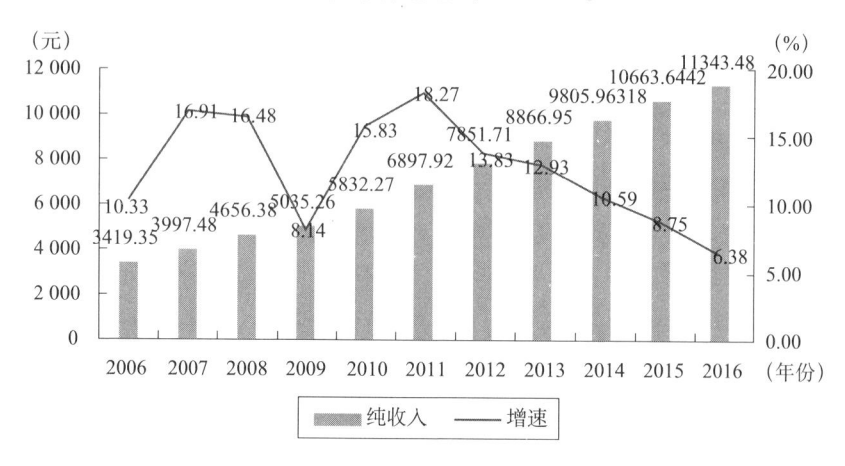

图 3-3  2006~2016 年湖北省农民收入增速走势

资料来源：笔者根据《湖北统计年鉴》数据并运用 Excel 软件绘制而得。

**2. 收入水平提高幅度大**

收入的快速增长，使湖北省农民收入的蛋糕迅速做大，收入水平不断迈上新台阶。2006~2010 年，农民年人均增收 547 元①，2011 年，人均增收突破千元，2011~2014 年，农民年人均增收 1022 元，一年的增收量几乎等于 1994 年农民的全年纯收入。2015 年，湖北省农民收入水平突破万元大关，人均纯收入达到 10835 元，实现了历史性的跨越。2015 年的收入水平是 2006 年的 3.2 倍，是 1978 年的 98 倍。①

**3. 收入来源多元化**

经济快速发展，使农民有了更多增加非农收入的机会，农民收入来源日益多元化。2015 年，农民工资性收入占农民人均纯收入的比重为 43.1%，比 2006 年提高 8%；家庭经营收入比重为 49.0%，比 2006 年下降 12.3%；其中，第一产业收入比重为 38.6%，下降 16.1%；转移性收入和财产性收入比重分别从 2006 年的 2.9%、0.8% 增加到 6.6%、1.3%，分别提高 3.7%、0.5%。非农收入比重不断提高，彻底改变了湖北省农民收入"一头沉"的格局。

---

① 书中所提的农民收入及图 3-5 中所用数据均采用与以前年份可比的"农民人均纯收入"数据。

### 4. 粮食种植面积、粮食产量稳定增长

从粮食产量来看，2015年，湖北省粮食种植面积达到4466千公顷，比2014年增加约96千公顷，主要种植中稻、小麦、玉米等粮食作物。2015年，中稻面积约为1283千公顷，小麦播种面积为1093千公顷，玉米种植面积为689千公顷。2015年，粮食播种面积快速增长，很大比例上是由于玉米播种面积的快速增长，玉米播种面积比2014年增加45千公顷，增幅为7.1%。从粮食产量来看，湖北省粮食产量达到2703万吨，比2014年增加4.6%；平均亩产粮食约为404公斤/亩，比2014年增加2.4%。[①]

### 5. 经济作物、畜牧业规模化发展有所提高

2003年，开始实施的农业板块基地建设、2013~2017年，现代特色农业产业发展规划，使得经济作物专业化水平、规模化程度更高。通过畜牧业规划指导，给予资金支持，形成了以水禽、生猪、肉禽、牛羊等为重点的特色产业，产业化和规模化取得了快速发展。

## 二、湖北省农村家庭规模与结构特征

### （一）家庭规模特征

从家庭规模来看，湖北省调查农户中以小型户（3~4人）、中型户（5~6人）为主，两者比例分别高达52.78%、30.35%，占到总数的83%，见表3-5。从变化趋势来看，2005~2010年，微型户（1~2人）占比增加较多，主要原因是初婚年龄的推迟导致单身青年增加，老年人夫妇2人户数的快速增长；小型户4人户家庭占比明显减少，究其原因，可能是低生育率或推迟生育导致的。以全国农村家庭为参考，调查农户的家庭人口分布总体上还比较理想，有较强的代表性。但是，调查农户还是表现出与全国农村家庭不同的人口分布特征：1~2人户的占比约低21%，3~4人户的占比约高9%，5~6人户的占比约高11%，即与全国农村家庭相比，调研农村家庭可能相对向核心家庭和主干家庭集中。

---

① 粮食种植面积、粮食产量数据来自《湖北统计年鉴》（2015~2016年）。
② 微型户、小型户的划分，参考国家卫生和计划生育委员会.中国家庭发展报告2014[M].北京：中国人口出版社，2014．

表 3-5　　　　　　　　　　农村家庭人口规模分布　　　　　　　　　单位:%

| 家庭规模 | 2005年 湖北省农村家庭 | 2010年 湖北省农村家庭 | 2010年 全国城市家庭 | 2010年 全国乡村家庭 |
|---|---|---|---|---|
| 1人家庭 | 0.17 | 0.78 | 17.95 | 12.44 |
| 2人家庭 | 8.47 | 12.8 | 27.82 | 22.07 |
| 3人家庭 | 24.83 | 24.73 | 33.16 | 22.34 |
| 4人家庭 | 35.09 | 28.05 | 12.17 | 21.03 |
| 5人家庭 | 21.14 | 21.00 | 6.25 | 12.7 |
| 6人家庭 | 7.96 | 9.35 | 1.71 | 5.99 |
| 7人家庭 | 1.63 | 2.07 | 0.56 | 2.05 |
| 8人家庭 | 0.47 | 0.78 | 0.24 | 0.77 |
| 9人家庭 | 0.24 | 0.30 | 0.09 | 0.32 |
| 10人以上家庭 | 0 | 0.13 | 0.09 | 0.28 |

资料来源:①2005年、2010年湖北省农村家庭人口规模分布数据来源于湖北省农村家庭调查数据;②2010年全国城市家庭、全国农村家庭资料参考国家卫生和计划生育委员会. 中国家庭发展报告2014. 北京:中国人口出版社,2014。

## (二) 家庭结构特征

从家庭结构来看,调查农村家庭中核心家庭约占50%,主干家庭(三代同堂家庭)占比为33.27%,两类家庭已经超过83%;单身家庭和夫妇家庭占比之和约为10%,见表3-6。在核心家庭中,夫妇与1个孩子、夫妇与2个孩子的家庭占比之和约为48%,这与农村家庭的家庭规模分布大致是匹配的。与全国农村家庭相比,调查农村家庭中核心家庭占比和单人家庭占比大致相当。可以认为,调查数据的家庭结构分布总体上比较理想,有较强的代表性。但是,由于计算口径不同,调查农村家庭中标准核心家庭、三代同堂家庭的比重比全国要高。

表 3-6　　　　　　　　　　农村家庭结构分布

| 家庭类型 | 湖北省农村家庭① 户数(户) | 湖北省农村家庭① 比例(%) | 全国农村家庭② 比例(%) | 家庭类型 |
|---|---|---|---|---|
| 单身或夫妇 | 308 | 10.43 | 11.79 | 单身家庭 |
| 夫妇与一个孩子 | 736 | 24.93 | 16.73 | 夫妇核心 |
| 夫妇与两个孩子 | 691 | 23.41 | 30.92 | 标准核心 |
| 夫妇与三个以上孩子 | 163 | 5.52 | 6.28 | 分居核心、单亲核心 |
| 单亲与孩子 | 45 | 1.52 | 3.09 | 其他核心 |
| 三代同堂期 | 982 | 33.27 | 28.52 | 直系家庭 |
| 其他 | 27 | 0.91 | 2.67 | 其他 |

资料来源:①湖北省农村家庭数据来源于湖北省农村家庭调查数据;②全国资料来源于王跃生. 中国城乡家庭结构变动分析 [J]. 中国社会科学,2013 (12):60-67.

## 三、湖北省农村家庭生命周期的分布特征

在分析户主年龄、子女年龄和家庭结构等信息的基础上，根据前文确定的家庭生命周期模型，测算 2005~2010 年农村家庭生命周期的分布，具体结果见表 3-7。

从所处的生命周期阶段来看，农村家庭主要处于成熟期、三代同堂期、抚育期三个家庭生命周期阶段。统计结果表明，除了 2005 年，在其他年份，处于成熟期的家庭占所有农村家庭的比例大约在 37.1%~44.7% 区间递增，所占比例最高。三代家庭占所有农村家庭的比例大约在 26.2%~33.3% 区间递增，所占比例最高排第二位。处于抚育期的家庭占所有农村家庭的比例大约在 27.3%~10.7% 区间递减。对于其他农村家庭，由于家庭结构复杂，将被排除在研究之外。

从发展趋势来看，不同家庭生命周期的农村家庭呈现出一定的变化规律。处于成立期的家庭呈现出波动型下降趋势，其原因可能是随着时间的推移，处在成立期的家庭向抚育期的家庭过渡。处于抚育期的家庭呈现出直线下降趋势，其原因可能是随着时间的推移，处在抚育期的家庭向成熟期家庭或三代同堂期家庭等过渡。同时，处于成熟期、三代同堂期和空巢期家庭则呈现出直线上升趋势，其中，成熟期家庭和三代同堂期家庭在 2005~2010 年增幅比较多，约增加 6%。这说明，这三类家庭的数量和比重有不断扩大的趋势。

表 3-7　　　　2005~2010 年湖北省农村家庭生命周期分布

| 生命周期 | 2005 年 户数(户) | 占比(%) | 2006 年 户数(户) | 占比(%) | 2007 年 户数(户) | 占比(%) | 2008 年 户数(户) | 占比(%) | 2009 年 户数(户) | 占比(%) | 2010 年 户数(户) | 占比(%) |
|---|---|---|---|---|---|---|---|---|---|---|---|---|
| 成立期 | 85 | 2.88 | 51 | 1.73 | 34 | 1.15 | 24 | 0.81 | 17 | 0.58 | 13 | 1.12 |
| 抚育期 | 807 | 27.34 | 671 | 22.71 | 566 | 19.23 | 501 | 16.90 | 380 | 12.95 | 316 | 10.73 |
| 成熟期 | 1094 | 37.11 | 1191 | 40.45 | 1250 | 42.35 | 1281 | 43.42 | 1316 | 44.65 | 1319 | 44.75 |
| 三代同堂 | 774 | 26.22 | 822 | 27.93 | 866 | 29.54 | 885 | 29.94 | 956 | 32.46 | 982 | 33.30 |
| 空巢家庭 | 151 | 5.12 | 173 | 5.86 | 209 | 7.08 | 228 | 7.72 | 257 | 8.71 | 295 | 9.99 |
| 其他家庭 | 41 | 1.39 | 44 | 1.49 | 27 | 0.91 | 33 | 1.12 | 26 | 0.88 | 27 | 0.91 |

资料来源：笔者根据湖北省农村家庭调查数据测算而得。

另外，表 3-8 还统计了在时间段为 4~6 年时，家庭生命周期的分布变化情况。结果表明，随着时间段从 6 年缩短到 4 年，处于成立期和抚育期的家庭变动量为负。同时，处于成熟期、三代同堂期和空巢期的家庭的变动量为正。因此，在考察农户贫困时，需要关注不同时间段内对农村家庭生命周期分布的影响。

表 3-8　　　　不同时间段内农村家庭生命周期的分布变化　　　　单位：户

| 生命周期 | 2005~2010 年 变动量 | 2005~2009 年 变动量 | 2006~2010 年 变动量 | 2005~2008 年 变动量 | 2006~2009 年 变动量 | 2007~2010 年 变动量 |
|---|---|---|---|---|---|---|
| 成立期 | -72 | -68 | -38 | -61 | -34 | -21 |
| 抚育期 | -491 | -427 | -355 | -306 | -291 | -250 |
| 成熟期 | 225 | 222 | 128 | 187 | 125 | 69 |
| 三代同堂期 | 208 | 182 | 160 | 111 | 134 | 116 |
| 空巢期 | 144 | 106 | 122 | 77 | 84 | 86 |

资料来源：笔者根据湖北省农村家庭调查数据并测算而得。

### 四、湖北省农村家庭生命周期的人口特征

为了初步考察家庭生命周期与农户贫困的关系，有必要分析不同生命周期阶段农村家庭的人口特征，通常包括户主年龄、家庭规模、家庭劳动力、抚育比（人口/劳动力比值）等指标。

表 3-9 给出了不同生命周期阶段农村家庭的人口特征信息。结果表明，在家庭生命周期阶段内表现出一定的发展规律：家庭人口和抚育比在不同家庭生命周期阶段呈扁"M"形趋势；户主年龄随家庭生命周期进程呈上升趋势。

具体而言，成立期家庭和空巢期家庭人口数、劳动力数和抚养比大致相当，在五个阶段内处于最低水平。三代同堂家庭的劳动力最多，但是，因为家庭人口最多，所以，三代同堂家庭的抚养比较高。抚育期家庭的人口比成熟期多，但是，抚育期的劳动力比成熟期少，即抚育期家庭用更少的劳动力养育比成熟期家庭更多的人口。

表3-9 不同生命周期阶段湖北省农村家庭的人口特征与贫困家庭比例关系

| 指标 | 成立期 | 抚育期 | 成熟期 | 三代同堂 | 空巢家庭 | 总体 |
|---|---|---|---|---|---|---|
| 家庭人口（人） | 1.98 | 3.89 | 3.71 | 5.18 | 1.99 | 3.99 |
| 家庭劳动力（人） | 1.97 | 2.37 | 3.31 | 3.5 | 1.87 | 3.15 |
| 户主年龄（年） | 37.36 | 40.02 | 48.66 | 48.95 | 57.27 | 46.73 |
| 劳动供养比 | 1.00 | 1.69 | 1.17 | 1.59 | 1.12 | 1.42 |
| 人均纯收入（元） | 55.7 | 33.03 | 34.99 | 25.34 | 43.26 | 32.79 |
| 贫困家庭比例（%） | 7.06 | 20.45 | 17.28 | 33.07 | 13.91 | 22.09 |

资料来源：笔者根据湖北省农村家庭调查数据，运用 Stata 软件计算整理而得。

另外，不同生命周期阶段的农村家庭，部分人口特征与农户贫困状态有一定的相关性。如图3-4所示，在不同家庭生命周期阶段，家庭人口、抚育比的趋势与贫困家庭比例正好吻合，呈现"M"形的变化趋势。虽然各类家庭的人均纯收入高于贫困标准，但是，人均纯收入的变化趋势与贫困家庭比例的趋势正好相反，在不同家庭生命周期阶段呈"W"形变化趋势。

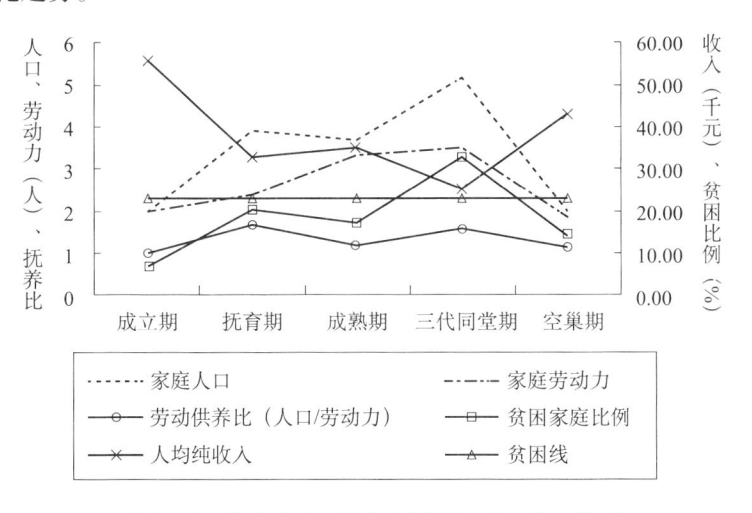

图3-4 湖北省人口特征与贫困比例、收入关系

资料来源：笔者根据湖北省农村家庭调查数据，运用 Excel 软件绘制而得。

# 第四章

# 农村家庭贫困动态过程：以湖北省为例

## 第一节 不同生命周期阶段农村家庭的贫困状况

### 一、贫困度量方法

在国际上，被学术界普遍接受的贫困测度指标为福斯特等（Foster et al.，1984）构建的 FGT 指数。假设在 t 年度时，家庭 i 的人均收入为 $x_{it}$，$Z_t$ 为贫困标准，如果 $x_{it} < Z_t$，则该家庭处于贫困状态，即：

$$r_{it} = 1, \text{ if } \quad x_{it} < Z_t \qquad (4-1)$$
$$= 0, \text{ otherwise}$$

如果家庭处于贫困状态，则 $r_{it}$ 等于 1；如果家庭处于非贫困状态，则 $r_{it}$ 为 0。

贫困发生率（H）是指，贫困家庭占家庭总数的比重，计算公式如下：

$$H = \sum_{i=1}^{n} f_i r_i \qquad (4-2)$$

由于贫困发生率不能反映穷人的贫困程度，即不能反映贫困家庭收入与贫困标准之间的差距。因此，又设定了贫困缺口率指标，表示如下：

$$g = \sum_{i=1}^{n} f_i r_i \frac{Z_t - x_i}{Z_t} \qquad (4-3)$$

贫困缺口率指标满足了阿玛蒂亚·森（1976）提出的单调性法则，即穷人福利减少会导致贫困增加。

在 t 时刻，调查样本的贫困测度可以总结为式（4-4）。

$$P_t = \sum f_i r_i \left(1 - \frac{x_i}{Z_t}\right)^\alpha \qquad (4-4)$$

在式（4-4）中，α为贫困规避（poverty aversion）系数。当α取值为0，式（4-4）表示贫困发生率，即贫困家庭占总观测家庭的比例；α取值为1，式（4-4）表示贫困深度（贫困缺口率），反映观测样本贫困家庭收入或消费低于贫困标准的程度；α取值为2，式（4-4）表示贫困严重性，反映贫困家庭之间的不平等程度。

## 二、湖北省农村家庭总体贫困状况

### （一）2005~2010年湖北省农村家庭的贫困变化趋势

从总体趋势来看，湖北省农村家庭的贫困发生率和贫困深度都呈现出逐年下降的良好趋势；而贫困强度则呈现出较大的波动趋势。

第一，从贫困发生率来看，湖北省农村家庭的贫困发生率呈现出持续降低趋势。以2005年为参照，在绝对贫困标准、低收入线标准和1.25美元/人·天等贫困标准下，2010年的贫困发生率分别降低了1.08%、5.56%、6.74%；在2300元/人·年贫困标准和2美元/人·天等贫困标准下，2010年的贫困发生率也分别大幅降低了13.08%、18.02%。同时，考察不变价格人均纯收入发现，在2005~2010年，湖北省农村家庭人均纯收入从2005年的3279元大幅度提高到2010年的5278元，年均增幅约为9.99%；人均非农收入从2005年的2267元大幅度提高到2010年的3583元，年均增幅约为9.59%。这表明，农村经济的快速增长、农民收入的持续提高，尤其是日益增多的非农就业机会是解释农村贫困下降的重要原因之一（罗楚亮，2010；章元，2011）。

第二，从贫困深度来看，湖北省农村家庭的贫困深度基本表现出与贫困发生率一致的变化趋势。例如，相比于2005年，在低收入线标准下的2010年贫困深度降低了1.15%，在2300元/人·年贫困标准、2美元/人·天等贫困标准下，2010年的贫困深度也分别降低了3.9%、5.67%。

第三，从贫困强度来看，湖北省农村家庭的贫困强度呈现出不同的波动趋势。这种波动趋势在不同贫困标准下表现出的差异性更加明显。比如，在较高的2300元/人·年贫困标准和2美元/人·天贫困标准下，贫困强度波动较小，而在较低的贫困标准下贫困强度波动则较大。这表明，收入贫困结果对贫困标准较敏感。

### （二）不同贫困标准下湖北省农村家庭的贫困变化趋势

从不同贫困标准来看，湖北省农村家庭贫困状况有较大差异。

#### 1. 就贫困发生率而言

在不同贫困标准下，湖北省农村家庭的整体贫困率差异较大。2005～2010年，在绝对贫困标准下的湖北省农村家庭贫困发生率介于2.71%～6.60%区间，这个结果高于全国平均水平（1.6%～4.2%）。当贫困标准提高后，贫困发生率随之上升。比如，在低收入线标准下的贫困发生率上升到2.71%～8.03%；在2300元/人·年贫困标准下的贫困发生率则快速上升到9.01%～22.09%，在2美元/人·天贫困标准下的贫困发生率大幅上升到13.48%～31.50%。

#### 2. 就贫困深度而言

在不同贫困标准下的贫困深度变化规律，基本上与贫困发生率类似。另外，年均贫困深度结果也提供了类似证据：在绝对贫困标准、低收入线和1.25美元/人·天贫困标准下的年均贫困深度都在5%以下，而在较高的2300元/人·年贫困标准和2美元/人·天贫困标准下的年均贫困深度都上升到5%以上。

#### 3. 就贫困强度而言

随着贫困标准的提高，湖北省农村家庭贫困强度逐步降低；这与贫困发生率、贫困深度有截然不同的变化规律。比如，2010年的农村家庭绝对贫困强度＞1美元/人·天贫困标准下的贫困强度＞1.25美元/人·天贫困标准下的贫困强度＞2美元/人·天贫困标准下的贫困强度。这表明贫困人口之间的不平等程度与贫困标准呈正向变化趋势，见图4-1。

## 三、不同生命周期阶段农村家庭的贫困状况

为了进一步揭示不同生命周期阶段农村家庭的贫困规律特征，按照前文确定的家庭生命周期模型考察2005～2010年湖北省农村家庭的贫困发生率、贫困深度和贫困强度的变化趋势。

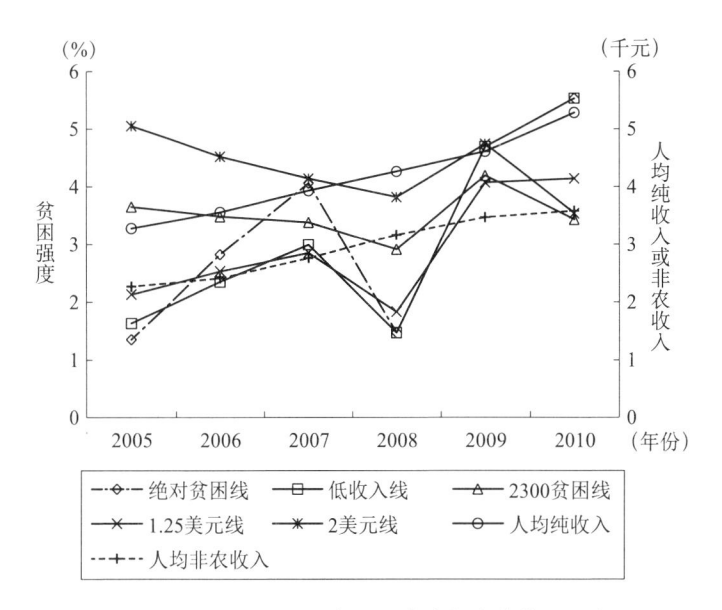

图 4-1  2005~2010 年湖北省农村家庭贫困强度

资料来源：笔者根据湖北省农村家庭调查数据，运用 Excel 软件绘制而得。

## （一）不同生命周期阶段农村家庭的总体贫困状况

总体而言，湖北省农村家庭的贫困状况，具有明显的家庭生命周期特征。

（1）在5个贫困标准下，不同家庭生命周期阶段的农村家庭贫困发生率变化呈现出倒"V"形的特征：成立期家庭的贫困发生率最低，抚育期家庭的贫困发生率比成熟期低，三代同堂期家庭的贫困发生率最高，空巢期家庭的贫困发生率比抚育期低。例如，在2300元/人·年贫困标准下，三代同堂家庭的贫困发生率（39.29%）高于成熟期家庭（28.59%）；成熟期家庭高于抚育期家庭（17.78%），抚育期家庭高于空巢家庭（4.17%），成立期家庭（0.37%）最低，见图4-2。

（2）在5个贫困标准下，不同家庭生命周期阶段的农村家庭贫困深度表现出与贫困发生率类似的规律特征，见图4-3。

（3）而农村家庭贫困强度在不同贫困标准下表现出不同之处：空巢期家庭与成立期家庭的排序，在较高贫困标准和较低贫困标准下有截然相反的结论。比如，在2300元/人·年贫困标准和2美元/人·天贫困标准下，空巢家庭的贫困强度高于成立期家庭；而在1美元/人·天和1.25美元/人·天贫困标准下，空巢家庭的贫困强度低于成立期家庭，见图4-4。

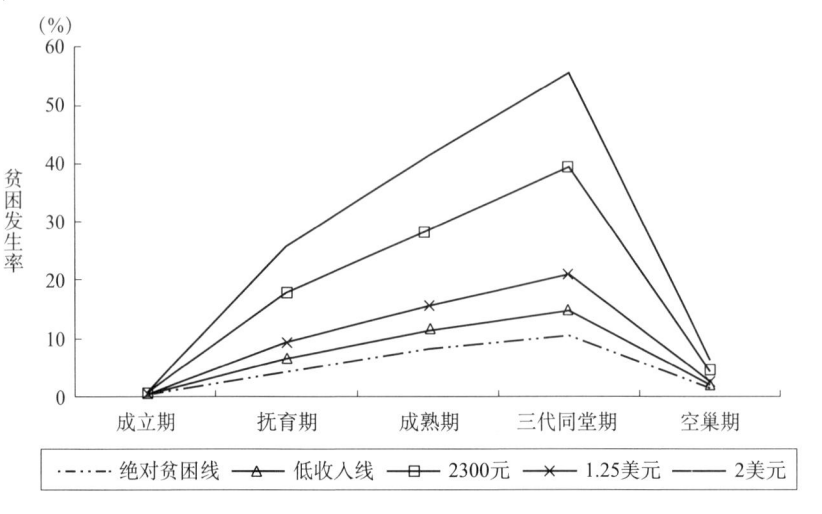

**图4-2 湖北省不同家庭生命周期的贫困发生率**

资料来源：笔者根据湖北省农村家庭调查数据，运用Excel软件绘制而得。

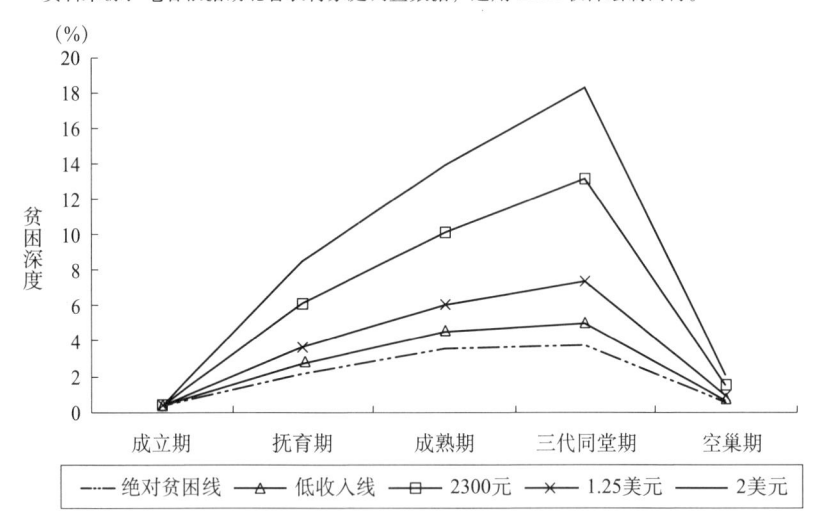

**图4-3 湖北省不同家庭生命周期的贫困深度**

资料来源：笔者根据湖北省农村家庭调查数据，运用Excel软件绘制而得。

（4）随着贫困标准的提高，处于不同家庭生命周期阶段的农村家庭的贫困发生率和贫困深度,会有不同程度的上升。比如,相比于绝对贫困标准的贫困发生率,在2300元/人·年贫困标准下:成立期家庭的贫困发生率从0.10%提高到0.37%,抚育期家庭的贫困发生率从4.10%提高到17.78%,成熟期家庭的贫困发生率从8.06%提高到28.59%,三代同堂期家庭的贫困发生率从10.50%提高到39.29%,空巢期家庭的贫困发生率从1.25%提高到4.17%,见表4-1。

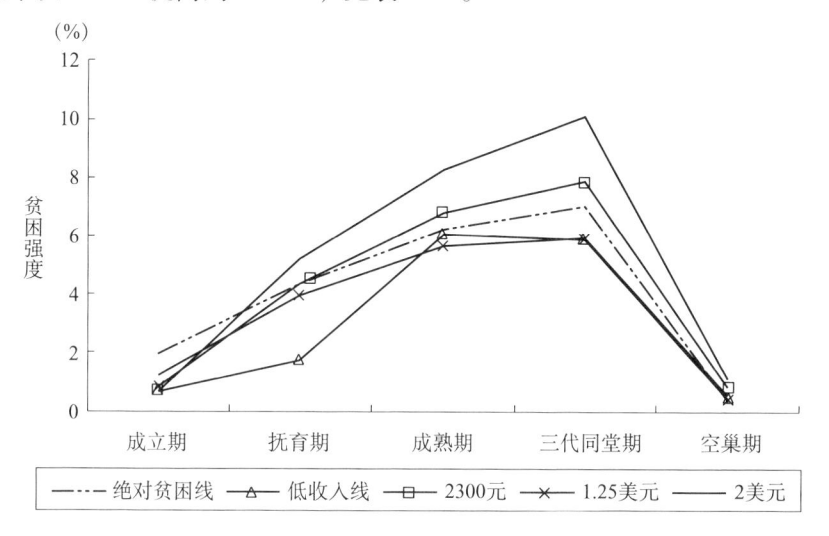

**图4-4 湖北省不同家庭生命周期的贫困强度**

资料来源:笔者根据湖北省农村家庭调查数据,运用 Excel 软件绘制而得。

**表4-1 湖北省不同生命周期阶段农村家庭的贫困发生率、贫困深度和贫困强度**

单位:%

| 贫困标准 | 指标 | 成立期 | 抚育期 | 成熟期 | 三代同堂期 | 空巢期 |
|---|---|---|---|---|---|---|
| 绝对贫困标准 | 贫困发生率 | 0.10 | 4.10 | 8.06 | 10.50 | 1.25 |
|  | 贫困深度 | 0.36 | 2.14 | 3.53 | 3.76 | 0.50 |
|  | 贫困强度 | 1.94 | 4.34 | 6.20 | 7.02 | 0.36 |
| 低收入线 | 贫困发生率 | 0.36 | 6.50 | 11.21 | 14.66 | 1.79 |
|  | 贫困深度 | 0.34 | 2.76 | 4.49 | 5.00 | 0.66 |
|  | 贫困强度 | 0.66 | 1.76 | 6.03 | 5.89 | 0.43 |
| 2300元/人·年贫困标准 | 贫困发生率 | 0.37 | 17.78 | 28.59 | 39.29 | 4.17 |
|  | 贫困深度 | 0.29 | 6.12 | 10.12 | 13.14 | 1.49 |
|  | 贫困强度 | 0.81 | 4.35 | 6.78 | 7.89 | 0.84 |
| 1.25美元/人·天 | 贫困发生率 | 0.20 | 9.32 | 15.65 | 21.07 | 2.37 |
|  | 贫困深度 | 0.30 | 3.65 | 6.08 | 7.34 | 0.89 |
|  | 贫困强度 | 1.25 | 3.93 | 5.68 | 5.94 | 0.54 |

续表

| 贫困标准 | 指标 | 成立期 | 抚育期 | 成熟期 | 三代同堂期 | 空巢期 |
|---|---|---|---|---|---|---|
| 2美元/人·天 | 贫困发生率 | 0.44 | 25.75 | 41.33 | 55.59 | 6.13 |
| | 贫困深度 | 0.31 | 8.51 | 13.91 | 18.34 | 2.05 |
| | 贫困强度 | 0.67 | 5.18 | 8.25 | 10.10 | 1.10 |

资料来源：笔者根据湖北省农村调查队数据，运用 Stata 软件计算整理而得。

### （二）不同生命周期阶段农村家庭的贫困变化趋势

从贫困变化趋势来看，不同生命周期阶段农村家庭贫困状况呈明显的规律特征，见图 4-5～图 4-10。

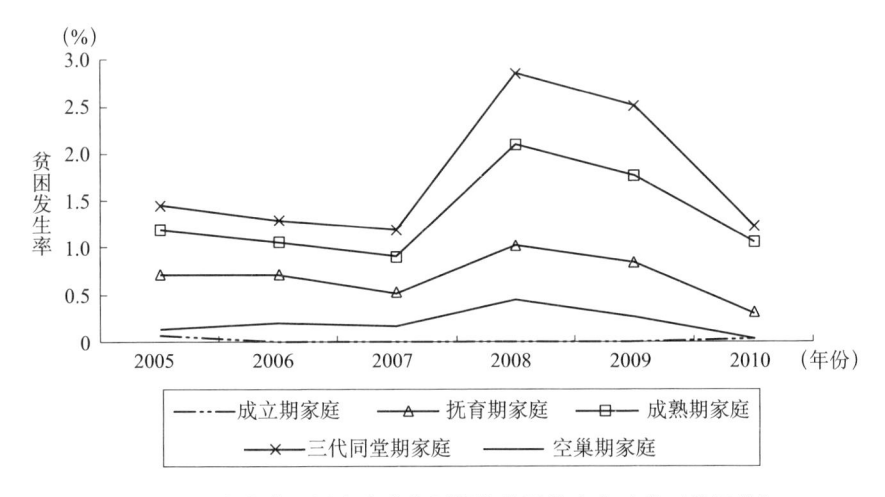

**图 4-5 湖北省不同家庭生命周期的贫困发生率（绝对贫困线）**

资料来源：笔者根据湖北省农村家庭调查数据，运用 Excel 软件绘制而得。

（1）就贫困发生率而言，除绝对贫困标准外，2005～2010 年三代同堂期家庭、成熟期家庭和抚育期家庭的贫困发生率，呈现明显下降趋势。比如，在 2300 元/人·年贫困标准下，在 2005～2010 年，三代同堂期家庭贫困发生率从 8.67% 下降到 4.57%，成熟期家庭的贫困发生率从 6.40% 下降到 3.11%，抚育期家庭的贫困发生率从 5.59% 下降到 0.85%。但是，成立期家庭和空巢期家庭的贫困发生率则有较小的波动性。另外，在绝对贫困标准下，在 2005～2007 年，各类农村家庭的贫困发生率呈现下降趋势，而在 2008 年以后，随着贫困标准的大幅提高，农村家庭的贫困发生率明显上升；随后，贫困标准稳定后，贫困发生率呈下降趋势。

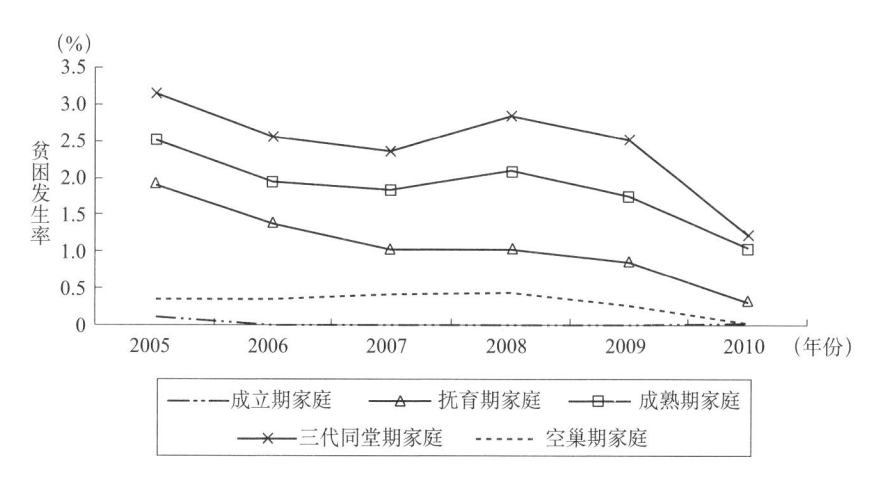

**图 4-6 湖北省不同家庭生命周期的贫困发生率（低收入线）**

资料来源：笔者根据湖北省农村家庭调查数据，运用 Excel 软件绘制而得。

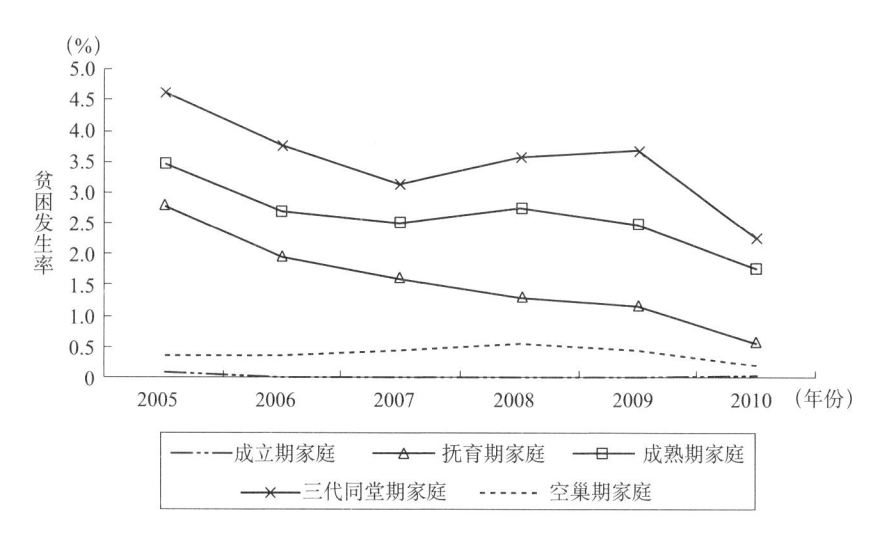

**图 4-7 湖北省不同家庭生命周期的贫困发生率（1.25 美元/人·天）**

资料来源：笔者根据湖北省农村家庭调查数据，运用 Excel 软件绘制而得。

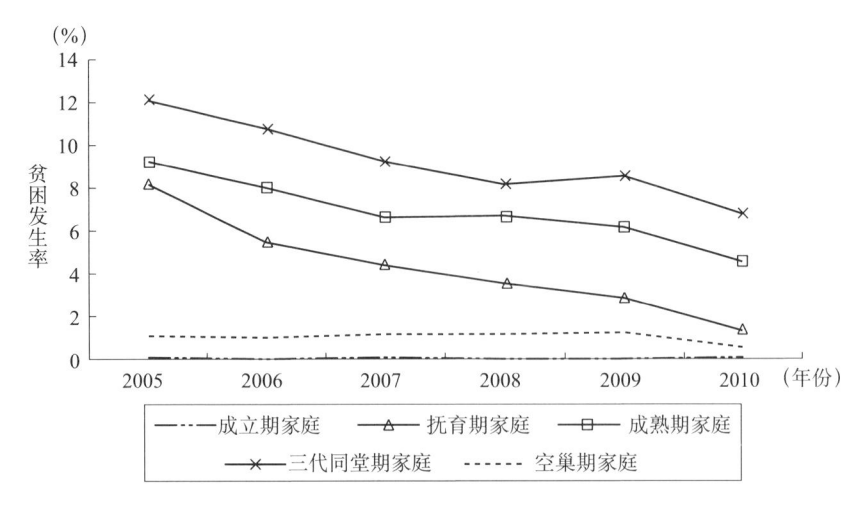

**图 4-8　湖北省不同家庭生命周期的贫困发生率（2 美元/人·天）**

资料来源：笔者根据湖北省农村家庭调查数据，运用 Excel 软件绘制而得。

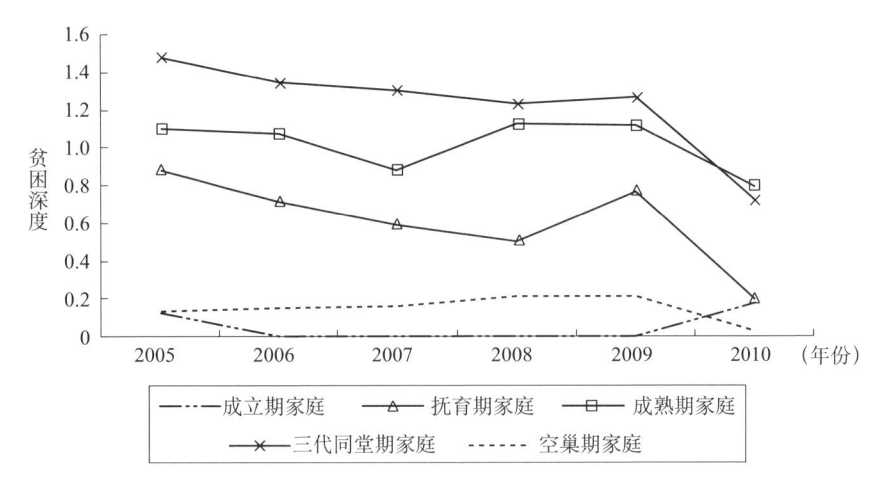

**图 4-9　湖北省不同家庭生命周期的贫困深度（1.25 美元/人·天）**

资料来源：笔者根据湖北省农村家庭调查数据，运用 Excel 软件绘制而得。

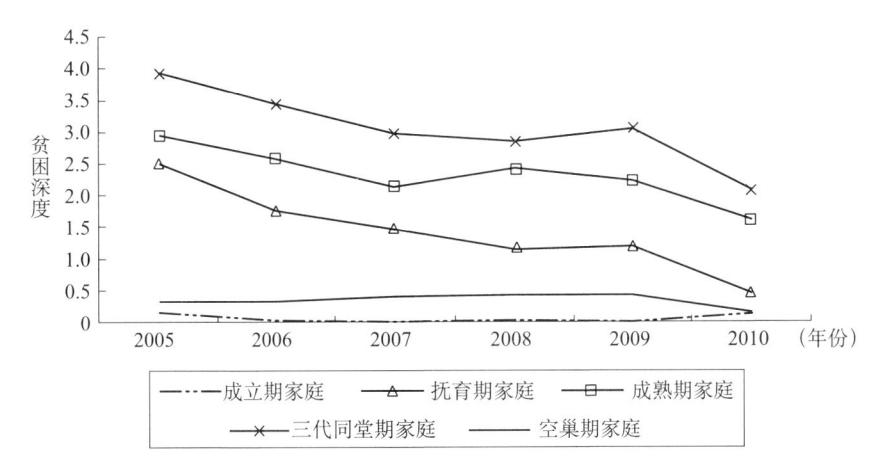

## 第四章 农村家庭贫困动态过程：以湖北省为例

**图 4-10 湖北省不同家庭生命周期的贫困深度（2 美元/人·天）**

资料来源：笔者根据湖北省农村家庭调查数据，运用 Excel 软件绘制而得。

（2）就贫困深度而言，三代同堂期家庭、成熟期家庭和抚育期家庭的贫困深度呈现明显下降趋势，而空巢期家庭的贫困深度在 2010 年有大幅下降。

（3）就贫困强度而言，不同生命周期阶段的农村家庭都呈现较强的波动趋势。这表明，不同家庭生命周期类型的贫困农村家庭之间的不平等程度，在不同年份并没有明显的规律特征，见表 4-2。

**表 4-2　2005~2010 年不同生命周期阶段湖北省农村家庭的贫困深度**　单位：%

| 项目 | 绝对贫困标准 |||||| 低收入线 ||||||
|---|---|---|---|---|---|---|---|---|---|---|---|---|
| | 2005年 | 2006年 | 2007年 | 2008年 | 2009年 | 2010年 | 2005年 | 2006年 | 2007年 | 2008年 | 2009年 | 2010年 |
| 成立期 | 0.51 | 0.00 | 0.00 | 0.00 | 0.00 | 1.43 | 0.33 | 0.00 | 0.00 | 0.00 | 0.00 | 1.43 |
| 抚育期 | 0.35 | 0.28 | 0.37 | 0.29 | 2.83 | 0.23 | 0.39 | 0.33 | 0.36 | 0.29 | 2.83 | 0.23 |
| 成熟期 | 0.12 | 1.34 | 0.51 | 0.56 | 0.97 | 2.70 | 0.31 | 1.00 | 0.48 | 0.56 | 0.97 | 2.70 |
| 三代同堂期 | 0.33 | 1.18 | 3.16 | 0.47 | 0.71 | 1.17 | 0.51 | 0.96 | 2.08 | 0.47 | 0.71 | 1.17 |
| 空巢期 | 0.01 | 0.02 | 0.02 | 0.12 | 0.18 | 0.00 | 0.05 | 0.05 | 0.12 | 0.18 | 0.00 | |

| 项目 | 1.25 美元/人·天 |||||| 2 美元/人·天 ||||||
|---|---|---|---|---|---|---|---|---|---|---|---|---|
| | 2005年 | 2006年 | 2007年 | 2008年 | 2009年 | 2010年 | 2005年 | 2006年 | 2007年 | 2008年 | 2009年 | 2010年 |
| 成立期 | 0.26 | 0.00 | 0.00 | 0.00 | 0.00 | 0.98 | 0.18 | 0.01 | 0.00 | 0.00 | 0.00 | 0.48 |
| 抚育期 | 0.50 | 0.42 | 0.41 | 0.033 | 2.06 | 0.21 | 1.21 | 0.90 | 0.77 | 0.62 | 1.39 | 0.28 |
| 成熟期 | 0.49 | 0.98 | 0.57 | 0.68 | 0.98 | 1.97 | 1.42 | 1.47 | 1.13 | 1.34 | 1.39 | 1.49 |
| 三代同堂期 | 0.73 | 1.02 | 1.77 | 0.63 | 0.83 | 0.96 | 1.93 | 1.84 | 1.97 | 1.50 | 1.64 | 1.22 |
| 空巢期 | 0.05 | 0.08 | 0.08 | 0.14 | 0.18 | 0.01 | 0.15 | 0.18 | 0.19 | 0.25 | 0.26 | 0.06 |

资料来源：笔者根据湖北省农村调查队数据，运用 Stata 软件计算整理而得。

## 第二节 不同生命周期阶段农村家庭的贫困经历

第一节考察了处于不同生命周期阶段的农村家庭在不同时点上的贫困状况,属于静态贫困统计,难以反映农村家庭的贫困经历。比如,农村家庭经历的贫困年数及农村家庭的贫困持续年数。

### 一、不同生命周期阶段农村家庭的贫困年数

#### (一)湖北省农村家庭的贫困年数

统计农村家庭在某一时间段内所经历的贫困年数,可以反映该时期内农村家庭的动态贫困比率[①]。

(1) 2005~2010年,农村家庭中有过贫困经历的占比在多个贫困标准下都低于50%,表明经历过贫困的农村家庭尚属于少数群体;但是,经历过贫困的农村家庭占比,随着贫困标准的提高而呈上升趋势。比如,在绝对贫困标准下,有过贫困经历的农村家庭占比约为16.12%;在低收入线下,有过贫困经历的农村家庭占比上升到20.80%;在2300元/人·年贫困标准下,有过贫困经历的农村家庭占比进一步上升为43.22%。

(2) 相比于静态贫困发生率,有过贫困经历的农村家庭占比更高。这表明,利用截面数据测算的贫困发生率,可能会低估农村家庭贫困经历。

(3) 随着贫困年数的延伸,农村贫困家庭的数量呈逐步减少的趋势。比如,在绝对贫困标准下,调查的农村家庭中没有贫困经历的占2476户,经历1年贫困的农村家庭减少到315户,经历5~6年贫困的农村家庭则骤减到10户以下。在其他贫困标准下,湖北省农村家庭经历贫困年数也有相似的变化趋势,见表4-3。

---

① 即有过贫困经历的农村家庭占所有调查农户的比例。

表 4-3　　　　　湖北省农村家庭的贫困年数　　　　　　单位：户

| 贫困年数 | 不贫困 | 1 年 | 2 年 | 3 年 | 4 年 | 5 年 | 6 年 |
|---|---|---|---|---|---|---|---|
| 绝对贫困标准 | 2476 | 315 | 104 | 33 | 13 | 9 | 2 |
| 低收入线标准 | 2338 | 371 | 135 | 58 | 28 | 19 | 3 |
| 2300 元/人·年贫困标准 | 1676 | 596 | 288 | 160 | 119 | 85 | 28 |
| 1 美元/人·天 | 2357 | 360 | 134 | 55 | 25 | 18 | 3 |
| 1.25 美元/人·天 | 2154 | 429 | 188 | 97 | 52 | 25 | 7 |
| 2 美元/人·天 | 1357 | 625 | 315 | 269 | 163 | 153 | 70 |

资料来源：笔者根据湖北省农村调查数据，运用 Stata 软件计算整理而得。

## （二）不同生命周期阶段农村家庭的贫困年数

### 1. 总体贫困比例①

成立期家庭的贫困比例最低，三代同堂期家庭的贫困比例最高，其他三类家庭的贫困比例的顺序在不同贫困标准下有不同的变化规律，但三者的差距并不大。比如，在绝对贫困标准下，成立期家庭中经历过 1 年以上贫困的家庭占比最低，仅为 10.59%；三代同堂期家庭中经历过 1 年以上贫困的农村家庭占比最高，达 19.64%；而空巢期家庭、成熟期家庭和抚育期家庭中经历过 1 年以上贫困的农村家庭占比依次为 16.54%、14.63% 和 14.37%，三者的差距不大，见表 4-4。如果提高贫困标准到低收入线，成立期家庭中经历过 1 年以上贫困的农村家庭占比仍然最低，仅为 12.94%；三代同堂期家庭中经历过 1 年以上贫困的农村家庭占比最高，上升为 23.00%；空巢期家庭、抚育期家庭和成熟期家庭中经历 1 年以上贫困的农村家庭比例，依次上升为 20.53%、18.59%、18.46%，而三者差距并未扩大，不同之处在于，抚育期家庭与成熟期家庭的顺序发生相反变化，见表 4-5。

表 4-4　　湖北省不同家庭生命周期的贫困年数占比（绝对贫困）　　单位:%

| 贫困年数 | 成立期 | 抚育期 | 成熟期 | 三代同堂期 | 空巢期 |
|---|---|---|---|---|---|
| 0 | 89.41 | 85.63 | 85.37 | 80.36 | 83.44 |
| 1 | 10.59 | 10.90 | 8.96 | 12.27 | 11.92 |
| 2 | 0.00 | 2.11 | 4.02 | 4.39 | 3.31 |
| 3 | 0.00 | 0.62 | 1.01 | 1.81 | 1.32 |

① 贫困比例是指，某个生命周期阶段，农村家庭中贫困家庭占比。

续表

| 贫困年数 | 成立期 | 抚育期 | 成熟期 | 三代同堂期 | 空巢期 |
|---|---|---|---|---|---|
| 4 | 0.00 | 0.50 | 0.18 | 0.65 | 0.00 |
| 5 | 0.00 | 0.25 | 0.27 | 0.65 | 0.00 |
| 6 | 0.00 | 0.00 | 0.18 | 0.00 | 0.00 |

资料来源：笔者根据湖北省农村家庭调查数据，运用 Excel 软件绘制而得。

表 4-5　湖北省不同家庭生命周期的贫困年数占比（低收入线）　　单位：%

| 贫困年数 | 成立期 | 抚育期 | 成熟期 | 三代同堂期 | 空巢期 |
|---|---|---|---|---|---|
| 0 | 87.06 | 81.41 | 81.54 | 77.00 | 79.47 |
| 1 | 12.94 | 11.40 | 11.06 | 15.76 | 13.25 |
| 2 | 0.00 | 4.58 | 4.02 | 5.43 | 3.97 |
| 3 | 0.00 | 1.36 | 2.19 | 2.33 | 1.99 |
| 4 | 0.00 | 0.62 | 0.55 | 1.81 | 1.32 |
| 5 | 0.00 | 0.62 | 0.46 | 1.03 | 0.00 |
| 6 | 0.00 | 0.00 | 0.18 | 0.13 | 0.00 |

资料来源：笔者根据湖北省农村家庭调查数据，运用 Excel 软件绘制而得。

表 4-6　湖北省不同家庭生命周期的贫困年数占比（2300 元/人·年）　　单位：%

| 贫困年数 | 成立期 | 抚育期 | 成熟期 | 三代同堂期 | 空巢期 |
|---|---|---|---|---|---|
| 0 | 71.76 | 58.98 | 63.44 | 42.89 | 66.89 |
| 1 | 17.65 | 21.07 | 17.73 | 23.26 | 15.89 |
| 2 | 9.41 | 8.55 | 7.50 | 15.25 | 4.64 |
| 3 | 1.18 | 5.08 | 4.11 | 8.01 | 5.30 |
| 4 | 0.00 | 3.35 | 3.84 | 4.91 | 5.96 |
| 5 | 0.00 | 2.35 | 2.56 | 3.88 | 1.32 |
| 6 | 0.00 | 0.62 | 0.82 | 1.81 | 0.00 |

资料来源：笔者根据湖北省农村家庭调查数据，运用 Excel 软件绘制而得。

表 4-7　湖北省不同家庭生命周期的贫困年数占比（1 美元/人·天）　　单位：%

| 贫困年数 | 成立期 | 抚育期 | 成熟期 | 三代同堂期 | 空巢期 |
|---|---|---|---|---|---|
| 0 | 87.06 | 82.16 | 82.18 | 74.29 | 80.13 |
| 1 | 12.94 | 10.90 | 10.60 | 15.37 | 13.25 |
| 2 | 0.00 | 4.83 | 3.93 | 5.30 | 3.31 |
| 3 | 0.00 | 0.87 | 2.10 | 2.58 | 1.99 |
| 4 | 0.00 | 0.74 | 0.55 | 1.29 | 1.32 |
| 5 | 0.00 | 0.50 | 0.46 | 1.03 | 0.00 |
| 6 | 0.00 | 0.00 | 0.18 | 0.13 | 0.00 |

资料来源：笔者根据湖北省农村家庭调查数据，运用 Excel 软件绘制而得。

表4-8　湖北省不同家庭生命周期的贫困年数占比（1.25美元/人·天）　　　单位:%

| 贫困年数 | 成立期 | 抚育期 | 成熟期 | 三代同堂期 | 空巢期 |
|---|---|---|---|---|---|
| 0 | 83.53 | 75.84 | 76.33 | 64.86 | 74.83 |
| 1 | 11.76 | 13.01 | 12.61 | 18.60 | 15.89 |
| 2 | 4.71 | 6.32 | 5.39 | 8.40 | 2.65 |
| 3 | 0.00 | 2.97 | 2.93 | 3.88 | 5.30 |
| 4 | 0.00 | 0.99 | 2.10 | 2.07 | 1.32 |
| 5 | 0.00 | 0.74 | 0.46 | 1.68 | 0.00 |
| 6 | 0.00 | 0.12 | 0.18 | 0.52 | 0.00 |

资料来源：笔者根据湖北省农村家庭调查数据，运用Excel软件绘制而得。

当贫困标准提高到2美元/人·天时，则有不同的结论：抚育期家庭中，经历过1年以上贫困的农村家庭占比为51.18%，高于成熟期家庭46.98%，成熟期家庭中经历过1年以上贫困的农村家庭占比略高于空巢家庭46.36%，见表4-9。

表4-9　湖北省不同家庭生命周期的贫困年数占比（2美元/人·天）　　　单位:%

| 贫困年数 | 成立期 | 抚育期 | 成熟期 | 三代同堂期 | 空巢期 |
|---|---|---|---|---|---|
| 0 | 70.59 | 48.82 | 53.02 | 30.36 | 53.64 |
| 1 | 14.12 | 22.06 | 19.84 | 21.83 | 24.50 |
| 2 | 8.24 | 8.43 | 9.05 | 17.05 | 3.31 |
| 3 | 7.06 | 9.42 | 6.31 | 13.70 | 5.96 |
| 4 | 0.00 | 5.20 | 4.75 | 6.72 | 7.95 |
| 5 | 0.00 | 4.46 | 4.66 | 6.59 | 4.64 |
| 6 | 0.00 | 1.61 | 2.38 | 3.75 | 0.00 |

资料来源：笔者根据湖北省农村家庭调查数据，运用Excel软件绘制而得。

2. 贫困年数结构

从农村家庭经历贫困年数的结构来看，成立期家庭经历的贫困年数最短，三代同堂期家庭经历2~6年贫困的占比高于其他家庭。比如，在绝对贫困标准下，成立期家庭只经历1年贫困，而三代同堂期家庭经历1~5年贫困的占比分别为12.27%、4.39%、1.81%、0.65%和0.65%。

在较低的贫困标准下，空巢期中经历1~3年短期贫困[①]的比例高于抚育期家庭和成熟期家庭，空巢家庭中经历4~6年长期贫困的比例低于抚育期家庭和成熟期家庭。

例如，农村家庭在绝对贫困标准下，空巢期家庭经历1~3年贫困的

---

① 此处短期贫困和长期贫困的界定，和第五章第一节相同。

占比为 16.56%，而抚育期家庭和成熟期家庭占比仅分别为 13.63% 和 13.99%；空巢期家庭没有经历 4~6 年贫困的，而抚育期家庭和成熟期家庭中则有极少数经历 4~6 年贫困 (0.74%, 0.64%)。但是，当选择较高的贫困标准时，空巢期家庭中经历 1~3 年短期贫困的比例比抚育期家庭和成熟期家庭更低，空巢期家庭中经历 4~6 年长期贫困的比例，比抚育期家庭和成熟期家庭更高。比如，在 2 美元/人·天贫困标准下，在农村家庭中空巢期家庭经历 1~3 年贫困的占比仅为 33.77%，而抚育期家庭和成熟期家庭的占比则更高分别为 39.90% 和 35.19%；而空巢期家庭经历 4~6 年贫困的占比则为 12.58%，略高于抚育期家庭和成熟期家庭的占比分别为 11.28% 和 11.79%。这表明，当提高贫困标准时，空巢期家庭比抚育期家庭和成熟期家庭，更容易受到长期贫困的影响，见表 4-10。

表 4-10　　湖北省不同生命周期阶段农村家庭的贫困年数　　单位：户

| 贫困标准 | 生命周期 | 0 年 | 1 年 | 2 年 | 3 年 | 4 年 | 5 年 | 6 年 | 合计 |
|---|---|---|---|---|---|---|---|---|---|
| 绝对贫困 | 成立期 | 76 | 9 | 0 | 0 | 0 | 0 | 0 | 85 |
| | 抚育期 | 691 | 88 | 17 | 5 | 4 | 2 | 0 | 807 |
| | 成熟期 | 934 | 98 | 44 | 11 | 2 | 3 | 2 | 1094 |
| | 三代同堂期 | 622 | 95 | 34 | 14 | 5 | 4 | 0 | 774 |
| | 空巢期 | 126 | 18 | 5 | 2 | 0 | 0 | 0 | 151 |
| 低收入线 | 成立期 | 74 | 11 | 0 | 0 | 0 | 0 | 0 | 85 |
| | 抚育期 | 657 | 92 | 37 | 11 | 5 | 5 | 0 | 807 |
| | 成熟期 | 892 | 121 | 44 | 24 | 6 | 5 | 2 | 1094 |
| | 三代同堂期 | 569 | 122 | 42 | 18 | 14 | 8 | 1 | 774 |
| | 空巢期 | 120 | 20 | 6 | 3 | 2 | 0 | 0 | 151 |
| 2300 元/人·年 | 成立期 | 61 | 15 | 8 | 1 | 0 | 0 | 0 | 85 |
| | 抚育期 | 476 | 170 | 69 | 41 | 27 | 19 | 5 | 807 |
| | 成熟期 | 694 | 194 | 82 | 45 | 42 | 28 | 9 | 1094 |
| | 三代同堂期 | 332 | 180 | 118 | 62 | 38 | 30 | 14 | 774 |
| | 空巢期 | 101 | 24 | 7 | 8 | 9 | 2 | 0 | 151 |
| 1 美元/人·天 | 成立期 | 74 | 11 | 0 | 0 | 0 | 0 | 0 | 85 |
| | 抚育期 | 663 | 88 | 39 | 7 | 6 | 4 | 0 | 807 |
| | 成熟期 | 889 | 116 | 43 | 23 | 6 | 5 | 2 | 1094 |
| | 三代同堂期 | 575 | 119 | 41 | 20 | 10 | 8 | 1 | 774 |
| | 空巢期 | 121 | 20 | 5 | 3 | 2 | 0 | 0 | 151 |
| 1.25 美元/人·天 | 成立期 | 71 | 10 | 4 | 0 | 0 | 0 | 0 | 85 |
| | 抚育期 | 612 | 105 | 51 | 24 | 8 | 6 | 1 | 807 |
| | 成熟期 | 835 | 138 | 59 | 32 | 23 | 5 | 2 | 1094 |
| | 三代同堂期 | 502 | 144 | 65 | 30 | 16 | 13 | 4 | 774 |
| | 空巢期 | 113 | 24 | 4 | 8 | 2 | 0 | 0 | 151 |

续表

| 贫困标准 | 生命周期 | 0年 | 1年 | 2年 | 3年 | 4年 | 5年 | 6年 | 合计 |
|---|---|---|---|---|---|---|---|---|---|
| 2美元/人·天 | 成立期 | 60 | 12 | 7 | 6 | 0 | 0 | 0 | 85 |
| | 抚育期 | 394 | 178 | 68 | 76 | 42 | 36 | 13 | 807 |
| | 成熟期 | 580 | 217 | 99 | 69 | 52 | 51 | 26 | 1094 |
| | 三代同堂期 | 235 | 169 | 132 | 106 | 52 | 51 | 29 | 774 |
| | 空巢期 | 81 | 37 | 5 | 9 | 12 | 7 | 0 | 151 |

资料来源：笔者根据湖北省农村调查队数据，运用 Stata 计算整理而得。

## 二、不同生命周期阶段农村家庭的贫困持续年数

### （一）农村家庭的贫困持续年数特征

**1. 不同贫困标准下湖北省农村家庭的贫困持续年数特征**

本书测算了 2005~2010 年湖北省农村家庭在不同贫困标准下经历的持续贫困年数的情况。在这 6 年间，农村家庭可能经历 1 年贫困（可能是重复性）、持续 2 年贫困、持续 3 年贫困、持续 4 年贫困、持续 5 年贫困、持续 6 年贫困等。

总体来看，调查的大多数湖北省农村家庭经历过 1 年贫困。只有少数农村家庭经历过持续贫困，且主要经历了 2~3 年持续贫困，经历 4~6 年持续贫困的农村家庭比例相对较低。这表明，湖北省农村家庭经历的贫困主要是短期持续贫困，只有极少数农村家庭经历了长期持续贫困。随着贫困标准的上升，农村家庭经历 1 次贫困的比例降低，经历 2 年及以上持续贫困的比例呈上升趋势。在 6 种贫困标准下，除 2 美元/人·天贫困标准下农村家庭经历 1 年贫困的占比接近 50% 外，其他贫困标准下农村家庭经历 1 年贫困的占比都高于 50%。其中，绝对贫困标准、低收入线标准和 1 美元/人·天等贫困标准下农村家庭经历 1 年贫困的占比都高于 70%。在 6 种贫困标准下，农村家庭经历持续 2 年贫困的占比在 12.61%~22.13%，经历持续 3 年贫困的占比在 4.41%~11.97%，经历持续 4 年贫困的占比在 1.47%~6.46%，经历持续 4~5 年贫困的占比都小于 5%，见表 4-11。

表 4-11　不同贫困标准下湖北省农村家庭的贫困持续年数　　单位:%

| 贫困持续年数 | 1 年 | 2 年 | 3 年 | 4 年 | 5 年 | 6 年 |
|---|---|---|---|---|---|---|
| 绝对贫困标准 | 79.62 | 12.61 | 4.41 | 1.47 | 1.47 | 0.42 |
| 低收入线标准 | 73.29 | 15.31 | 6.19 | 2.44 | 2.28 | 0.49 |
| 2300 元/人·年 | 59.01 | 20.53 | 9.09 | 5.72 | 3.45 | 2.19 |
| 1 美元/人·天 | 72.77 | 16.97 | 5.21 | 2.52 | 2.02 | 0.50 |
| 1.25 美元/人·天 | 66.58 | 19.25 | 7.08 | 3.35 | 1.99 | 1.74 |
| 2 美元/人·天 | 50.09 | 22.13 | 11.97 | 6.46 | 4.95 | 4.39 |

资料来源:笔者根据湖北省农村调查队数据,运用 Stata 软件计算整理而得。

### 2. 不同贫困次数下湖北省农村家庭的贫困持续年数特征

为了更深入地考察,本书还统计了经历过不同贫困次数的湖北省农村家庭,持续陷入贫困的年数,见表 4-12。

表 4-12　不同贫困次数下湖北省农村家庭的贫困持续年数　　单位:户

| 贫困标准 | 贫困持续年数 | 1 年 | 2 年 | 3 年 | 4 年 | 5 年 | 6 年 | 合计 |
|---|---|---|---|---|---|---|---|---|
| 绝对贫困标准 | 1 年 | 315 | 0 | 0 | 0 | 0 | 0 | 315 |
| | 2 年 | 60 | 44 | 0 | 0 | 0 | 0 | 104 |
| | 3 年 | 4 | 14 | 15 | 0 | 0 | 0 | 33 |
| | 4 年 | 0 | 2 | 6 | 5 | 0 | 0 | 13 |
| | 5 年 | 0 | 0 | 0 | 2 | 7 | 0 | 9 |
| | 6 年 | 0 | 0 | 0 | 0 | 0 | 2 | 2 |
| 低收入线标准 | 1 年 | 371 | 0 | 0 | 0 | 0 | 0 | 371 |
| | 2 年 | 72 | 63 | 0 | 0 | 0 | 0 | 135 |
| | 3 年 | 7 | 26 | 25 | 0 | 0 | 0 | 58 |
| | 4 年 | 0 | 5 | 11 | 12 | 0 | 0 | 28 |
| | 5 年 | 0 | 0 | 2 | 3 | 14 | 0 | 19 |
| | 6 年 | 0 | 0 | 0 | 0 | 0 | 3 | 3 |
| 2300 元/人·年 | 1 年 | 596 | 0 | 0 | 0 | 0 | 0 | 596 |
| | 2 年 | 145 | 143 | 0 | 0 | 0 | 0 | 288 |
| | 3 年 | 12 | 91 | 57 | 0 | 0 | 0 | 160 |
| | 4 年 | 0 | 28 | 44 | 47 | 0 | 0 | 119 |
| | 5 年 | 0 | 0 | 15 | 26 | 44 | 0 | 85 |
| | 6 年 | 0 | 0 | 0 | 0 | 0 | 28 | 28 |
| 1 美元/人·天 | 1 年 | 360 | 0 | 0 | 0 | 0 | 0 | 360 |
| | 2 年 | 71 | 63 | 0 | 0 | 0 | 0 | 134 |
| | 3 年 | 2 | 33 | 20 | 0 | 0 | 0 | 55 |
| | 4 年 | 0 | 5 | 8 | 12 | 0 | 0 | 25 |
| | 5 年 | 0 | 0 | 3 | 3 | 12 | 0 | 18 |
| | 6 年 | 0 | 0 | 0 | 0 | 0 | 3 | 3 |

续表

| 贫困标准 | 贫困持续年数 | 1年 | 2年 | 3年 | 4年 | 5年 | 6年 | 合计 |
|---|---|---|---|---|---|---|---|---|
| 1.25美元/人·天 | 1年 | 429 | 0 | 0 | 0 | 0 | 0 | 429 |
| | 2年 | 96 | 92 | 0 | 0 | 0 | 0 | 188 |
| | 3年 | 11 | 50 | 36 | 0 | 0 | 0 | 97 |
| | 4年 | 0 | 13 | 16 | 23 | 0 | 0 | 52 |
| | 5年 | 0 | 0 | 5 | 4 | 16 | 0 | 25 |
| | 6年 | 0 | 0 | 0 | 0 | 0 | 14 | 14 |
| 2美元/人·天 | 1年 | 625 | 0 | 0 | 0 | 0 | 0 | 625 |
| | 2年 | 156 | 159 | 0 | 0 | 0 | 0 | 315 |
| | 3年 | 18 | 149 | 102 | 0 | 0 | 0 | 269 |
| | 4年 | 0 | 45 | 56 | 62 | 0 | 0 | 163 |
| | 5年 | 0 | 0 | 33 | 41 | 79 | 0 | 153 |
| | 6年 | 0 | 0 | 0 | 0 | 0 | 70 | 70 |

资料来源：笔者根据湖北省农村调查队数据，运用Stata软件计算整理而得。

在绝对贫困标准下，在湖北省农村家庭中经历过2期贫困的，陷入持续2年贫困的农村家庭占比为42.31%，陷入1年贫困的农村家庭占比为47.69%。在经历过3期贫困的农村家庭中，陷入持续3年贫困的农村家庭占比为45.45%，陷入持续2年贫困的农村家庭占比为42.42%，陷入1年贫困的农村家庭占比为12.12%；在经历过4期贫困的农村家庭中，陷入持续4年贫困的农村家庭占比为38.46%，陷入持续3年贫困的农村家庭占比为46.15%，陷入持续2年贫困的农村家庭占比为15.38%，没有陷入1年贫困的农村家庭；在经历过5期贫困的农村家庭中，陷入持续5年贫困的农村家庭占比为77.78%，陷入持续4年贫困的农村家庭占比为22.22%，没有1年贫困和持续2年贫困的情况。

在低收入线标准下，在湖北省农村家庭中经历过2期贫困的，陷入持续2年贫困的农村家庭占比为46.67%，陷入1年贫困的农村家庭占比为53.33%；在经历过3期贫困的农村家庭中，陷入持续3年贫困的农村家庭占比为43.10%，陷入持续2年贫困的农村家庭占比为44.83%，陷入1年贫困的农村家庭占比为12.07%；在经历过4期贫困的农村家庭中，陷入持续4年贫困的农村家庭占比为42.86%，陷入持续3年贫困的农村家庭占比为39.29%，陷入持续2年贫困的农村家庭占比为17.86%，没有陷入1年贫困的农村家庭；在经历过5期贫困的农村家庭中，陷入持续5年贫困的农村家庭占比为73.68%，陷入持续4年贫困的农村家庭占比为 15.79%，陷入持续 3 年贫困的农村家庭占比为 10.53%，没有 1 年贫困和持续 2 年贫困的情况。

在 1.25 美元/人·天的贫困标准下，湖北省农村家庭中经历过 2 期贫困的，陷入持续 2 年贫困的农村家庭占比为 48.94%。在经历过 3 期贫困的农村家庭中，陷入持续 3 年贫困的农村家庭占比为 37.11%，陷入持续 2 年贫困的农村家庭占比为 51.55%，陷入 1 年贫困的农村家庭占比为 11.34%。在经历过 4 期贫困的农村家庭中，陷入持续 4 年贫困的农村家庭占比为 44.23%，陷入持续 3 年贫困的农村家庭占比为 30.77%，陷入持续 2 年贫困的农村家庭占比为 25.00%，没有陷入 1 年贫困的农村家庭。在经历过 5 期贫困的农村家庭中，陷入持续 5 年贫困的农村家庭占比为 64.00%，陷入持续 4 年贫困的农村家庭占比为 16.00%，陷入持续 3 年贫困的农村家庭占比为 20.00%，没有 1 年贫困和持续 2 年贫困的情况。

在 2300 元/人·年的贫困标准下，湖北省农村家庭中经历过 2 期贫困的，陷入持续 2 年贫困的农村家庭占比为 49.65%，陷入 1 年贫困的农村家庭占比为 50.35%。在经历过 3 期贫困的农村家庭中，陷入持续 3 年贫困的农村家庭占比为 36.63%，陷入持续 2 年贫困的农村家庭占比为 56.88%，陷入 1 年贫困的农村家庭占比为 7.50%。在经历过 4 期贫困的农村家庭中，陷入持续 4 年贫困的农村家庭占比为 39.50%，陷入持续 3 年贫困的农村家庭占比为 36.97%，陷入持续 2 年贫困的农村家庭占比为 23.53%，没有陷入 1 年贫困的农村家庭。在经历过 5 期贫困的农村家庭中，陷入持续 5 年贫困的农村家庭占比为 51.76%，陷入持续 4 年贫困的农村家庭占比为 30.59%，陷入持续 3 年贫困的农村家庭占比为 17.65%，没有 1 年贫困和持续 2 年贫困的情况。

在 2 美元/人·天的贫困标准下，湖北省农村家庭中经历过 2 期贫困的，陷入持续 2 年贫困的农村家庭占比为 50.48%，陷入 1 年贫困的农村家庭占比为 49.52%。在经历过 3 期贫困的农村家庭中，陷入持续 3 年贫困的农村家庭占比为 37.92%，陷入持续 2 年贫困的农村家庭占比为 55.39%，陷入 1 年贫困的农村家庭占比为 6.69%。在经历过 4 期贫困的农村家庭中，陷入持续 4 年贫困的农村家庭占比为 38.04%，陷入持续 3 年贫困的农村家庭占比为 34.36%，陷入持续 2 年贫困的农村家庭占比为

27.61%，没有陷入1年贫困的农村家庭。在经历过5期贫困的农村家庭中，陷入持续5年贫困的农村家庭占比为51.63%，陷入持续4年贫困的农村家庭占比为26.80%，陷入持续3年贫困的农村家庭占比为21.57%，没有1年贫困和持续2年贫困的情况。

总之，通过统计不同贫困标准下的湖北省农村家庭贫困持续年数，可以发现：凡是经历过多次贫困的农村家庭，陷入持续贫困的年数往往更长；随着贫困标准的提高，以1.25美元/人·天贫困标准为转折点，陷入相同持续贫困年数的比例呈先上升、后下降的变化趋势。

（二）与随机概率的比较分析

考虑到在一定时期内农村家庭经历贫困的持续性有随机组合的问题，比如，表4-13中列出了经历两期贫困的湖北省农村家庭中，出现持续贫困的随机组合有15种，其中，出现持续两年贫困的概率为33%。另外，农村家庭经历3期贫困、4期贫困和5期贫困时出现持续贫困的随机组合分别有20种、15种和6种，具体组合情况不再一一列出。因此，有必要将农村家庭实际贫困持续年数与随机贫困组合进行比较分析。

表4-13　　　　湖北省农村家庭持续贫困2年的随机性

| 贫困年份 | 2005年 | 2006年 | 2007年 | 2008年 | 2009年 | 2010年 |
| --- | --- | --- | --- | --- | --- | --- |
| 组合1 | 贫困 | 贫困 | 不贫困 | 不贫困 | 不贫困 | 不贫困 |
| 组合2 | 贫困 | 不贫困 | 贫困 | 不贫困 | 不贫困 | 不贫困 |
| 组合3 | 贫困 | 不贫困 | 不贫困 | 贫困 | 不贫困 | 不贫困 |
| 组合4 | 贫困 | 不贫困 | 不贫困 | 不贫困 | 贫困 | 不贫困 |
| 组合5 | 贫困 | 不贫困 | 不贫困 | 不贫困 | 不贫困 | 贫困 |
| 组合6 | 不贫困 | 贫困 | 贫困 | 不贫困 | 不贫困 | 不贫困 |
| 组合7 | 不贫困 | 贫困 | 不贫困 | 贫困 | 不贫困 | 不贫困 |
| 组合8 | 不贫困 | 贫困 | 不贫困 | 不贫困 | 贫困 | 不贫困 |
| 组合9 | 不贫困 | 贫困 | 不贫困 | 不贫困 | 不贫困 | 贫困 |
| 组合10 | 不贫困 | 不贫困 | 贫困 | 贫困 | 不贫困 | 不贫困 |
| 组合11 | 不贫困 | 不贫困 | 贫困 | 不贫困 | 贫困 | 不贫困 |
| 组合12 | 不贫困 | 不贫困 | 贫困 | 不贫困 | 不贫困 | 贫困 |
| 组合13 | 不贫困 | 不贫困 | 不贫困 | 贫困 | 贫困 | 不贫困 |
| 组合14 | 不贫困 | 不贫困 | 不贫困 | 贫困 | 不贫困 | 贫困 |
| 组合15 | 不贫困 | 不贫困 | 不贫困 | 不贫困 | 贫困 | 贫困 |

资料来源：笔者分析而得。

表4-14给出2300元/人·年贫困标准下湖北省农村家庭发生持续贫

困的实际概率与随机概率的差异结果，统计结果表明，在经历 2 年贫困的农村家庭中出现持续 2 年贫困的实际概率比随机概率高 17%；在经历 3 期贫困的农村家庭中出现持续 3 年贫困的实际概率比随机概率高 16%，出现持续 2 年贫困的实际概率比随机概率略低；在经历 4 期贫困的农村家庭中出现持续 2 年贫困的实际概率比随机概率高 4%；在经历 5 期贫困的农村家庭中出现持续 5 年贫困的概率比实际概率高 18%。虽然农村家庭出现持续贫困的实际概率与随机概率有一定差异，但是，两者的变化趋势却有一定共性：那些经历过多次贫困的农村家庭，其持续贫困年数可能更高。

表 4-14　　湖北省贫困持续年数的实际概率与随机概率比较　　单位:%

| 贫困持续年数 | 随机概率 ||||||  2300 元/人·年贫困标准下的实际概率 ||||||
| --- | --- | --- | --- | --- | --- | --- | --- | --- | --- | --- | --- | --- |
|  | 1 年 | 2 年 | 3 年 | 4 年 | 5 年 | 6 年 | 1 年 | 2 年 | 3 年 | 4 年 | 5 年 | 6 年 |
| 1 年 | 100 | 67 | 20 | 0 | 0 | 0 | 100 | 53 | 8 | 0 | 0 | 0 |
| 2 年 | 0 | 33 | 60 | 20 | 0 | 0 | 0 | 50 | 57 | 24 | 0 | 0 |
| 3 年 | 0 | 0 | 20 | 40 | 33 | 0 | 0 | 0 | 36 | 37 | 18 | 0 |
| 4 年 | 0 | 0 | 0 | 40 | 33 | 0 | 0 | 0 | 0 | 39 | 31 | 0 |
| 5 年 | 0 | 0 | 0 | 0 | 34 | 0 | 0 | 0 | 0 | 0 | 52 | 0 |
| 6 年 | 0 | 0 | 0 | 0 | 0 | 100 | 0 | 0 | 0 | 0 | 0 | 100 |

资料来源：笔者根据湖北省农村家庭调查数据，运用 Stata 软件计算整理而得。

### （三）不同生命周期阶段湖北省农村家庭的贫困持续年数分析

在考察处于不同生命周期阶段湖北省农村家庭的贫困持续年数时，由于受到数据所限，无法详细分析农村家庭在 2005~2010 年经历的某个贫困年份时所出现的持续贫困年数及其变化信息。因此，按照不同生命周期类型，统计分析了湖北省农村家庭在 6 年间所经历的不同持续贫困年数，以反映不同生命周期类型家庭所经历的持续贫困年数的结构信息，见表 4-15。

表 4-15　　湖北省不同生命周期阶段农村家庭的贫困持续年数　　单位：户

| 贫困标准 | 生命周期 | 1 年 | 2 年 | 3 年 | 4 年 | 5 年 | 6 年 | 合计 |
| --- | --- | --- | --- | --- | --- | --- | --- | --- |
| 绝对贫困 | 成立期 | 9 | 0 | 0 | 0 | 0 | 0 | 9 |
|  | 抚育期 | 95 | 11 | 5 | 3 | 2 | 0 | 116 |
|  | 成熟期 | 127 | 19 | 8 | 2 | 2 | 2 | 160 |
|  | 三代同堂期 | 115 | 26 | 6 | 2 | 3 | 0 | 152 |
|  | 空巢期 | 23 | 2 | 0 | 0 | 0 | 0 | 25 |

续表

| 贫困标准 | 生命周期 | 1年 | 2年 | 3年 | 4年 | 5年 | 6年 | 合计 |
|---|---|---|---|---|---|---|---|---|
| 低收入线 | 成立期 | 11 | 0 | 0 | 0 | 0 | 0 | 11 |
| | 抚育期 | 110 | 25 | 8 | 3 | 4 | 0 | 150 |
| | 成熟期 | 152 | 27 | 14 | 3 | 4 | 2 | 202 |
| | 三代同堂期 | 143 | 36 | 11 | 8 | 6 | 1 | 205 |
| | 空巢期 | 25 | 2 | 3 | 1 | 0 | 0 | 31 |
| 2300元/人·年 | 成立期 | 15 | 7 | 2 | 0 | 0 | 0 | 24 |
| | 抚育期 | 213 | 96 | 70 | 21 | 12 | 13 | 425 |
| | 成熟期 | 270 | 102 | 59 | 42 | 30 | 26 | 529 |
| | 三代同堂期 | 245 | 134 | 93 | 28 | 27 | 29 | 556 |
| | 空巢期 | 41 | 8 | 11 | 10 | 8 | 0 | 78 |
| 1美元/人·天 | 成立期 | 11 | 0 | 0 | 0 | 0 | 0 | 11 |
| | 抚育期 | 104 | 28 | 4 | 6 | 3 | 0 | 145 |
| | 成熟期 | 145 | 29 | 12 | 5 | 4 | 2 | 197 |
| | 三代同堂期 | 139 | 38 | 10 | 9 | 5 | 1 | 202 |
| | 空巢期 | 25 | 1 | 3 | 2 | 0 | 0 | 31 |
| 1.25美元/人·天 | 成立期 | 12 | 2 | 0 | 0 | 0 | 0 | 14 |
| | 抚育期 | 132 | 43 | 10 | 5 | 4 | 1 | 195 |
| | 成熟期 | 178 | 44 | 20 | 11 | 4 | 2 | 259 |
| | 三代同堂期 | 176 | 57 | 18 | 9 | 8 | 4 | 272 |
| | 空巢期 | 28 | 3 | 6 | 1 | 0 | 0 | 38 |
| 2美元/人·天 | 成立期 | 3 | 6 | 0 | 0 | 0 | 0 | 9 |
| | 抚育期 | 53 | 62 | 33 | 10 | 5 | 5 | 168 |
| | 成熟期 | 214 | 79 | 28 | 32 | 20 | 9 | 382 |
| | 三代同堂期 | 259 | 101 | 46 | 25 | 14 | 14 | 459 |
| | 空巢期 | 184 | 9 | 7 | 4 | 4 | 0 | 208 |

资料来源：笔者根据湖北省农村家庭调查数据，运用 Stata 软件计算整理而得。

**1. 成立期家庭的贫困持续年数**

对湖北省农村家庭中的成立期家庭的贫困持续年数进行分析的结果表明，湖北省成立期家庭的贫困持续年数最少，甚至在多数贫困标准下没有出现持续贫困。具体来看，在绝对贫困标准、低收入线标准和1美元/人·天贫困标准下，成立期农村家庭仅经历1年贫困，没有出现持续贫困的情况，见表4-16。当贫困标准上升到1.25美元/人·天时，成立期家庭中出现持续2年贫困的占比约为14.23%；当贫困标准提高到2美元/人·天时，持续2年贫困的占比上升到66.67%。这表明，高贫困标准下农村家庭的持续贫困显得更严重，但是贫困持续年数较短。当贫困标准上升到2300元/人·年时，农村家庭经历了连续3年贫困，占比为

8.33%，但其占比较低，见表 4 - 17、表 4 - 18。

**表 4 - 16　湖北省不同家庭生命周期的贫困持续年数占比（1 美元/人·天）** 单位:%

| 贫困持续年数 | 成立期 | 抚育期 | 成熟期 | 三代同堂期 | 空巢期 |
|---|---|---|---|---|---|
| 6 | 0.00 | 0.00 | 1.02 | 0.50 | 0.00 |
| 5 | 0.00 | 2.07 | 2.03 | 2.48 | 0.00 |
| 4 | 0.00 | 4.14 | 2.54 | 4.46 | 6.45 |
| 3 | 0.00 | 2.76 | 6.09 | 4.95 | 9.68 |
| 2 | 0.00 | 19.31 | 14.72 | 18.81 | 3.23 |
| 1 | 100.00 | 71.72 | 73.60 | 68.81 | 80.65 |
| 合计 | 100.00 | 100.00 | 100.00 | 100.00 | 100.00 |

资料来源：笔者根据湖北省农村家庭调查数据，运用 Excel 软件绘制而得。

**表 4 - 17　湖北省不同家庭生命周期的贫困持续年数占比（2300 元/人·年）** 单位:%

| 贫困持续年数 | 成立期 | 抚育期 | 成熟期 | 三代同堂期 | 空巢期 |
|---|---|---|---|---|---|
| 6 | 0.00 | 3.06 | 4.91 | 5.22 | 0.00 |
| 5 | 0.00 | 2.82 | 5.67 | 4.86 | 10.26 |
| 4 | 0.00 | 4.94 | 7.94 | 5.04 | 12.82 |
| 3 | 8.33 | 16.47 | 11.15 | 16.73 | 14.10 |
| 2 | 29.17 | 22.59 | 19.28 | 24.10 | 10.26 |
| 1 | 62.50 | 50.12 | 51.04 | 44.06 | 52.56 |
| 合计 | 100.00 | 100.00 | 100.00 | 100.00 | 100.00 |

资料来源：笔者根据湖北省农村家庭调查数据，运用 Excel 软件绘制而得。

**表 4 - 18　湖北省不同家庭生命周期的贫困持续年数占比（2 美元/人·天）** 单位:%

| 贫困持续年数 | 成立期 | 抚育期 | 成熟期 | 三代同堂期 | 空巢期 |
|---|---|---|---|---|---|
| 6 | 0.00 | 2.98 | 2.36 | 3.05 | 0.00 |
| 5 | 0.00 | 2.98 | 5.24 | 3.05 | 1.92 |
| 4 | 0.00 | 5.95 | 8.38 | 5.45 | 1.92 |
| 3 | 0.00 | 19.64 | 7.33 | 10.02 | 3.37 |
| 2 | 66.67 | 36.90 | 20.68 | 22.00 | 4.33 |
| 1 | 33.33 | 31.55 | 56.02 | 56.43 | 88.46 |
| 合计 | 100.00 | 100.00 | 100.00 | 100.00 | 100.00 |

资料来源：笔者根据湖北省农村家庭调查数据，运用 Excel 软件绘制而得。

### 2. 抚育期家庭的贫困持续年数

对湖北省农村家庭中的抚育期家庭的贫困持续年数进行分析的结果表明，抚育期家庭在低贫困标准下所经历的持续贫困年数主要集中在 2~3 年，并且随贫困标准的提高，这个趋势更加明显；相对于成熟期家庭，抚育期家庭的贫困持续年数更少。在 6 种贫困标准下，抚育期家庭有过贫困经历的户数比成立期家庭和空巢期家庭高，比成熟期家庭和三代同堂家庭低。但是，经历持续2年以上贫困的农村家庭占比高于成熟期家庭，低于三代同堂家庭。在绝对贫困标准下，抚育期家庭中有9.48%的农村家庭经历了持续2年贫困，有4.31%的农村家庭经历了持续3年贫困，且两者都低于成熟期家庭。在1美元/人·天贫困标准下，抚育期家庭中经历2年以上持续贫困的农村家庭占比略高于成熟期家庭，且经历2年持续贫困的农村家庭占比高于成熟期家庭约3%~5%。当贫困标准上升到2美元/人·天或2300元/人·年时，抚育期家庭中经历持续2~3年贫困的农村家庭占比高达39%~46%，比成熟期家庭大约高出9%~26%。这说明，相对于成熟期家庭，抚育期家庭的贫困持续年数主要集中在2~3年，表现为短期持续贫困更明显。

**3. 成熟期家庭的贫困持续年数**

在对湖北省农村家庭中的成熟期家庭的贫困持续年数进行分析的结果表明，成熟期家庭在低贫困标准下贫困持续年数主要集中在2~3年，在较高贫困标准下经历4年以上持续贫困的比例明显增加。在3种贫困标准下，成熟期家庭有过贫困经历的户数比成立期家庭、空巢期家庭和抚育期家庭更多，比三代同堂期家庭少。并且，经历持续2年以上贫困的农村家庭占比也有相同规律。在绝对贫困标准下，成熟期家庭有11.88%的农村家庭经历了持续2年贫困，比三代同堂期家庭大约低了5.3%；持续贫困不同的农村家庭占比与三代同堂期家庭的差距很小。在1美元/人·天贫困标准下，成熟期家庭中经历了2年持续贫困的农村家庭占比与三代同堂期家庭的差距明显缩小。当贫困标准提高到2美元/人·天或2300元/人·年时，成熟期家庭经历了持续2~3年贫困的农村家庭占比约为20%~30%，比三代同堂期家庭约低12%；而经历了持续4~5年贫困的农村家庭占比高达11%~18%。这说明，成熟期家庭仍以短期持续贫困为主，但是，4~6年长期持续贫困比抚育期家庭更严重，而没有三代同堂家庭严重。

**4. 三代同堂家庭的贫困持续年数**

在对湖北省农村家庭中的三代同堂期家庭的贫困持续年数进行分析的结果表明，相对于其他家庭，三代同堂期家庭经历贫困持续的年数更长。农村家庭在低贫困标准下，三代同堂期家庭经历了持续2年贫困的占比最高；随贫困标准的提高，三代同堂期家庭经历了持续2~3年和6年贫困的情况更严重。在6种贫困标准下，三代同堂期家庭有过贫困经历的户数最高。在绝对贫困标准下，三代同堂期家庭中有17.11%的农村家庭经历了持续 2 年贫困，没有家庭经历全部 6 年贫困。在 1 美元/人·天贫困标准下，三代同堂期家庭经历了 2 年持续贫困的占比与其他家庭的差距明显缩小，经历了持续 4~5 年贫困的占比高于其他家庭。当贫困标准提高到 2 美元/人·天和 2300 元/人·年时，三代同堂期家庭中经历了持续 2~3 年贫困的占比高于空巢期家庭，经历了持续 4~5 年贫困的占比低于空巢家庭。

**5. 空巢期家庭的贫困持续年数**

在对湖北省农村家庭中的空巢期家庭的贫困持续年数分析的结果表明，空巢期家庭在低贫困标准下的贫困持续年数比成立期家庭更长，在较高贫困标准下持续 4~5 年贫困的比例更高。在 6 种贫困标准下，空巢期家庭有过贫困经历的户数比成立期家庭多，比其他类型家庭少。在绝对贫困标准下，空巢期家庭中只有少部分，约为 8%。经历了持续 2 年贫困。当贫困标准提高到低收入线、1 美元/人·天和 1.25 美元/人·天时，空巢期家庭中经历了持续 2~4 年贫困的农村家庭占比为 19.35%~26.32%。当贫困标准提高到 2 美元/人·天时，空巢期家庭中经历了持续 2~5 年贫困的家庭累计占比较低，约为 11.54%。当贫困标准提高到 2300 元/人·年时，空巢期家庭经历了持续 2~5 年贫困，其累计占比将近一半，约为 47.44%，并且，陷入持续 4~5 年贫困的占比超过其他类型家庭。

另外，在 6 种贫困标准下，不同生命周期类型的家庭有共同特征：在低贫困标准下，所有主要经历了持续 2 年贫困和经历了持续 2 年以上贫困的农村家庭占比较低；当贫困标准提高时，经历了持续 1~2 年贫困的农村家庭占比持续下降，经历了 3~4 年以上持续贫困的农村家庭比例明显增加。

## 第三节　不同生命周期阶段湖北省农村家庭进入贫困状况与退出贫困状况

### 一、农村家庭进入贫困和退出贫困的总体状况

为了观察农村家庭贫困状态转换，将被调查农村家庭分为贫困农村家庭和非贫困农村家庭，然后，分析某一年度贫困农村家庭在未来年份是否退出贫困和某一年度非贫困农村家庭在未来年份是否进入贫困，统计结果详见表 4-19，表 4-19 中 P 表示贫困，N 表示不贫困。

第四章 农村家庭贫困动态过程：以湖北省为例 | 79

表4-19 2005～2010年湖北省农村家庭进入贫困和退出贫困

单位：户

| 年份 | 贫困标准 | 贫困 | 户数 | 2006年 P | 2006年 N | 2007年 P | 2007年 N | 2008年 P | 2008年 N | 2009年 P | 2009年 N | 2010年 P | 2010年 N |
|---|---|---|---|---|---|---|---|---|---|---|---|---|---|
| 2005 | 绝对贫困标准 | P | 112 | 26 | 86 | 17 | 95 | 33 | 79 | 19 | 93 | 13 | 99 |
|  |  | N | 2840 | 71 | 2769 | 68 | 2772 | 162 | 2678 | 143 | 2697 | 67 | 2773 |
|  | 低收入线标准 | P | 244 | 82 | 1162 | 63 | 181 | 63 | 181 | 42 | 202 | 22 | 222 |
|  |  | N | 2708 | 107 | 2601 | 107 | 2601 | 132 | 2576 | 120 | 2588 | 58 | 2650 |
|  | 2300元/人·年 | P | 652 | 297 | 355 | 241 | 411 | 216 | 436 | 193 | 459 | 132 | 520 |
|  |  | N | 2300 | 232 | 2068 | 198 | 2102 | 204 | 2096 | 222 | 2078 | 134 | 2166 |
|  | 1.25美元/人·天 | P | 343 | 131 | 212 | 99 | 244 | 92 | 251 | 72 | 271 | 52 | 291 |
|  |  | N | 2609 | 141 | 2468 | 132 | 2477 | 155 | 2454 | 162 | 2447 | 92 | 2517 |
|  | 2美元/人·天 | P | 930 | 501 | 429 | 402 | 528 | 361 | 569 | 324 | 606 | 240 | 690 |
|  |  | N | 2022 | 266 | 1756 | 240 | 1782 | 234 | 1788 | 243 | 1779 | 158 | 1864 |
| 2006 | 绝对贫困标准 | P | 97 | — | — | 26 | 71 | 42 | 55 | 27 | 70 | 13 | 84 |
|  |  | N | 2855 | — | — | 59 | 2796 | 153 | 2702 | 135 | 2720 | 67 | 2788 |
|  | 低收入线标准 | P | 189 | — | — | 65 | 124 | 66 | 123 | 47 | 142 | 21 | 168 |
|  |  | N | 2763 | — | — | 105 | 2658 | 129 | 2634 | 115 | 2648 | 59 | 2704 |
|  | 2300元/人·年 | P | 529 | — | — | 239 | 290 | 204 | 325 | 183 | 346 | 121 | 408 |
|  |  | N | 2423 | — | — | 200 | 2223 | 216 | 2207 | 232 | 2191 | 145 | 2278 |
|  | 1.25美元/人·天 | P | 272 | — | — | 98 | 174 | 95 | 177 | 73 | 199 | 39 | 233 |
|  |  | N | 2680 | — | — | 133 | 2547 | 152 | 2528 | 161 | 2519 | 105 | 2575 |
|  | 2美元/人·天 | P | 767 | — | — | 407 | 360 | 347 | 420 | 314 | 453 | 228 | 539 |
|  |  | N | 2185 | — | — | 235 | 1950 | 248 | 1937 | 253 | 1932 | 170 | 2015 |
| 2007 | 绝对贫困标准 | P | 85 | — | — | — | — | 37 | 48 | 31 | 54 | 11 | 74 |
|  |  | N | 2867 | — | — | — | — | 158 | 2709 | 131 | 2736 | 69 | 2798 |
|  | 低收入线标准 | P | 170 | — | — | — | — | 69 | 101 | 47 | 123 | 19 | 151 |
|  |  | N | 2782 | — | — | — | — | 126 | 2656 | 115 | 2667 | 61 | 2721 |
|  | 2300元/人·年 | P | 439 | — | — | — | — | 210 | 229 | 179 | 260 | 104 | 335 |
|  |  | N | 2513 | — | — | — | — | 210 | 2303 | 236 | 2277 | 162 | 2351 |

续表

| 年份 | 贫困标准 | 贫困 | 户数 | 2006年 P | 2006年 N | 2007年 P | 2007年 N | 2008年 P | 2008年 N | 2009年 P | 2009年 N | 2010年 P | 2010年 N |
|---|---|---|---|---|---|---|---|---|---|---|---|---|---|
| 2007 | 1.25美元/人·天 | P | 231 | — | — | — | — | 96 | 135 | 68 | 163 | 38 | 193 |
|  |  | N | 2721 | — | — | — | — | 151 | 2570 | 166 | 2555 | 106 | 2615 |
|  | 2美元/人·天 | P | 642 | — | — | — | — | 334 | 308 | 287 | 355 | 192 | 450 |
|  |  | N | 2532 | — | — | — | — | 261 | 2049 | 280 | 2030 | 206 | 2104 |
|  | 绝对贫困标准 | P | 195 | — | — | — | — | — | — | 52 | 143 | 33 | 162 |
|  |  | N | 2757 | — | — | — | — | — | — | 110 | 2647 | 47 | 2710 |
|  | 低收入线标准 | P | 195 | — | — | — | — | — | — | 52 | 143 | 33 | 162 |
|  |  | N | 2757 | — | — | — | — | — | — | 110 | 2647 | 47 | 2710 |
|  | 2300元/人·年 | P | 420 | — | — | — | — | — | — | 185 | 235 | 128 | 292 |
|  |  | N | 2532 | — | — | — | — | — | — | 230 | 2302 | 138 | 2394 |
| 2008 | 1.25美元/人·天 | P | 247 | — | — | — | — | — | — | 82 | 165 | 58 | 189 |
|  |  | N | 2705 | — | — | — | — | — | — | 152 | 2553 | 86 | 2619 |
|  | 2美元/人·天 | P | 595 | — | — | — | — | — | — | 296 | 299 | 226 | 369 |
|  |  | N | 2357 | — | — | — | — | — | — | 271 | 2086 | 172 | 2185 |
|  | 绝对贫困标准 | P | 162 | — | — | — | — | — | — | — | — | 21 | 141 |
|  |  | N | 2790 | — | — | — | — | — | — | — | — | 59 | 2731 |
|  | 低收入线标准 | P | 162 | — | — | — | — | — | — | — | — | 21 | 141 |
|  |  | N | 2790 | — | — | — | — | — | — | — | — | 59 | 2731 |
|  | 2300元/人·年 | P | 415 | — | — | — | — | — | — | — | — | 120 | 295 |
|  |  | N | 2537 | — | — | — | — | — | — | — | — | 146 | 2391 |
| 2009 | 1.25美元/人·天 | P | 234 | — | — | — | — | — | — | — | — | 53 | 181 |
|  |  | N | 2718 | — | — | — | — | — | — | — | — | 91 | 2627 |
|  | 2美元/人·天 | P | 567 | — | — | — | — | — | — | — | — | 221 | 346 |
|  |  | N | 2385 | — | — | — | — | — | — | — | — | 177 | 2208 |

注:"—"表示无数据。

资料来源:笔者根据湖北省农村调查数据,运用Stata软件计算整理而得。

在绝对贫困标准下，2005 年调查农村家庭中有 112 户陷入贫困，其他 2840 户则不贫困。2005 年，处于贫困状态的有 112 户农村家庭，2006 年，仍有 26 户维持贫困状态，其他 86 户则脱离贫困。2007 年，仍有 17 户维持贫困状态，其他 79 户则脱离贫困；2008 年，有 33 户维持贫困状态，其他 79 户则脱离贫困；2009 年，有 19 户维持贫困状态，其他 93 户则脱离贫困；2010 年，有 13 户维持贫困状态，其他 99 户则脱离贫困。2005 年，处于非贫困状态的有 2840 户农村家庭，2006 年，有 71 户陷入贫困，其他 2769 户则维持非贫困状况；2007 年，有 68 户陷入贫困状态，其他 2772 户则维持非贫困状况；2008 年，有 162 户陷入贫困，其他 2678 户则维持非贫困状态；2009 年，有 143 户陷入贫困，其他 2078 户则维持非贫困状态；2010 年，有 67 户陷入贫困，其他 2773 户则维持非贫困状态。

2006 年，处于贫困状态的有 97 户农村家庭；2007 年，仅有 26 户维持贫困状态，其他 71 户脱离贫困；2008 年，有 42 户维持贫困状态，其他 55 户脱离贫困；2009 年，有 27 户维持贫困状态，其他 70 户脱离贫困；2010 年，仅有 13 户维持贫困状态，其他 84 户脱离贫困。2007 年，处于贫困状态的 85 户农村家庭，2008 年，仅有 37 户维持贫困状态，其他 48 户脱离贫困；2009 年，仅有 31 户维持贫困状态，其他 54 户脱离贫困；2010 年，仅有 11 户维持贫困，其他 74 户脱离贫困。受到篇幅所限，不再赘述其他起始年份的贫困动态情况。

综上所述，在绝对贫困标准下，对于某一年度处于贫困状态的农村家庭，随时间推移而退出贫困的户数越来越多，维持贫困状态的农村家庭数量越来越少。对于某一年度非贫困的农村家庭，随时间推移而陷入贫困的户数则逐渐下降。另外，在某年度陷入贫困的农村家庭，主要来源于此前的非贫困农村家庭，而不是此前的贫困农村家庭。但是，贫困农村家庭再次发生贫困的概率，远远高于非贫困农村家庭。在低收入线、1 美元/人·天、1.25 美元/人·天贫困标准下也有类似的趋势。

当贫困标准提高到 2300 元/人·年和 2 美元/人·天时，某一年度贫困的农村家庭，随时间推移而退出贫困的农村家庭数量仍然呈现增加趋势，维持贫困状态的农村家庭数量仍呈减少趋势。对于某一年度非贫困的农村家庭，随时间推移而陷入贫困的农村家庭数量仍呈逐渐下降趋势。但是，在某一年度陷入贫困的农村家庭，主要来源于此前的贫困农村家庭，而不是此前的非贫困农村家庭。这说明，当采用更高的贫困标准时，贫困农村家庭在未来陷入贫困的可能性比非贫困农村家庭更高。比如，当采用 2 美元/人·天贫困标准时，2005 年，农村家庭陷入贫困的户数为 930 户，非贫困农村家庭为 2022 户；贫困户中在 2006 年仍陷入贫困的有 501 户，2007 年，仍维持贫困的有 402 户，在 2008 年，仍维持贫困的有 361 户，在 2009 年，仍维持贫困的有 324 户，2010 年，仍维持贫困的有 240 户。而非贫困农村家庭中仅有 266 户在 2006 年转为贫困，仅有 240 户在 2007 年转为贫困，仅有 234 户在 2008 年转为贫困，仅有 243 户在 2009 年转为贫困，仅有 158 户在 2010 年转为贫困。

## 二、不同生命周期阶段农村家庭进入贫困、退出贫困状况

### （一）成立期家庭进入贫困、退出贫困状况

表 4-20 表明，在绝对贫困标准下，成立期家庭贫困比例低，贫困家庭退出贫困状态的概率高，非贫困家庭在未来陷入贫困的概率低。比如，2005 年，调查的 85 户中仅有 2 户处于贫困状态，而处于非贫困状态的农村家庭却有 83 户；贫困农村家庭在 2006 年以后全部退出贫困状态。非贫困农村家庭在 2006~2010 年仅有 1~2 户陷入贫困状态。对于 2005 年处于贫困状态的 2 个农村家庭，即便采用更高的贫困标准，也能在随后某一年份全部退出贫困，比如，在 1.25 美元/人·天贫困标准下最迟在 2008 年全部退出贫困。随着贫困标准的提高，贫困农村家庭全部退出贫困的年度会推迟，比如，在 2 美元/人·天贫困标准下农村家庭全部退出贫困的年份推迟到了 2010 年。2005 年处于非贫困状态的农村家庭，随着贫困标准的提高，会有更多家庭陷入贫困，但随着时间推移，陷入贫困的农村家庭数量在逐步减少。

### （二）抚育期家庭进入贫困、退出贫困状况

在绝对贫困标准下，抚育期家庭贫困率低于成熟期家庭，抚育期贫困农村家庭退出贫困状态的概率高于成熟期家庭；而抚育期非贫困农村家庭在未来陷入贫困的比例在个别年份高于成熟期家庭，其他年份两者的贫困率大致相当。比如，2005 年调查的 807 户抚育期家庭中，有 21 户

处于贫困状态，贫困率约为 2.60%，高于成熟期家庭为 3.20%；在抚育期贫困家庭中，2006 年有 17 户退出贫困，退出率约为 80.95%，比成熟期贫困家庭占比高 15.24%；2007~2010 年，两者差距维持在 3.8%~16.19% 区间。而在 786 户非贫困户中，2006 年有 21 户陷入贫困状态，贫困率约为 2.67%，比成熟期家庭占比高 0.93%，而其他调查年份两者的贫困率大致相当。

当贫困标准提高后，抚育期贫困家庭的贫困退出率仍然高于成熟期家庭，但是，二者的差距有缩小的趋势。比如，在 2 美元/人·天贫困标准下，抚育期贫困家庭在 2006 年的退出率约为 48.76%，比成熟期家庭的退出率高 0.77%，在 2007~2010 年两者差距基本保持在 1.3%~9.55% 区间，抚育期非贫困家庭未来陷入贫困的比例，与成熟期家庭大致相当。

（三）成熟期家庭进入贫困、退出贫困状况

在绝对贫困标准下，成熟期家庭贫困比例低于三代同堂家庭，成熟期贫困农村家庭退出贫困状态的概率低于三代同堂家庭；成熟期非贫困农村家庭在未来陷入贫困的比例低于三代同堂家庭。比如，2005 年调查的 1092 户中有 35 户处于贫困状态，贫困率约为 3.20%，比三代同堂家庭的贫困率低 2.36%；在贫困农村家庭中，2006 年有 23 户退出贫困，退出率约为 65.71%，比三代同堂期家庭的退出率低 15.69%；在 2007~2010 年，两者差距维持在 2.66%~15.69%。而在非贫困农村家庭中，2006 年有 21 户陷入贫困状态，贫困率约为 1.70%，比三代同堂期家庭的贫困率低 1.86%，2007~2010 年，两者差距基本保持在 0.1%~2.06% 区间。

当贫困标准提高后，成熟期贫困家庭的贫困退出率则会高于三代同堂期家庭，而成熟期非贫困农村家庭在未来陷入贫困的比例仍然低于三代同堂期家庭。这里有个显著不同的特征，即随着贫困标准的提高，相比三代同堂期家庭，成熟期家庭中的贫困户更容易退出贫困。比如，在 2 美元/人·天贫困标准下，成熟期家庭中贫困农村家庭在 2006 年的退出率约为 47.99%，比三代同堂期家庭退出率高 7.01%，在 2007~2010 年，两者差距基本保持在 2.6%~6.42% 区间。

（四）三代同堂期家庭进入贫困、退出贫困状况

在绝对贫困标准下，三代同堂期家庭的贫困比例高于空巢家庭，贫

困农村家庭退出贫困状态的比例在部分年份高于空巢期家庭；非贫困农村家庭在未来陷入贫困的比例高于空巢期家庭。比如，2005年调查的774户三代同堂期家庭中，有43户处于贫困状态，贫困率约为5.56%，比空巢期家庭高2.91%；在贫困农村家庭中，2006年有35户退出贫困，退出率约为81.40%，比空巢期家庭高6.40%；在2008年、2010年，三代同堂期家庭中贫困户退出率高于空巢期家庭。而731户非贫困农村家庭中，在2006年有26户陷入贫困状态，贫困率约为3.56%，比空巢期家庭高0.91%，在2007~2010年两者差距基本保持在0.4%~1.78%区间。

当贫困标准提高后，三代同堂期贫困农村家庭的贫困退出率则会低于空巢期家庭，而三代同堂期非贫困农村家庭在未来陷入贫困的比例仍然高于空巢期家庭。这表明，一个显著不同的特征是，随着贫困标准的提高，相比空巢期家庭，三代同堂期家庭中的贫困户更不易退出贫困。比如，在2美元/人·天贫困标准下，贫困农村家庭在2006年的退出率约为40.98%，比空巢期家庭退出率低17.08%，在2007~2010年，两者差距基本处于-14.42%~-5.45%区间。

（五）空巢期家庭进入贫困、退出贫困状况

在绝对贫困标准下，空巢期家庭的贫困率略高于抚育期家庭，贫困农村家庭退出贫困的比例在部分年份高于抚育期家庭；非贫困农村家庭在未来陷入贫困的比例高于空巢期家庭。比如，2005年调查的151户空巢期家庭中，有4户处于贫困状态，贫困率约为2.65%，比抚育期家庭高0.05%；在35个贫困农村家庭在2007年、2009年、2010年全部退出贫困，退出率为100%，均高于同期抚育期家庭。而147户非贫困农村家庭中，在2006年有5户陷入贫困状态，贫困率约为3.40%，比抚育期家庭高0.73%，在2007~2010年两者差距保持在0.4%~2.18%区间。

当贫困标准提高后，空巢期贫困农村家庭的贫困退出率在2006年、2010年高于抚育期家庭，而非贫困农村家庭在未来陷入贫困的比例仍然高于抚育期家庭，并且差距变大。比如，在2美元/人·天贫困标准下，非贫困空巢期家庭在2006年的贫困率约为12.50%，比抚育期家庭高0.82%，在2007~2010年两者差距则扩大到2.23%~6.70%区间。这表明，相比抚育期家庭，空巢期家庭中的非贫困家庭更可能在未来陷入贫困，见表4-20。

第四章　农村家庭贫困动态过程：以湖北省为例 | 85

表 4-20　不同生命周期阶段农村家庭进入贫困、退出贫困状况

单位：户

| 生命周期 | 贫困线 | 贫困状态 | 户数 | 2006年 P | 2006年 N | 2007年 P | 2007年 N | 2008年 P | 2008年 N | 2009年 P | 2009年 N | 2010年 P | 2010年 N |
|---|---|---|---|---|---|---|---|---|---|---|---|---|---|
| 成立期家庭 | 绝对贫困标准 | P | 2 | 0 | 2 | 0 | 2 | 0 | 2 | 0 | 2 | 0 | 2 |
|  |  | N | 83 | 1 | 82 | 2 | 81 | 1 | 81 | 2 | 81 | 1 | 82 |
|  | 低收入线标准 | P | 3 | 0 | 3 | 0 | 3 | 0 | 3 | 0 | 3 | 0 | 3 |
|  |  | N | 82 | 1 | 81 | 3 | 79 | 1 | 81 | 2 | 80 | 1 | 81 |
|  | 2300元/人·年 | P | 6 | 1 | 5 | 1 | 5 | 0 | 6 | 1 | 5 | 0 | 6 |
|  |  | N | 79 | 6 | 73 | 4 | 75 | 7 | 72 | 5 | 74 | 3 | 76 |
|  | 1.25美元/人·天 | P | 3 | 0 | 3 | 1 | 2 | 0 | 3 | 0 | 3 | 0 | 3 |
|  |  | N | 82 | 4 | 78 | 3 | 79 | 2 | 80 | 3 | 79 | 3 | 79 |
|  | 2美元/人·天 | P | 7 | 2 | 5 | 2 | 5 | 1 | 6 | 1 | 6 | 0 | 7 |
|  |  | N | 78 | 7 | 71 | 5 | 73 | 10 | 68 | 6 | 72 | 3 | 75 |
| 抚育期家庭 | 绝对贫困标准 | P | 21 | 4 | 17 | 2 | 19 | 4 | 17 | 2 | 19 | 1 | 20 |
|  |  | N | 786 | 21 | 765 | 18 | 768 | 40 | 746 | 31 | 755 | 19 | 767 |
|  | 低收入线标准 | P | 56 | 18 | 38 | 12 | 44 | 11 | 45 | 7 | 49 | 3 | 53 |
|  |  | N | 751 | 32 | 719 | 29 | 722 | 33 | 718 | 26 | 725 | 17 | 734 |
|  | 2300元/人·年 | P | 165 | 72 | 93 | 59 | 106 | 49 | 116 | 46 | 119 | 27 | 138 |
|  |  | N | 642 | 58 | 584 | 51 | 591 | 49 | 593 | 55 | 587 | 33 | 609 |
|  | 1.25美元/人·天 | P | 82 | 33 | 49 | 23 | 59 | 19 | 63 | 15 | 67 | 7 | 75 |
|  |  | N | 725 | 36 | 689 | 37 | 688 | 37 | 688 | 37 | 688 | 21 | 704 |
|  | 2美元/人·天 | P | 242 | 124 | 118 | 97 | 145 | 91 | 151 | 78 | 164 | 54 | 188 |
|  |  | N | 565 | 66 | 499 | 65 | 500 | 58 | 507 | 61 | 504 | 33 | 533 |
| 成熟期家庭 | 绝对贫困标准 | P | 35 | 12 | 23 | 9 | 26 | 8 | 27 | 9 | 26 | 5 | 30 |
|  |  | N | 1059 | 18 | 1041 | 24 | 1035 | 55 | 1004 | 52 | 1007 | 27 | 1032 |
|  | 低收入线标准 | P | 74 | 23 | 51 | 18 | 56 | 17 | 57 | 15 | 59 | 8 | 66 |
|  |  | N | 1020 | 33 | 987 | 38 | 982 | 46 | 974 | 46 | 974 | 24 | 996 |
|  | 2300元/人·年 | P | 189 | 86 | 103 | 68 | 121 | 68 | 121 | 51 | 138 | 48 | 141 |
|  |  | N | 905 | 65 | 840 | 67 | 838 | 76 | 829 | 81 | 824 | 56 | 849 |

续表

| 生命周期 | 贫困线 | 贫困状态 | 户数 | 2006年 P | 2006年 N | 2007年 P | 2007年 N | 2008年 P | 2008年 N | 2009年 P | 2009年 N | 2010年 P | 2010年 N |
|---|---|---|---|---|---|---|---|---|---|---|---|---|---|
| 成熟期家庭 | 1.25美元/人·天 | P | 102 | 33 | | 27 | | 25 | | 20 | | 20 | |
| | | N | 992 | 47 | 945 | 46 | 946 | 58 | 934 | 61 | 931 | 42 | 950 |
| | 2美元/人·天 | P | 273 | 142 | 131 | 113 | 160 | 109 | 164 | 95 | 178 | 87 | 186 |
| | | N | 821 | 90 | 731 | 84 | 737 | 90 | 732 | 89 | 731 | 69 | 752 |
| | 绝对贫困标准 | P | 43 | 8 | 35 | 5 | 38 | 14 | 29 | 6 | 37 | 5 | 38 |
| | | N | 731 | 26 | 705 | 19 | 712 | 53 | 678 | 48 | 683 | 18 | 713 |
| | 低收入线标准 | P | 93 | 33 | 60 | 26 | 67 | 28 | 65 | 17 | 76 | 9 | 84 |
| | | N | 681 | 34 | 647 | 32 | 649 | 39 | 642 | 37 | 644 | 14 | 667 |
| 三代同堂期家庭 | 2300元/人·年 | P | 256 | 120 | 136 | 97 | 159 | 82 | 174 | 79 | 177 | 53 | 203 |
| | | N | 518 | 88 | 430 | 65 | 453 | 55 | 463 | 61 | 457 | 32 | 486 |
| | 1.25美元/人·天 | P | 136 | 53 | 83 | 39 | 97 | 39 | 97 | 32 | 104 | 23 | 113 |
| | | N | 638 | 43 | 595 | 40 | 598 | 45 | 593 | 48 | 590 | 19 | 619 |
| | 2美元/人·天 | P | 366 | 206 | 150 | 165 | 191 | 133 | 223 | 128 | 228 | 90 | 266 |
| | | N | 418 | 82 | 336 | 72 | 346 | 56 | 362 | 59 | 359 | 41 | 377 |
| | 绝对贫困标准 | P | 4 | 1 | 3 | 0 | 4 | 2 | 2 | 0 | 4 | 0 | 4 |
| | | N | 147 | 5 | 142 | 4 | 143 | 9 | 138 | 9 | 138 | 1 | 146 |
| | 低收入线标准 | P | 10 | 5 | 5 | 5 | 5 | 2 | 8 | 1 | 9 | 0 | 10 |
| | | N | 141 | 5 | 136 | 4 | 137 | 9 | 132 | 7 | 134 | 1 | 140 |
| 空巢期家庭 | 2300元/人·年 | P | 21 | 10 | 11 | 11 | 10 | 9 | 12 | 8 | 13 | 1 | 20 |
| | | N | 130 | 7 | 123 | 9 | 121 | 11 | 119 | 14 | 116 | 7 | 123 |
| | 1.25美元/人·天 | P | 11 | 6 | 5 | 6 | 5 | 3 | 8 | 2 | 9 | 0 | 11 |
| | | N | 140 | 6 | 134 | 5 | 135 | 9 | 131 | 11 | 129 | 5 | 135 |
| | 2美元/人·天 | P | 31 | 13 | 18 | 13 | 18 | 13 | 18 | 10 | 21 | 4 | 27 |
| | | N | 120 | 15 | 105 | 13 | 107 | 15 | 105 | 21 | 99 | 9 | 111 |

注：P 表示贫困，N 表示不贫困。
资料来源：笔者根据湖北省农村家庭调查数据，运用 Stata 软件计算整理而得。

## （六）不同生命周期阶段农村家庭的贫困来源差异

在绝对贫困、低收入线和 1.25 美元/人·天等较低贫困标准下，无论贫困农村家庭处于生命周期的哪个阶段，贫困农村家庭主要来源于此前的非贫困农村家庭，而非来源于此前贫困的农村家庭，这表明，农村家庭贫困不是由于贫困的延续性造成的，而是由于新陷入贫困的家庭增多导致的。这也是农村贫困的共性特征，和农村家庭所处家庭生命周期阶段没有密切的关系。

但是，当采用更高的贫困标准时，新增贫困农村家庭的家庭生命周期特征更加明显。当贫困标准提高到 2300 元/人·年时，三代同堂期贫困家庭中以前非贫困的占比在 2006~2010 年均低于 50%。这表明，三代同堂期家庭贫困主要来源于此前贫困，而不是此前非贫困，此类农村家庭贫困的主要成因是贫困的延续性。成熟期家庭、空巢期家庭和抚育期家庭则经历了一个转变过程，在较早年份，其贫困农村家庭中以前非贫困的占比低于 50%；经历 2~3 年贫困后，此前非贫困农村家庭的占比增加到 50% 以上。表明这三类家庭贫困的主要来源由此前贫困户向此前非贫困户过渡，早期的贫困成因是贫困的延续性，后期的贫困成因是新增贫困家庭。而成立期家庭的贫困主要来源于新增贫困农村家庭，与所采用的贫困标准没有太大的联系。

当贫困标准提高到 2 美元/人·天时，在 2006~2010 年之前非贫困农村家庭中，抚育期家庭、成熟期家庭、三代同堂期家庭中每年从非贫困状态陷入贫困状态的均低于 50%。即这三类家庭在某一年份陷入贫困主要来源于此前贫困的农村家庭，而非此前非贫困的农村家庭；其中，抚育期家庭、成熟期家庭则未经历 2300 元/人·年贫困标准下的转化过程。同时，从程度来看，三代同堂期家庭中此前非贫困户的占比远高于成熟期家庭和抚育期家庭，而抚育家庭中此前非贫困户的占比略低于成熟期家庭，表明三代同堂家庭的贫困延续性问题比抚育期家庭和成熟期家庭更严重，抚育期家庭的贫困延续性比成熟期家庭严重。成立期家庭和空巢期家庭中此前非贫困户占比在各年均在 50% 以上，其贫困主要来源于新增贫困。

# 第五章

# 不同贫困动态视角下湖北省农村家庭生计特征

## 第一节 不同生命周期阶段湖北省农村家庭的生计特征

### 一、农村家庭生计指标解释

在农村家庭的生产、生活中，收入是衡量家庭福利的一类重要指标。贫困状态也是以农村家庭的收入水平为基础来测算的，贫困动态性由家庭生计在遭到风险冲击时的应对能力与家庭长期收入能力共同决定；而两者又都与农村家庭的生计资本、生计策略等密切相关。不同生命周期阶段的农村家庭，其生计资本和生计策略也不尽相同；从而家庭的收入能力和应对风险冲击的能力也不同；进而家庭的贫困状态各不相同。因此，有必要深入分析不同生命周期阶段农村家庭的收入能力、生计资本、生计策略的差异性，以及不同生命周期阶段农村家庭在不同贫困动态下的收入能力、生计资本、生计策略的差异性，从而为深入理解生命周期影响农村家庭贫困动态性的机理提供理论支持。

在湖北省农村调查数据的数据中，收入分为总收入和纯收入。纯收入又分为现金纯收入和实物纯收入，是由总收入扣除家庭经营支出、生产性固定资产折旧、营业税、缴纳给村集体的提留、调查补贴，以及给亲朋好友馈赠后的收入净额。家庭纯收入是由工资性收入、家庭经营收入、财产性收入、转移性收入四类构成的。家庭经营收入是经营总收入扣除经营成本、固定资产折旧以及营业税后的净额；转移性收入则包括亲友的馈赠、农业补贴、机构工作人员津贴、军人伤亡抚恤金、五保户补助金、学校奖学金等。财产性收入包括利息、股息、房屋或其他资产、租金等。在现阶段的农村家庭中，通常工资性收入和家庭经营收入仍是农村家庭的主要收入来源，占收入比重的绝大部分；而财产性收入、转移性收入在总收入中的占比则较低。随着城市化、市场化的快速发展，外出务工收入正逐步成为部分家庭工资性收入的重要部分。家庭经营收入根据经营业务不同，可以分为农业经营收入和非农经营收入。农业经营收入是指，农村家庭从事农业生产经营取得的收入；非农经营收入是指，农村家庭在经营农业以外的第二产业、第三产业所取得的收入。

根据可持续生计分析框架，农村家庭的生计资本可以分为物质资本、人力资本、金融资本和社会资本。物质资本是指，维持生计的基本生产资料和基础设施，本书以人均耕地面积、生产性固定资产来代表；人力资本是指，所拥有的用于谋生的知识、技能以及劳动能力和健康状况，本书以劳动力人数或劳动力比例、劳动力受教育年限、工作经验、参与技能培训劳动力数等来代表；金融资本是指，在消费和生产过程中，人们为了取得生计目标所需要的积累和流动，以家庭期末拥有的存款余额来代表；社会资本是指，人们为了追求生计目标所利用的社会资源，以转移性支出来表示社会资本。生计策略是家庭采取的生计活动组合，根据不同的考察指标，生计策略可以被区分为多种类型（Scoones，1998）。本书以家庭劳动时间配置和家庭经营模式两类指标来衡量生计策略，家庭劳动时间分为农业劳动时间、非农劳动时间和外出务工时间，家庭经营模式分为以务农为主的经营模式和以非农为主的经营模式。可见，家庭劳动时间和家庭经营模式在反映的经营方式上是一致的。但是，两者又分为绝对量、相对量两个不同的测量维度，两者是互补关系。

## 二、不同生命周期阶段农村家庭的生计资本特征

### （一）不同生命周期阶段农村家庭的人力资本特征

不同生命周期阶段的农村家庭，其人力资本表现出明显的规律特征。成立期家庭的接受培训比例和劳动力受教育年限等相对较高，劳动

力素质方面更具优势是导致其能获得更多非农收入的原因。此外，成立期家庭人均收入最高，主要是由于家庭人口少、劳动力比例高造成的。空巢期家庭的劳动力比例、工作年限相对较高，使得其在农业经营和非农业经营方面更具优势；另外，家庭人口少、劳动力比例高也是导致其收入较高的原因。从劳动力数量来看，空巢家庭的户均劳动力约为三代同堂期家庭的53%，约为成熟期家庭的56%，约为抚育期家庭的79%。三代同堂期家庭的劳动力受教育水平较低，决定了其在非农业经营和外出务工方面的机会较少；并且，家庭人口最多、劳动力比例较低也是导致人均收入低的重要原因。相比三代同堂期家庭，成熟期家庭的劳动力受教育年限和接受培训劳动力比例更高。这表明，在劳动力数量、比例等大致相同的情况下，成熟期家庭比三代同堂期家庭有更高的劳动力素质，见表5-1。

表5-1　不同生命周期阶段湖北省农村家庭的人力资本

| 生计资本指标 | 成立期 | 抚育期 | 成熟期 | 三代同堂 | 空巢家庭 |
| --- | --- | --- | --- | --- | --- |
| 劳动力人数（人） | 1.97 | 2.37 | 3.31 | 3.5 | 1.87 |
| 劳动力比例（%） | 81.37 | 64.59 | 60.71 | 62.21 | 92.06 |
| 接受培训劳动力比例（%） | 25.88 | 19.02 | 21.85 | 19.20 | 10.60 |
| 劳动力平均受教育年限（年） | 8.62 | 8.50 | 8.46 | 8.12 | 6.70 |
| 劳动力平均工作年限（年） | 27.52 | 18.71 | 20.74 | 21.18 | 33.96 |

资料来源：笔者根据湖北省农村调查队数据，运用Stata软件计算整理而得。

## （二）不同生命周期阶段农村家庭的其他生计资本特征

不同生命周期阶段的农村家庭，其拥有的物质资本、金融资产及社会资本也不尽相同。成立期家庭拥有的耕地资源最多，比成熟期家庭多46%，比抚育期家庭大约多55%，比三代同堂期家庭多60%。空巢期家庭的耕地资源比成熟期家庭多，成熟期家庭的耕地资源比抚育期家庭多，三代同堂期家庭的耕地资源最少。农村家庭拥有的生产性固定资产、金融资产具有与耕地资源类似的生命周期规律，不再赘述。尤其是耕地资源较多的家庭决定了其会有更高的农业收入。从统计数据来看，不同生命周期阶段农村家庭的耕地与农业收入有正相关性。而社会资本则呈现出与其他生计资本相反的生命周期规律：三代同堂期家庭的社会资本最多，成熟期家庭的社会资本比抚育期家庭和空巢期家庭多，成立期家庭的社会资本最少，见表5-2。

表 5-2　　　　　　　不同生命周期阶段农村家庭的其他资本

| 生计资本指标 | 成立期家庭 | 抚育期家庭 | 成熟期家庭 | 三代同堂家庭 | 空巢期家庭 |
| --- | --- | --- | --- | --- | --- |
| 人均耕地面积（亩） | 3.22 | 1.45 | 1.73 | 1.30 | 2.79 |
| 人均金融资产（元） | 1712.81 | 533.56 | 588.14 | 449.34 | 1272.29 |
| 人均生产性固定资产（元） | 3821.10 | 2140.45 | 2501.13 | 1613.30 | 3098.56 |
| 转移性支出（元） | 52.74 | 70.93 | 74.08 | 81.96 | 70.14 |

资料来源：笔者根据湖北省农村家庭调查数据，运用 Stata 软件计算整理而得。

## 三、不同生命周期阶段农村家庭的生计策略特征

不同生命周期阶段的农村家庭，其劳动时间配置呈现出较明显的规律特征。成立期家庭在总劳动时间上配置最高，这与其劳动力比例最高是一致的，是其人均收入最高的重要原因。空巢期家庭中以农业经营为主的占比、人均农业劳动时间最多；空巢期家庭中以农业经营为主的农村家庭比例比成立期家庭约高 15%，比其他家庭约高 24%~36%；空巢期家庭的人均农业劳动时间比成立期家庭约多 0.2 个月，比成熟期家庭约多 2.8 个月，大约是抚育期家庭和三代同堂期家庭的 2.1 倍，这与空巢期家庭的农业收入最高是相匹配的，是决定其人均收入较高的主要原因。而三代同堂期家庭的劳动时间配置，尤其是外出务工时间较少，是导致其外出务工收入低的主要原因。而成熟期家庭中的外出务工劳动时间、农业劳动时间等投入比抚育期家庭和三代同堂期家庭都多，是其农业收入和外出务工收入更高的主要原因，见表 5-3。

表 5-3　　　　　不同生命周期阶段湖北省农村家庭的生计策略

| 生计策略指标 | 成立期家庭 | 抚育期家庭 | 成熟期家庭 | 三代同堂期家庭 | 空巢期家庭 |
| --- | --- | --- | --- | --- | --- |
| 人均农业劳动时间（月） | 7.22 | 3.49 | 4.63 | 3.52 | 7.40 |
| 人均非农劳动时间（月） | 2.44 | 2.33 | 3.79 | 2.71 | 1.33 |
| 人均外出务工时间（月） | 0.60 | 1.25 | 2.70 | 1.91 | 0.08 |
| 以农业为主占比（%） | 80.00 | 58.49 | 70.20 | 68.22 | 94.70 |
| 以非农为主占比（%） | 20.00 | 41.51 | 29.80 | 31.78 | 5.30 |

资料来源：笔者根据湖北省农村家庭调查数据，运用 Stata 软件计算整理而得。

## 四、不同生命周期阶段农村家庭的收入特征

### （一）不同生命周期阶段农村家庭的收入来源特征

总体来看，成立期家庭的人均纯收入最高，空巢期家庭的人均纯收

入次之，三代同堂期家庭的人均纯收入最低，而抚育期家庭的人均纯收入略低于成熟期家庭。成立期家庭的人均收入比空巢期家庭大约多1244元，空巢期家庭比抚育期家庭和成熟期家庭大约高800~1000元，抚育期家庭比三代同堂期家庭大约多769元，成立期家庭的人均纯收入是三代同堂期家庭的2.2倍。不同家庭生命周期的收入差距主要在于家庭经营收入，成立期家庭的家庭经营收入比空巢期家庭大约高979元，空巢期家庭比抚育期家庭和成熟期家庭的家庭经营收入大约高1180元，抚育期家庭比三代同堂期家庭大约高677元。

从家庭经营收入的内部结构来看，农业收入是不同家庭生命周期农村家庭之间收入差距的重要来源，而非农业收入表现出的不同之处在于：抚育期家庭的非农收入比成熟期家庭大约高200元。另外，工资性收入也是不同家庭生命周期农村家庭之间收入差距的一个成因：成熟期家庭的工资性收入比成立期家庭和抚育期家庭大约多200元，比三代同堂期家庭大约多350元，比空巢期家庭大约多550元，见表5-4。

表5-4　不同生命周期阶段湖北省农村家庭的收入来源　　　　　单位：元

| 收入来源 | 成立期家庭 | 抚育期家庭 | 成熟期家庭 | 三代同堂期家庭 | 空巢期家庭 |
| --- | --- | --- | --- | --- | --- |
| 人均纯收入 | 5570.03 | 3302.59 | 3498.68 | 2533.88 | 4326.22 |
| 工资性收入 | 979.05 | 945.08 | 1136.76 | 779.38 | 568.01 |
| 家庭经营收入 | 4402.40 | 2239.64 | 2242.92 | 1662.24 | 3423.06 |
| 财产性收入 | 20.25 | 20.32 | 22.86 | 13.73 | 24.97 |
| 转移性收入 | 168.32 | 97.56 | 96.15 | 78.52 | 310.18 |
| 农业收入 | 3225.86 | 1377.49 | 1599.07 | 1142.22 | 2610.54 |
| 非农业收入 | 1176.54 | 862.15 | 643.85 | 520.02 | 812.52 |
| 外出务工收入 | 220.58 | 447.12 | 701.63 | 488.74 | 41.02 |

资料来源：笔者根据湖北省农村家庭调查数据，运用Stata软件计算整理而得。

## （二）不同生命周期阶段农村家庭的收入结构特征

总体而言，无论处在哪个生命周期阶段的农村家庭，其经营收入占比都最高，且均高于50%；之后，是工资性收入的占比，而财产性收入的占比和转移性收入的占比都较低。但是，处于不同生命周期阶段的农村家庭，其收入结构还是有一定差异性的。成立期家庭、空巢期家庭的经营收入比例大约比抚育期家庭、成熟期家庭和三代同堂期家庭多13%。这主要是由于前两类家庭的农业经营收入占比高导致的。从工资性收入占比来看，空巢期家庭、成立期家庭占比相对较低；空巢期家庭比其他家庭大约低17%，成立期家庭比其他家庭大约低14%，差距是由于外出务工收入占比相对较低导致的；空巢期家庭的外出务工收入占比大约比其他家庭低20%，成立期家庭的外出务工收入比其他家庭低11%～15%。

综上所述，不同家庭生命周期阶段农村家庭之间的收入差距，主要表现为家庭经营收入、农业收入、外出务工收入方面的差异。成立期家庭和空巢期家庭的收入主要来源于农业收入，工资性收入占比较低；尤其是空巢期家庭由于受到劳动力结构和年龄老化等因素影响，外出务工的收入占比极低。抚育期家庭、成熟期家庭和三代同堂期家庭的农业收入比例均已经低于50%，这三类家庭的收入多元化趋势更明显。家庭经营中的非农业收入、工资性收入以及外出务工收入等，起到了重要作用，见表5-5。

表5-5 不同生命周期阶段湖北省农村家庭的收入结构 单位:%

| 收入类型 | 成立期家庭 | 抚育期家庭 | 成熟期家庭 | 三代同堂期家庭 | 空巢期家庭 |
| --- | --- | --- | --- | --- | --- |
| 工资性收入 | 18.67 | 32.31 | 33.49 | 32.59 | 15.23 |
| 家庭经营收入 | 77.39 | 64.40 | 63.33 | 63.72 | 76.31 |
| 财产性收入 | 0.38 | 0.36 | 0.48 | 0.52 | 0.38 |
| 转移性收入 | 3.56 | 2.92 | 2.69 | 3.17 | 8.08 |
| 农业收入 | 57.93 | 44.69 | 47.86 | 47.39 | 61.04 |
| 非农业收入 | 19.45 | 19.71 | 15.48 | 16.32 | 15.27 |
| 外出务工收入 | 4.6 | 15.60 | 20.07 | 20.07 | 0.74 |

资料来源：笔者根据湖北省农村家庭调查数据，运用Stata软件计算整理而得。

### （三）不同生命周期阶段农村家庭的收入增长特征

为了考察不同家庭生命周期农村家庭的收入动态变化信息，本书还测算了2005～2010年农村家庭的收入增长率。总体而言，无论农村家庭处在哪个家庭经营周期阶段，财产性收入的增长率最大（31.29%～46.67%）；之后，是转移性收入的增长率（19.86%～21.20%）；工资性收入的增长率（13.33%～20.50%）大于家庭经营收入的增长率（4.16%～20.69%），而工资性收入的快速增长则主要由于外出务工收入的快速增长。这表明，在2005年财产性收入、转移性收入基数较低的情况下，农村家庭通过投资获取的收益和以补贴、亲友之间遗赠为主的转移性收入实现了快速增长；相比家庭经营收入，越来越多的家庭通过劳动输出获得了工资收入增长。

从不同家庭的生命周期来看，在 2005~2010 年，基期收入最高的成立期家庭，其人均收入的增长率最低；而基期收入最低的三代同堂期家庭，其人均收入的增长率最高，比成立期家庭大约高 9%；抚育期家庭的收入增长率大约比成熟期家庭高 2%，成熟期家庭的收入增长率大约比空巢期家庭高 2%。从收入结构来看，三代同堂期家庭、成熟期家庭和抚育期家庭的收入增长分别主要来源于财产性收入、转移性收入和工资性收入等多个收入源的增长，而成立期家庭和空巢期家庭的收入增长主要来源于单一的外出务工收入增长，而其他收入的增长相对较少，见表 5-6。

表 5-6　　不同生命周期阶段湖北省农村家庭的收入增长率　　单位：%

| 收入类型 | 成立期家庭 | 抚育期家庭 | 成熟期家庭 | 三代同堂期家庭 | 空巢期家庭 |
| --- | --- | --- | --- | --- | --- |
| 人均纯收入 | 7.56 | 15.26 | 13.39 | 16.21 | 10.80 |
| 工资性收入 | 16.50 | 20.69 | 16.61 | 20.50 | 13.33 |
| 家庭经营收入 | 4.16 | 9.62 | 10.21 | 12.17 | 8.83 |
| 财产性收入 | 31.29 | 54.62 | 36.51 | 51.17 | 46.67 |
| 转移性收入 | 21.20 | 24.04 | 29.64 | 36.02 | 19.86 |
| 农业收入 | 3.47 | 11.00 | 8.95 | 12.48 | 6.46 |
| 非农业收入 | 0.21 | 5.56 | 11.63 | 11.00 | 13.42 |
| 外出务工收入 | 35.23 | 24.44 | 14.53 | 20.33 | 43.90 |

资料来源：笔者根据湖北省农村家庭调查数据，运用 Stata 软件计算整理而得。

## 第二节　不同贫困经历湖北省农村家庭的生计特征

### 一、不同贫困经历农村家庭的分布特征

根据经历贫困年数不同，可以将农村家庭贫困经历分为从不贫困、短期贫困和长期贫困三类。其中，在调查的 6 年中，经历过 1~3 年贫困的农村家庭为短期贫困；经历了 4~6 年贫困的农村家庭为长期贫困。表 5-7 列出了低收入线、2300 元/人·年、1 美元/人·天和 2 美元/人·天贫困标准下不同家庭生命周期阶段农村家庭不同贫困类型占比。总体而言，无论采用哪个贫困标准，农村家庭中从未贫困家庭的比例最高；短期贫困家庭占比高于长期贫困家庭占比。

表 5-7　　　　不同生命周期阶段湖北省农村家庭的贫困经历　　　　单位:%

| 家庭生命周期 | 贫困类型 | 2300元/人·年 | 低收入线 | 1美元/人·天 | 2美元/人·天 |
|---|---|---|---|---|---|
| 成立期家庭 | 从未贫困 | 71.76 | 87.06 | 87.06 | 70.59 |
|  | 短期贫困 | 28.24 | 12.94 | 12.94 | 29.41 |
|  | 长期贫困 | 0.00 | 0.00 | 0.00 | 0.00 |
| 抚育期家庭 | 从未贫困 | 58.98 | 81.41 | 82.16 | 48.82 |
|  | 短期贫困 | 34.70 | 17.35 | 16.60 | 39.90 |
|  | 长期贫困 | 6.32 | 1.24 | 1.24 | 11.28 |
| 成熟期家庭 | 从未贫困 | 63.44 | 81.54 | 82.18 | 53.02 |
|  | 短期贫困 | 29.34 | 17.28 | 16.64 | 35.19 |
|  | 长期贫困 | 7.22 | 1.19 | 1.19 | 11.79 |
| 三代同堂期家庭 | 从未贫困 | 42.89 | 73.51 | 74.29 | 30.36 |
|  | 短期贫困 | 46.51 | 23.51 | 23.26 | 52.58 |
|  | 长期贫困 | 10.59 | 2.97 | 2.45 | 17.05 |
| 空巢期家庭 | 从未贫困 | 66.89 | 79.47 | 80.13 | 53.64 |
|  | 短期贫困 | 25.83 | 19.21 | 18.54 | 33.77 |
|  | 长期贫困 | 7.28 | 1.32 | 1.32 | 12.58 |
| 总体 | 从未贫困 | 56.78 | 79.20 | 79.84 | 45.97 |
|  | 短期贫困 | 35.37 | 19.11 | 18.60 | 40.96 |
|  | 长期贫困 | 7.86 | 1.69 | 1.56 | 13.08 |

注：因1美元/人·天贫困标准与绝对贫困标准极为接近，仅列出1美元/人·天贫困标准下的结果；低收入线与1.25美元/人·天贫困标准接近，仅列出低收入线下的结果。

资料来源：笔者根据湖北省农村家庭调查数据，运用Stata软件计算整理而得。

分不同家庭生命周期阶段来看，成立期家庭中从未贫困的占比最高，没有家庭经历过长期贫困；三代同堂期家庭中从未贫困的占比最低，经历长期贫困的家庭占比最高；在较低贫困标准下，抚育期家庭中长期贫困的占比高于成熟期家庭；在较高贫困标准下，抚育期家庭中长期贫困的占比低于成熟期家庭。空巢期家庭中长期贫困的占比，高于抚育期家庭和成熟期家庭。

## 二、不同贫困经历农村家庭的生计资本特征

### （一）不同贫困经历农村家庭的人力资本差异

总体来看，从未经历过贫困家庭的劳动力人数最少，接受技能培训劳动力占比、劳动力受教育水平最高；长期贫困家庭的劳动力人数最多，接受技能培训劳动力占比、劳动力受教育水平最低。这表明：其一，家庭劳动力人数与家庭人口规模有一定的相关性，一般家庭人口多，家庭

劳动力也相应较多，而家庭人口越多，陷入长期贫困的可能性越高；其二，从未经历过贫困的家庭的接受培训劳动力比例和劳动力受教育水平越高，表明其劳动力素质越高。另外，劳动力比例、劳动力工作年限与不同类型的贫困家庭没有表现出明显的相关性，见表5-8。

表5-8 不同贫困经历的湖北省农村家庭的人力资本差异

| 生命周期 | 贫困类型 | 劳动力人数（人） | 劳动力比例（%） | 接受培训劳动力比例（%） | 劳动力平均受教育年限（年） | 劳动力平均工作年限（年） |
|---|---|---|---|---|---|---|
| 成立期家庭 | 从未贫困 | 1.98 | 81.11 | 24.17 | 8.75 | 27.04 |
| | 短期贫困 | 1.96 | 82.00 | 30.00 | 8.28 | 26.34 |
| | 长期贫困 | 0 | 0 | 0 | 0 | 0 |
| 抚育期家庭 | 从未贫困 | 2.34 | 63.24 | 13.53 | 8.64 | 18.32 |
| | 短期贫困 | 2.42 | 65.58 | 10.79 | 8.42 | 17.67 |
| | 长期贫困 | 2.35 | 66.92 | 9.72 | 8.17 | 17.77 |
| 成熟期家庭 | 从未贫困 | 3.25 | 59.58 | 22.02 | 8.69 | 19.90 |
| | 短期贫困 | 3.37 | 62.52 | 17.66 | 8.36 | 19.60 |
| | 长期贫困 | 3.39 | 60.40 | 13.57 | 7.72 | 20.57 |
| 三代同堂期家庭 | 从未贫困 | 3.29 | 60.99 | 13.70 | 8.46 | 21.34 |
| | 短期贫困 | 3.63 | 62.38 | 13.78 | 8.09 | 20.22 |
| | 长期贫困 | 3.45 | 63.85 | 9.73 | 7.64 | 20.81 |
| 空巢期家庭 | 从未贫困 | 1.93 | 90.74 | 9.25 | 7.02 | 34.00 |
| | 短期贫困 | 1.82 | 94.12 | 15.36 | 6.29 | 34.00 |
| | 长期贫困 | 1.78 | 92.11 | 2.63 | 6.39 | 34.00 |
| 总体 | 从未贫困 | 2.86 | 63.63 | 17.46 | 8.54 | 20.86 |
| | 短期贫困 | 3.12 | 65.21 | 14.64 | 8.19 | 20.04 |
| | 长期贫困 | 3.12 | 64.67 | 10.56 | 7.72 | 20.58 |

注：本表以2美元/人·天为贫困标准。
资料来源：笔者根据湖北省农村家庭调查数据，运用Stata软件计算整理而得。

从未经历过贫困的农村家庭占比最高的成立期家庭，其劳动力比例、劳动力受教育水平、接受培训劳动力比例最高，劳动力受教育水平和接受培训劳动力比例最高是其非农业收入最高的重要原因。另外，人口少、劳动力比例高是导致人均收入最高的主要原因。空巢期家庭的接受培训劳动力比例、劳动力受教育水平等劳动力素质较低，这会导致其非农收入和外出务工收入相对较低；劳动力比例、劳动力工作经验最高，则是解释其农业经营收入高的主要因素。从未贫困占比最低的三代同堂期家庭，其劳动力受教育水平比抚育期家庭、成熟期家庭更低，是其非农收入较低和外出务工收入较低的一个原因。在长期贫困家庭中，三代同堂家庭的受教育年数比抚育期家庭和成熟期家庭更低，会影响其非农经营和外出务工机会。

## （二）不同贫困经历农村家庭的其他资本差异

从总体来看，从未贫困家庭的耕地资源、年末存款、生产性固定资产等生计资本最高；短期贫困家庭的耕地资源、年末存款、生产性固定资产等生计资本次之，长期贫困家庭的耕地资源、年末存款、生产性固定资产等生计资本最低。从未贫困家庭的耕地大约比短期贫困家庭多26%，比长期贫困家庭大约多68%；从未贫困家庭的金融资本比短期贫困家庭大约多46%，比长期贫困家庭大约多180%；从未贫困家庭的生产性固定资产大约比短期贫困家庭多13%，大约比长期贫困家庭多109%。另外，从未贫困家庭的社会资本（以转移性支付来代替）比长期贫困家庭大约高1倍，这也反映了长期贫困家庭在社会网络、社会关系方面的不利处境。总之，从未贫困家庭和长期贫困家庭物质资本、金融资本差异很大，可能是导致农村家庭陷入不同类型贫困的原因，见表5-9。

表5-9　　不同贫困经历湖北省农村家庭的其他生计资本差异

| 生命周期 | 贫困类型 | 人均耕地面积（亩） | 人均金融资产（元） | 人均生产性固定资产（元） | 转移性支出（元） |
|---|---|---|---|---|---|
| 成立期经营 | 从未贫困 | 3.25 | 4026 | 1841 | 59 |
|  | 短期贫困 | 3.15 | 3328 | 1405 | 37 |
|  | 长期贫困 | 0 | 0 | 0 | 0 |
| 抚育期经营 | 从未贫困 | 1.63 | 2646 | 557 | 79 |
|  | 短期贫困 | 1.36 | 1804 | 529 | 74 |
|  | 长期贫困 | 0.97 | 1142 | 449 | 25 |
| 成熟期经营 | 从未贫困 | 1.91 | 2982 | 658 | 70 |
|  | 短期贫困 | 1.61 | 2202 | 586 | 92 |
|  | 长期贫困 | 1.25 | 1231 | 277 | 38 |
| 三代同堂期经营 | 从未贫困 | 1.52 | 2129 | 481 | 108 |
|  | 短期贫困 | 1.27 | 1586 | 487 | 78 |
|  | 长期贫困 | 0.97 | 778 | 273 | 46 |
| 空巢期经营 | 从未贫困 | 3.20 | 3594 | 1179 | 70 |
|  | 短期贫困 | 2.37 | 3070 | 1701 | 80 |
|  | 长期贫困 | 2.23 | 1062 | 517 | 44 |
| 总体 | 从未贫困 | 1.90 | 2830 | 679 | 79 |
|  | 短期贫困 | 1.50 | 1945 | 599 | 80 |
|  | 长期贫困 | 1.13 | 1012 | 325 | 40 |

注：本表以2美元/人·天为贫困标准。

资料来源：笔者根据湖北省农村家庭调查数据，运用Stata软件计算整理而得。

从不同家庭生命周期来看，从未贫困占比最高的成立期家庭，其人均耕地、年末存款、生产性固定资产最高，但是，其社会资本能力较低。成立期家庭的耕地是抚育期家庭的 2 倍，是成熟期家庭的 1.7 倍，是三代同堂家庭的 2.14 倍；成立期家庭的金融资本是抚育期家庭的 1.5 倍，是三代同堂家庭的 3.8 倍，是成熟期家庭的 2.8 倍。而长期贫困最高的三代同堂家庭，其耕地较少，大约是空巢期家庭的 44%，是成熟期家庭的 76%；金融资产也较少，大约是空巢期家庭的 73%，是成熟期家庭的 63%，是抚育期家庭的 68%；生产性固定资产也较低，大约是空巢期家庭的 53%，是抚育期家庭的 61%。三代同堂期家庭的耕地资源最少，是解释其农业收入最低、家庭人均收入最低的一个重要因素。成熟期家庭的耕地、金融资产比抚育期家庭多，是解释两类家庭收入差距的主要因素；空巢期家庭的物质资本和金融资本高于成熟期家庭和抚育期家庭，尤其耕地资源的多少在一定程度上解释了三类家庭收入中主要差异农业收入的主要原因。

### 三、不同贫困经历农村家庭的生计策略特征

总体来看，从未贫困家庭中以农业为主的占比最低，农业劳动时间和非农业劳动时间投入最多；在短期贫困家庭中，以农业为主的占比、农业劳动时间、非农业劳动时间、外出务工时间都居中；长期贫困家庭的农业劳动时间、非农业劳动时间最低，但是外出务工时间、以农业为主的占比最高。这表明，虽然长期贫困家庭更愿意外出务工、务工时间投入较多，但是，由于长期贫困家庭的人力资本不足，导致其并没有获得较高的外出务工收入。造成长期贫困的原因，是以农业为主的生计策略，缺乏非农业就业机会、非农就业时间较少，以及由于家庭劳动力不足导致的农业劳动时间投入不足等。

分不同家庭生命周期来看，从未贫困占比最高的成立期家庭，其劳动时间总投入最多，且与其劳动力比例最高相一致。这表明，人口少、劳动力比例高和劳动时间投入充足，可能是成立期家庭从未贫困占比高的主要原因。而长期贫困占比最高的三代同堂家庭，主要劣势在于以农业经营为主占比相对较高；空巢期家庭的主要劣势在于，以农业为主的生产模式导致其把劳动时间主要配置在农业生产上，只能获取相对更低

的收入。成熟期家庭的各类劳动时间相对较多,但是,以农业经营为主的占比相当高。总之,劳动时间投入不足以及以农业为主的经营方式,是不同生命周期家庭陷入不同类型贫困的原因之一,见表5-10。

表5-10　不同贫困经历的湖北省农村家庭生计策略差异

| 生命周期 | 贫困类型 | 人均农业劳动时间(月) | 人均非农劳动时间(月) | 人均外出务工时间(月) | 以农业为主家庭占比(%) |
| --- | --- | --- | --- | --- | --- |
| 成立期 | 从未贫困 | 7.15 | 2.51 | 0.67 | 75.00 |
|  | 短期贫困 | 7.39 | 2.26 | 0.42 | 92.00 |
|  | 长期贫困 | 0.00 | 0.00 | 0.00 | 0.00 |
| 抚育期 | 从未贫困 | 3.36 | 2.42 | 1.17 | 75.00 |
|  | 短期贫困 | 3.59 | 2.26 | 1.35 | 60.25 |
|  | 长期贫困 | 3.74 | 2.17 | 1.27 | 69.23 |
| 成熟期 | 从未贫困 | 4.51 | 3.92 | 2.73 | 54.47 |
|  | 短期贫困 | 4.73 | 3.61 | 2.62 | 71.69 |
|  | 长期贫困 | 4.84 | 3.73 | 2.84 | 81.40 |
| 三代同堂期 | 从未贫困 | 3.45 | 2.66 | 1.75 | 66.81 |
|  | 短期贫困 | 3.59 | 2.76 | 1.94 | 68.06 |
|  | 长期贫困 | 3.45 | 2.64 | 2.07 | 71.21 |
| 空巢期 | 从未贫困 | 7.43 | 1.33 | 0.15 | 92.59 |
|  | 短期贫困 | 7.52 | 1.33 | 0 | 96.08 |
|  | 长期贫困 | 6.97 | 1.34 | 0 | 100.00 |
| 总体 | 从未贫困 | 4.28 | 3.05 | 1.87 | 65.07 |
|  | 短期贫困 | 4.21 | 2.83 | 1.88 | 68.98 |
|  | 长期贫困 | 4.19 | 2.86 | 2.06 | 76.17 |

注:本表以2美元/人·天为贫困标准。
资料来源:笔者根据湖北省农村家庭调查数据,运用Stata软件计算整理而得。

## 四、不同贫困经历农村家庭的收入特征

总体来看,从未贫困家庭的人均纯收入最高,之后是短期贫困家庭,长期贫困家庭最低。从未贫困家庭的人均纯收入比短期贫困家庭多1674元,比短期贫困家庭多63%。从未贫困家庭的人均纯收入比长期贫困家庭多2799元,比长期贫困家庭多183%。从收入来源看,从未贫困家庭的各项收入都比短期贫困家庭多,短期贫困家庭的各项收入都高于长期贫困家庭。不同贫困类型家庭之间的收入差距,主要在于家庭经营收入的差距、工资性收入的差距。从未贫困家庭的经营收入比短期贫困家庭多1144元,

农业经营收入导致的差距大约占57%；从未贫困家庭的经营收入比长期贫困家庭多2050元，农业经营收入导致的差距大约占63%。从未贫困家庭的工资性收入比短期贫困家庭多477元，外出务工收入导致的差距大约占36%；从未贫困家庭的工资性收入比长期贫困家庭多684元，外出务工收入导致的差距大约占22%。从收入结构来看，从未贫困家庭的经营收入比长期贫困家庭大约高10%，主要是非农收入差距导致的，而长期贫困家庭的工资性收入比从未贫困家庭大约高8%，主要是外出务工差距导致的。

从不同家庭生命周期来看，无论在哪个阶段，从未贫困家庭的各项收入都高于短期贫困家庭，短期贫困家庭的各项收入都高于长期贫困家庭，与总体趋势相一致。在从未贫困家庭中，占比最高的成立期家庭人均纯收入最高，比三代同堂期家庭多2721元，比抚育期家庭和成熟期家庭分别多2168元和1906元，比空巢期家庭多887元。相比空巢期家庭，成立期家庭收入优势在于非农业收入、工资性收入、外出务工收入等较多。三代同堂期家庭的收入劣势在于农业经营收入相对较低，这可能是由于人均耕地面积少1.5亩的资源劣势所导致的。但是，在短期贫困农村家庭中，三代同堂期家庭的工资性收入、外出务工收入都比空巢家庭多。这可能是由三代同堂期家庭相对更高的劳动力受教育水平和受过技能培训的劳动力比例所决定的。相比抚育期家庭，成熟期家庭的人均收入更多，主要优势在农业收入和外出务工收入相对较高，可能是成熟期家庭在耕地、劳动力比例以及劳动力受教育水平、接受培训和工作经验等优势导致的。

就长期贫困家庭而言，长期贫困占比最高的三代同堂家庭人均收入最低，比空巢期家庭少677元，比成熟期家庭少376元。相比抚育期家庭，三代同堂期家庭的收入优势在于农业经营占比大约高106元；而非农业收入和工资性收入大约分别低117元和137元，这可能由于在长期贫困农村家庭中，三代同堂期家庭的劳动力素质相对较低导致的。相反，长期贫困占比较低的成熟期家庭，其人均收入比三代同堂期和抚育期家庭都高，成熟期家庭的收入优势在于农业收入和外出务工收入，与其拥有耕地资源更多、劳动力比例和劳动力素质更高、外出务工时间更多等因素有关。长期贫困占比较高的空巢期家庭，其工资性收入占比最低，农业收入占比最高，没有外出务工收入。另外，成立期家庭和空巢期家庭获取的转移性收入比较高，可能主要来自因人均耕地多而获得的相对更多的农业补贴收入，见表5-11。

表 5-11　　不同贫困经历的湖北省农村家庭收入水平差异　　　单位：元

| 生命周期 | 贫困类型 | 人均纯收入 | 工资性收入 | 家庭经营收入 | 财产性收入 | 转移性收入 | 农业收入 | 非农业收入 | 外出务工收入 |
|---|---|---|---|---|---|---|---|---|---|
| 成立期 | 从未贫困 | 6308 | 1188 | 4922 | 33 | 164 | 3421 | 1501 | 287 |
|  | 短期贫困 | 3800 | 477 | 3156 | 10 | 178 | 2758 | 398 | 60 |
|  | 长期贫困 | 0 | 0 | 0 | 0 | 0 | 0 | 0 | 0 |
| 抚育期 | 从未贫困 | 4140 | 1141 | 2870 | 21 | 107 | 1722 | 1147 | 486 |
|  | 短期贫困 | 2773 | 798 | 1872 | 24 | 78 | 1198 | 675 | 440 |
|  | 长期贫困 | 1553 | 615 | 812 | 3 | 123 | 520 | 291 | 303 |
| 成熟期 | 从未贫困 | 4402 | 1419 | 2855 | 28 | 101 | 1945 | 909 | 836 |
|  | 短期贫困 | 2741 | 884 | 1740 | 21 | 94 | 1361 | 380 | 601 |
|  | 长期贫困 | 1700 | 623 | 992 | 4 | 80 | 755 | 238 | 395 |
| 三代同堂期 | 从未贫困 | 3587 | 1115 | 2305 | 29 | 138 | 1480 | 825 | 663 |
|  | 短期贫困 | 2319 | 683 | 1570 | 7 | 58 | 1114 | 456 | 444 |
|  | 长期贫困 | 1324 | 478 | 801 | 6 | 37 | 626 | 174 | 317 |
| 空巢期 | 从未贫困 | 5421 | 748 | 4276 | 46 | 351 | 3302 | 974 | 76 |
|  | 短期贫困 | 3453 | 377 | 2813 | 2 | 265 | 2406 | 766 | 0 |
|  | 长期贫困 | 2001 | 313 | 1423 | 8 | 257 | 1178 | 246 | 0 |
| 总体 | 从未贫困 | 4331 | 1235 | 2942 | 27 | 127 | 1945 | 996 | 636 |
|  | 短期贫困 | 2657 | 758 | 1798 | 16 | 85 | 1295 | 502 | 463 |
|  | 长期贫困 | 1532 | 551 | 892 | 4 | 85 | 660 | 231 | 325 |

注：本表以 2 美元/人·天为贫困标准。
资料来源：笔者根据湖北省农村家庭调查数据，运用 Stata 软件计算整理而得。

## 第三节　进入贫困和退出贫困的湖北省农村家庭生计特征

### 一、农村家庭进入贫困和退出贫困的总体特征

以 2005 年农村家庭贫困状态为参照，表 5-12 考察 2006 年进入贫困和退出贫困农村家庭比例的变化趋势。在不同贫困标准下，2006~2010 年进入贫困和退出贫困农村家庭比例的变化趋势不同。在 4 个贫困标准下，在 2006~2010 年进入贫困的农村家庭比例都呈波动式变动趋势；当贫困标准提高后，进入贫困农村家庭比例呈波动下降的趋势更明显。比如，在 2 美元/人·天贫困标准下，除 2009 年进入贫困农村家庭比例略有增加外，其他年份进入贫困农村家庭比例呈明显下降趋势。同时，退出贫困的农村家庭比例在绝对贫困标准下呈现波动式下降趋势，而当贫困标准提高后，退出贫困的农村家庭比例呈上升趋势。比如，在 2 美元/人·天贫

困标准下，退出贫困农村家庭的比例从46.13%提高到74.19%。这表明，随着时间的推移，农村家庭退出贫困的比例越来越高，农村家庭进入贫困的比例却呈波动式下降趋势。

表5-12　2006~2010年湖北省农村家庭进入贫困和退出贫困的比例　　单位:%

| 贫困标准 | 贫困状态 | 2006年 | 2007年 | 2008年 | 2009年 | 2010年 |
| --- | --- | --- | --- | --- | --- | --- |
| 绝对贫困 | 进入 | 2.50 | 2.39 | 5.70 | 5.04 | 3.49 |
|  | 退出 | 76.79 | 84.82 | 70.54 | 83.04 | 59.82 |
| 2300元/人·年 | 进入 | 10.09 | 8.61 | 8.87 | 9.65 | 5.83 |
|  | 退出 | 54.45 | 63.04 | 66.87 | 70.40 | 79.75 |
| 1.25美元/人·天 | 进入 | 5.40 | 5.06 | 5.94 | 6.21 | 3.53 |
|  | 退出 | 61.81 | 717.65 | 73.18 | 79.01 | 84.84 |
| 2美元/人·天 | 进入 | 13.16 | 11.87 | 11.57 | 12.02 | 7.81 |
|  | 退出 | 46.13 | 56.77 | 61.18 | 65.16 | 74.19 |

注：因1美元/人·天贫困标准与绝对贫困标准极为接近，仅列出绝对贫困标准下的结果；低收入线与1.25美元/人·天贫困标准接近，仅列出1.25美元/人·天贫困标准下的结果。

资料来源：笔者根据湖北省农村家庭调查数据，运用Stata软件计算整理而得。

从所处不同家庭生命周期阶段来看，农村家庭进入贫困或退出贫困具有一定的规律特征。以2006年农村家庭进入贫困或退出贫困的数据为例分析，其他年份情况在第四章中有论述。在不同贫困标准下，呈现出较为一致的结论：成立期农村家庭退出贫困的比例最高，进入贫困的农村家庭比例最低；抚育期农村家庭进入贫困的比例与成熟期家庭大致相当，退出贫困的抚育期家庭比例大于成熟期家庭；除了绝对贫困标准外，三代同堂期农村家庭进入贫困的比例最高，退出贫困的农村家庭比例比较低；在多种贫困标准下，空巢期农村家庭进入贫困的比例仅仅低于三代同堂期家庭，退出贫困没有明显的变化规律，见表5-13。

表5-13　2006~2010年不同生命周期湖北省农村家庭进入贫困的比例　　单位:%

| 贫困标准 | 贫困状态 | 成立期 | 抚育期 | 成熟期 | 三代同堂 | 空巢期 |
| --- | --- | --- | --- | --- | --- | --- |
| 绝对贫困 | 进入 | 1.69 | 3.28 | 3.32 | 4.49 | 3.81 |
|  | 退出 | 100.00 | 87.62 | 75.43 | 82.33 | 85.00 |
| 2300元/人·年 | 进入 | 6.33 | 7.66 | 7.62 | 11.62 | 7.38 |
|  | 退出 | 90.00 | 69.33 | 66.03 | 66.33 | 62.86 |
| 1.25美元/人·天 | 进入 | 3.66 | 4.63 | 5.12 | 6.11 | 5.14 |
|  | 退出 | 93.33 | 76.34 | 75.49 | 72.65 | 45.45 |
| 2美元/人·天 | 进入 | 7.95 | 10.02 | 10.28 | 14.83 | 12.17 |
|  | 退出 | 82.86 | 63.31 | 60.00 | 57.81 | 65.81 |

资料来源：笔者根据湖北省农村家庭调查数据，运用Stata软件计算整理而得。

## 二、进入贫困和退出贫困的农村家庭的生计资本特征

### (一) 进入贫困和退出贫困的农村家庭人力资本特征

除了成立期家庭和空巢期家庭以外,退出贫困家庭的劳动力受教育年数和接受培训劳动力比例比进入贫困的家庭高;抚育期家庭、成熟期家庭和三代同堂期家庭退出贫困家庭的劳动力人数比进入贫困家庭的少。在进入贫困的家庭中,进入贫困占比最高的三代同堂期家庭的劳动力受教育程度比成熟期家庭和抚育期家庭都低,而劳动力受教育水平低又是制约三代同堂期家庭非农就业或外出务工的重要条件,这是导致其较低非农收入和较低外出务工收入的主要原因。

在退出贫困家庭中,空巢期家庭和成立期家庭的劳动力受教育水平最低,但是,家庭人口少、劳动力比例相对更高,是该类家庭的人力资本优势。退出贫困占比最低的三代同堂期家庭,其劳动力受教育程度、接受劳动力培训比例相对较低,是导致其非农收入或外出务工收入更低的人力资本约束。其他家庭的人力资本差异没有显著规律性,见表5-14。

表5-14 进入贫困和退出贫困的湖北省农村家庭人力资本差异

| 生命周期 | 贫困类型 | 劳动力人数(人) | 劳动力比例(%) | 接受培训劳动力比例(%) | 劳动力平均教育年限(年) |
| --- | --- | --- | --- | --- | --- |
| 成立期家庭 | 进入贫困 | 2.29 | 85.71 | 42.86 | 7.87 |
|  | 退出贫困 | 1.80 | 80.00 | 0.00 | 6.90 |
| 抚育期家庭 | 进入贫困 | 2.62 | 64.62 | 12.07 | 8.40 |
|  | 退出贫困 | 2.53 | 57.62 | 14.02 | 8.45 |
| 成熟期家庭 | 进入贫困 | 3.54 | 57.04 | 16.67 | 8.26 |
|  | 退出贫困 | 3.27 | 57.06 | 17.35 | 8.36 |
| 三代同堂期家庭 | 进入贫困 | 3.73 | 63.84 | 12.68 | 8.08 |
|  | 退出贫困 | 3.58 | 60.23 | 14.65 | 8.25 |
| 空巢期家庭 | 进入贫困 | 2.20 | 91.11 | 13.33 | 7.11 |
|  | 退出贫困 | 2.00 | 87.50 | 11.11 | 6.50 |

注:本表以2美元/人·天为贫困标准。
资料来源:笔者根据湖北省农村家庭调查数据,运用Stata软件计算整理而得。

### (二) 进入贫困和退出贫困的农村家庭的其他资本差异

从总体来看,退出贫困家庭的耕地资源、生产性固定资产、金融资

产、社会资本等与进入贫困家庭没有明显规律性，尤其生产性固定资产和金融资产在转化为创收能力时可能是一个相对渐进的过程。因此，无论退出贫困家庭还是进入贫困家庭都是相对贫困、生计资本相对薄弱的家庭，资源劣势是两类家庭的共同制约因素，见表5-15。

表5-15 进入贫困和退出贫困的湖北省农村家庭其他生计资本差异

| 生命周期 | 贫困类型 | 人均耕地面积（亩） | 人均金融资产（元） | 人均生产性固定资产（元） | 转移性支出（元） |
|---|---|---|---|---|---|
| 成立期家庭 | 进入贫困 | 2.06 | 3708 | 1064 | 36 |
| | 退出贫困 | 1.65 | 2905 | 300 | 0 |
| 抚育期家庭 | 进入贫困 | 1.35 | 2069 | 852 | 46 |
| | 退出贫困 | 1.2 | 1740 | 399 | 56 |
| 成熟期家庭 | 进入贫困 | 1.39 | 1610 | 441 | 122 |
| | 退出贫困 | 1.42 | 2790 | 455 | 23 |
| 三代同堂期家庭 | 进入贫困 | 1.41 | 1650 | 689 | 19 |
| | 退出贫困 | 1.30 | 1964 | 403 | 49 |
| 空巢期家庭 | 进入贫困 | 1.72 | 3853 | 1088 | 0 |
| | 退出贫困 | 2.21 | 2659 | 4370 | 121 |

注：本表以2美元/人·天为贫困标准。
资料来源：笔者根据湖北省农村家庭调查数据，运用Stata软件计算整理而得。

在进入贫困的家庭中，空巢期家庭和成立期家庭的耕地资源更多，与他们以农业经营为主的经营方式，以及家庭收入主要依靠农业收入的特征是相一致的。在退出贫困家庭中，抚育期家庭耕地资源最少，与其农业收入低是相一致的。在进入贫困家庭中，成熟期家庭、抚育期家庭和三代同堂期家庭的耕地资源较为接近，导致三类家庭的农业收入差距也较小。

### 三、进入贫困和退出贫困的农村家庭的生计策略特征

从总体来看，退出贫困家庭中以农业为主的家庭占比低于进入贫困家庭，退出贫困家庭的非农业劳动时间和外出务工时间都高于进入贫困家庭。这表明，相对于非农就业，以农业为主的经营方式是制约农村家庭增收及退出贫困的一个重要因素，而更多的非农劳动时间和外出务工时间配置则是决定农村家庭收入增长、退出贫困的重要因素。而从不同家庭生命周期来看，对于进入贫困家庭和退出贫困家庭，在劳动时间配置

和经营方式方面没有明显的规律特征,见表 5-16。

表 5-16　进入贫困和退出贫困的湖北省农村家庭生计策略特征

| 生命周期 | 贫困类型 | 人均农业劳动时间(月) | 人均非农劳动时间(月) | 人均外出务工时间(月) | 以农业为主家庭占比(%) |
|---|---|---|---|---|---|
| 成立期家庭 | 进入贫困 | 6.93 | 0.95 | 0.00 | 85.80 |
|  | 退出贫困 | 5.17 | 2.87 | 0.30 | 80.00 |
| 抚育期家庭 | 进入贫困 | 3.85 | 2.50 | 1.69 | 68.18 |
|  | 退出贫困 | 3.17 | 2.83 | 1.98 | 53.39 |
| 成熟期家庭 | 进入贫困 | 4.17 | 3.87 | 2.97 | 73.33 |
|  | 退出贫困 | 4.09 | 3.83 | 2.86 | 66.41 |
| 三代同堂期家庭 | 进入贫困 | 3.72 | 2.88 | 1.94 | 73.17 |
|  | 退出贫困 | 3.56 | 3.13 | 2.39 | 68.67 |
| 空巢期家庭 | 进入贫困 | 6.64 | 1.70 | 0.24 | 100.00 |
|  | 退出贫困 | 7.94 | 1.89 | 0.38 | 94.44 |

注:本表以 2 美元/人·天为贫困标准。
资料来源:笔者根据湖北省农村家庭调查数据,运用 Stata 软件计算整理而得。

### 四、进入贫困和退出贫困的农村家庭的收入特征

无论处于哪个生命周期阶段,退出贫困家庭的人均收入都高于进入贫困家庭。就退出贫困家庭而言,分不同家庭生命周期看,成立期家庭的人均收入水平最高;空巢期家庭次之,成熟期家庭的人均收入比抚育期家庭多 719 元;三代同堂期家庭的人均收入最低,比成立期家庭少 1154 元,比空巢期家庭少 1020 元,比成熟期家庭少 813 元。在退出贫困的家庭中,成立期家庭的收入主要依靠家庭经营,尤其是农业经营收入占比高;空巢期家庭的收入主要依靠农业经营和非农业经营;而抚育期家庭、成熟期家庭和三代同堂期家庭收入中,工资性收入、非农经营收入占比明显比前两者高出 20%~27%。相比成熟期家庭,三代同堂期家庭的收入劣势主要在于非农收入、外出务工收入低,可能是由于劳动力比例和劳动力素质差异导致的。而抚育期家庭的收入劣势主要在于农业经营收入低,可能是人均耕地资源少和家庭劳动力不足导致的。

对于进入贫困家庭,空巢期家庭的人均收入最高,三代同堂期家庭次之,抚育期家庭的人均收入比成熟期家庭高,成立期家庭最低;空巢期家庭的人均收入比三代同堂期家庭多 594 元,比成熟期家庭多 887 元,

比抚育期家庭多810元，比成立期家庭多1069元。可见，进入贫困家庭的收入特征与退出贫困家庭是不同的。相比三代同堂期家庭，空巢期家庭的收入优势在于耕地资源多、劳动力资源带来更多的农业经营收入，空巢期家庭的农业收入大约多出743元；成熟期家庭的收入劣势在于，非农收入低309元，优势在于家庭外出务工收入大约多出122元。抚育期家庭与成熟期家庭收入差异主要在于农业收入较多，而外出务工收入较少，见表5-17。

表5-17 进入贫困和退出贫困湖北省农村家庭的收入水平特征　　单位：元

| 生命周期 | 贫困类型 | 人均收入 | 工资性收入 | 家庭经营收入 | 财产性收入 | 转移性收入 | 农业收入 | 非农收入 | 外出务工收入 |
|---|---|---|---|---|---|---|---|---|---|
| 成立期家庭 | 进入贫困 | 2517 | 211 | 2166 | 19 | 120 | 1906 | 369 | 0 |
|  | 退出贫困 | 5288 | 978 | 4264 | 0 | 45 | 2308 | 629 | 0 |
| 抚育期家庭 | 进入贫困 | 2776 | 559 | 2153 | 20 | 42 | 1452 | 649 | 338 |
|  | 退出贫困 | 4226 | 1470 | 2613 | 32 | 109 | 1484 | 976 | 982 |
| 成熟期家庭 | 进入贫困 | 2699 | 640 | 1991 | 9 | 59 | 1369 | 622 | 438 |
|  | 退出贫困 | 4947 | 1408 | 3314 | 122 | 101 | 1996 | 1075 | 974 |
| 三代同堂期家庭 | 进入贫困 | 2992 | 505 | 2384 | 11 | 92 | 1453 | 931 | 316 |
|  | 退出贫困 | 4134 | 1346 | 2686 | 13 | 90 | 1825 | 849 | 913 |
| 空巢期家庭 | 进入贫困 | 3586 | 166 | 3161 | 3.5 | 254 | 2195 | 966 | 44 |
|  | 退出贫困 | 5154 | 851 | 3686 | 48 | 568 | 2614 | 1072 | 104 |

注：本表以2美元/人·天为贫困标准。
资料来源：笔者根据湖北省农村家庭调查数据，运用Stata软件计算整理而得。

总之，无论退出贫困家庭还是进入贫困家庭，对不同家庭生命周期阶段的农村家庭而言，主要原因可能在于：其一，由于所处生命周期阶段不同，家庭的生计策略、耕地资源和劳动力比例、劳动力投入差异所导致的农业收入差异；其二，由于所处生命周期阶段不同，家庭的劳动力比例、劳动力素质决定的非农收入和外出务工收入差距。

# 第六章

# 湖北省农村家庭贫困动态过程的影响因素

## 第一节 湖北省农村家庭经历贫困年数的影响因素

### 一、不同生命周期阶段农村家庭的贫困年数类别

#### (一) 贫困年数类别的划分

根据农村家庭经历贫困年数的不同,可以将贫困分为从未贫困、短期贫困和长期贫困三类。参照格劳本等(2012)研究的分类方法,定义在调查期间从来没有经历过贫困的农村家庭为从未贫困农村家庭;贫困年数占到调查期半数以下的农村家庭为短期贫困农村家庭,即在调查的6年中,经历过1~3年贫困的为短期贫困农村家庭;贫困年数占到调查期半数以上的为长期贫困农村家庭,即在调查的6年中,经历了4~6年贫困的为长期贫困农村家庭。

#### (二) 农村家庭不同贫困年数类别特征

**1. 农村家庭贫困年数类别的总体特征**

2005~2010年,采用2300元/人·年贫困标准、低收入线标准、1美元/人·天和2美元/人·天4种贫困标准,对湖北省农村家庭的不同贫困年数进行统计。表6-1表明,在较低贫困标准下,绝大多数农村家庭从

未经历贫困，只有极少数农村家庭经历长期贫困；在较高贫困标准下，有半数左右农村家庭从未经历贫困，少数农村家庭经历了长期贫困。提高贫困标准到 2300 元/人·年时，有 57% 的农村家庭从未经历贫困，35% 的农村家庭经历短期贫困，8% 的农村家庭经历了长期贫困；采用更高的 2 美元/人·天贫困标准时，约有 46% 的农村家庭没有经历贫困，41% 的农村家庭经历了短期贫困，13% 农村家庭经历了长期贫困。

如无特殊说明，本章所有图表均采用湖北省农村家庭调查数据，运用 Stata 软件计算整理而得。

表6-1　　　　不同生命周期阶段农村家庭的贫困年数类别　　　　单位：户

| 家庭生命周期 | 贫困年数 | 2300元/人·年 | 低收入线 | 1美元/人·天 | 2美元/人·天 |
|---|---|---|---|---|---|
| 成立期 | 从未贫困 | 61 | 74 | 74 | 60 |
| 成立期 | 短期贫困 | 24 | 11 | 11 | 25 |
| 成立期 | 长期贫困 | 0 | 0 | 0 | 0 |
| 抚育期 | 从未贫困 | 476 | 657 | 663 | 394 |
| 抚育期 | 短期贫困 | 280 | 140 | 134 | 322 |
| 抚育期 | 长期贫困 | 51 | 10 | 10 | 91 |
| 成熟期 | 从未贫困 | 694 | 892 | 899 | 580 |
| 成熟期 | 短期贫困 | 321 | 189 | 182 | 385 |
| 成熟期 | 长期贫困 | 79 | 13 | 13 | 129 |
| 三代同堂期 | 从未贫困 | 332 | 569 | 575 | 235 |
| 三代同堂期 | 短期贫困 | 360 | 182 | 180 | 407 |
| 三代同堂期 | 长期贫困 | 82 | 23 | 19 | 132 |
| 空巢期 | 从未贫困 | 101 | 120 | 121 | 81 |
| 空巢期 | 短期贫困 | 39 | 29 | 28 | 51 |
| 空巢期 | 长期贫困 | 11 | 2 | 2 | 19 |
| 总体 | 从未贫困 | 1676 | 2338 | 2357 | 1357 |
| 总体 | 短期贫困 | 1044 | 564 | 549 | 1209 |
| 总体 | 长期贫困 | 232 | 50 | 46 | 386 |

注：本表以 2 美元/人·天为贫困标准。

### 2. 不同生命周期阶段湖北省农村家庭的贫困年数类别特征

从不同家庭生命周期来看，湖北省农村家庭经历不同贫困年数有明显的规律特征。(1) 无论采用哪个贫困标准，成立期家庭从未经历贫困比例最高，都没有长期贫困农村家庭。具体而言，在成立期家庭中，87% 的农村家庭从未经历贫困家庭；提高贫困标准到 2300 元/人·年后，72% 的农村家庭从未经历贫困家庭；进一步提高贫困标准到 2 美元/人·天后，71% 的农村家庭从未经历贫困家庭；成立期家庭中从未经历贫困的农村家庭比例，比相应贫困标准下的抚育期家庭高6%～22%，比相应贫困标准下的成熟期家庭高6%～18%，比相应贫困标准下的三代同堂期家庭高14%～40%，比相应贫困标准下的空巢期家庭高8%～17%。（2）三代同堂期家庭从未经历贫困比例最低，经历短期贫困家庭、长期贫困家庭占比最高。具体来看，在三代同堂期家庭中，在低收入线标准下经历长期贫困的农村家庭占比约为3%；提高贫困标准到2300元/人·年后，长期贫困农村家庭占比也上升为11%；进一步提高贫困标准到2美元/人·天后，长期贫困农村家庭占比上升到17%；三代同堂期家庭中，经历长期贫困的农村家庭占比，比相应贫困标准下的抚育期家庭高2%～6%，比相应贫困标准下的成熟期家庭高2%～5%，比相应贫困标准下的空巢期家庭高2%～4%。（3）空巢期家庭中的长期贫困占比，高于成熟期家庭和抚育期家庭。在较高贫困标准下；成熟期家庭中的长期贫困占比略高于抚育期家庭；在较低贫困标准下，抚育期家庭中的长期贫困占比高于成熟期家庭。（4）空巢期家庭中短期贫困占比高于抚育期家庭，抚育期家庭中短期贫困占比高于成熟期家庭；在较高贫困标准下，空巢期家庭中从未贫困家庭占比低于抚育期家庭和成熟期家庭；在较高贫困标准下，空巢期家庭中从未贫困家庭占比高于抚育期家庭和成熟期家庭。成熟期家庭中从未贫困占比高于抚育期家庭。

## 二、农村家庭贫困经历年数影响因素计量分析

### （一）数据说明与模型构建

本部分采用的数据来源与本章第二节相同，不同之处在于：第二节采用久期分析的考察对象是经历过贫困的农村家庭，而没有考察从未经历贫困的农村家庭，缺乏全面性。为了考察农村家庭不同贫困年数（包括从未贫困农村家庭），删除了那些信息不连贯的农村家庭的数据，构建了一个每年有2952个样本、连续时间为6年（2005～2010年）的面板数据，作为实证分析的数据基础。

对于被解释变量"贫困年数类别"是不可观测的潜变量$y^*$，$y^* = x'\beta + \varepsilon$。如果$y^*$存在n种选择，则$y^*$与农村家庭贫困年限y的关系如下：

$$y = \begin{cases} 1, & 若\ y^* \leq \gamma_1 \\ 2, & 若\ \gamma_1 < y^* \leq \gamma_2 \\ 3, & 若\ \gamma_2 < y^* \leq \gamma_3 \\ \cdots \\ N, & 若\ \gamma_{n-1} \leq y^* \end{cases} \quad (6-1)$$

本书中，农村家庭贫困年数被划分为 3 个等级：当贫困年数≤0 时，y=1，农村家庭从未贫困；当贫困年数为 1~3 时，y=2，农村家庭处于短期贫困；当贫困年数为 4 以上时，y=3，农村家庭处于长期贫困。

不同贫困年数之间有相对次序或天然排序，这类变量称为定序变量。对于此类变量，二值 Logit 模型会忽视数据的排序性，从而使估计结果不准确。对于此类问题，可以采用定序 Logit 模型进行参数估计。定序 Logit 回归模型定义如下：

$$\text{Logit}(P_j) = \text{Logit}[P(y \geq j \mid x)] = \ln[P(y \geq j \mid x)/(1 - P(y \geq j \mid x))]$$
$$= \beta_0 + \sum_{j=1}^{n} \beta_j x_i \quad (6-2)$$

在式（6-2）中，$P_j$ 是农村家庭属于 j 贫困类别的概率，$P(y \geq j \mid x)$ 为贫困类别高于 j 的累计概率，j=1，2，3，…，N-1；i=1，2，3，…，n；$x_i$ 为自变量，$\beta_j$ 为相应的回归系数。其中，主要解释变量为家庭生命周期，控制变量主要包括物质资本、金融资产、人力资本、家庭生计策略、政策因素、区域经济发展因素等，还控制了时间和区域异质性的影响。各个自变量的定义和解释见本章第一节，此处不再赘述。

### （二）自变量与农村家庭贫困经历年数的相关性分析

表 6-2 给出了 2300 元/人·年贫困标准下不同贫困年数类别影响因素的均值情况。结果表明，与被解释变量有正向关系的因素有：三代同堂期家庭、户主年龄、户主性别、家庭人口规模、农业劳动时间、从业类型、工作经验等指标。这些指标可能是导致农村家庭陷入贫困或延长贫困时间的重要因素。与被解释变量有负向关系的因素有：成熟期家庭、耕地资源、金融资产、生产性固定资产、劳动力比例、劳动力受教育年限、非农劳动时间、外出务工时间、接受培训劳动力人数、区域经济水平等。这些指标可能是有助于农村家庭退出贫困或缩短贫困时间的重要

因素。结果表明,家庭生命周期因素可能会导致农村家庭贫困年数差异。

表6-2　　不同贫困年数类别下的自变量均值与标准差

| 自变量 | 从未贫困 | 暂时贫困 | 长期贫困 |
| --- | --- | --- | --- |
| 抚育期家庭（虚拟变量） | 0.181 (0.385) | 0.195 (0.396) | 0.168 (0.373) |
| 成熟期家庭（虚拟变量） | 0.474 (0.499) | 0.364 (0.481) | 0.344 (0.475) |
| 三代同堂期家庭（虚拟变量） | 0.241 (0.427) | 0.373 (0.484) | 0.427 (0.494) |
| 空巢期家庭（虚拟变量） | 0.087 (0.282) | 0.057 (0.234) | 0.061 (0.239) |
| 户主年龄（岁） | 48.86 (8.293) | 49.325 (9.464) | 52.08 (11.206) |
| 户主性别（虚拟变量） | 1.028 (0.166) | 1.031 (0.173) | 1.044 (0.206) |
| 人均耕地面积（亩） | 1.937 (1.553) | 1.509 (1.203) | 1.075 (0.701) |
| 人均金融资产余额（元） | 4489 (5698) | 3136 (4326) | 1403 (2665) |
| 人均生产性固定资产（元） | 856.4 (1481.6) | 747.87 (1966.4) | 353.5 (751.8) |
| 家庭人口规模（人） | 3.829 (1.177) | 4.208 (1.338) | 4.277 (1.305) |
| 劳动力人数比例（%） | 0.803 (0.188) | 0.767 (0.189) | 0.752 (0.199) |
| 劳动力受教育年限（年） | 8.583 (1.654) | 8.349 (1.600) | 7.772 (1.598) |
| 劳动力工作经验（年） | 21.839 (6.259) | 21.144 (5.849) | 21.517 (5.913) |
| 接受培训劳动力人数（人） | 0.492 (0.899) | 0.478 (0.941) | 0.303 (0.788) |
| 农村家庭从业类型（虚拟变量） | 0.173 (0.378) | 0.206 (0.404) | 0.261 (0.439) |
| 人均农业劳动时间（月） | 4.080 (2.302) | 4.002 (2.204) | 4.230 (2.050) |
| 人均非农劳动时间（月） | 3.358 (2.249) | 3.087 (2.072) | 2.702 (1.872) |
| 人均外出务工时间（月） | 2.231 (2.105) | 2.199 (1.984) | 2.054 (1.933) |
| 村人均收入（元） | 5418 (2001) | 4119 (1783) | 2785 (1293) |
| 县人均收入（元） | 4631 (1382) | 4130 (1478) | 3088 (1165) |
| 惠农政策（虚拟变量） | 0.777 (0.416) | 0.722 (0.448) | 0.700 (0.458) |

注：表中的数值为均值；( ) 内的数值为标准差。

（三）回归估计结果分析

在等比例发生假设检验后,卡方值为447.42,拒绝了等比例假设。因此,采用放宽比例优势假定的广义定序 Logit 模型,使得回归结果包含的信息更准确。广义定序 Logit 模型如下：

$$P(y_i > j) = g(x\beta_j) = \frac{\exp(\alpha_j + x_i\beta_j)}{1 + \exp(\alpha_j + x_i\beta_j)} \quad (6-3)$$

$$P(y_i = 1) = 1 - g(x_i\beta_j) \quad (6-4)$$

$$P(y_i = j) = g(x_i\beta_{j-1}) - g(x_i\beta_j) \quad (6-5)$$

$$P(y_i = M) = g(x_i\beta_{M-1}) \quad (6-6)$$

在式（6-3）~式（6-6）中,当 j=1 时,因变量1（从未贫困）与2（暂时贫困）、3（长期贫困）比较；当 j=2 时,因变量1（从未贫困)、2(暂时贫困)与3(长期贫困)比较(Williams,2006)。

本书采用异方差—稳健标准误估计方法,估计系数的解释为,当系数大于0时,随着自变量的增加,因变量更可能落在定序变量分类值大的一端;当系数小于0时,随着自变量的增加,因变量更可能落在定序变量分类值小的一端。为了考察解释变量对不同贫困类别概率的影响,还测算了估计边际贡献,表示每个自变量取值变动引起的贫困年数概率的相应变化。LR统计量结果表明,模型拟合效果整体显著。

估计结果表明,在低收入线标准、2300元/人·年和1美元/人·天贫困标准下,家庭生命周期变量没有显著影响。这可能由于在较低贫困标准下家庭陷入长期贫困的比例很低,可能会影响估计结果。比如,在1美元/人·天和低收入线下陷入长期贫困的家庭只占不到2%,在2300元/人·年贫困标准下也仅有不到8%的家庭陷入长期贫困。但是,在2美元/人·天贫困标准下家庭生命周期变量都有显著影响。同时,为了获取更稳健的结果,在表6-3中列出了定序Logit回归估计结果(模型1、模型2),广义定序Logit回归估计结果(模型3~模型6)。其中,模型1、模型3、模型4未考虑劳动时间配置的结果,而模型2、模型5、模型6[①]则是增加了劳动时间配置的结果。

家庭生命周期变量全部有显著的正向影响,这意味着,相比成立期家庭,其他生命周期阶段的农村家庭更可能陷入长期贫困。从系数大小及边际效应来看,三代同堂期家庭比抚育期家庭更可能陷入长期贫困,抚育期家庭比成熟期家庭更可能陷入长期贫困,成熟期家庭比空巢期家庭更可能陷入长期贫困,空巢期家庭比成立期家庭更可能陷入长期贫困。另外,边际效应还表明,成立期家庭保持从未贫困的概率更高,空巢期家庭比抚育期家庭、成熟期家庭更可能从未贫困,三代同堂期家庭从未贫困的概率更低。这个结论与描述性统计的结果基本一致。

显著推动农村家庭退出长期贫困的因素有,劳动力受教育水平、工作经验、劳动力比例、接受过技术培训的劳动力人数等人力资本。这些人力资本水平越高,家庭获取非农务工的机会越多,家庭收入能力相对越强,家庭陷入长期贫困的概率越低。家庭耕地资源越多,则越有可能

---

① 表6-3中的模型1、模型2的计算结果,是根据式(6-2)计算得出的;表6-3中的模型3~模型6的计算结果是根据式(6-6)计算得出的。

保证家庭获取相对更高的农业收入或获取政府的农业补贴等;家庭的非农劳动时间越长,则有可能获取更多非农收入;两者均促进家庭退出贫困。另外,享受农业补贴的家庭比没有享受农业补贴的家庭更可能退出贫困,表明农业补贴政策对于农村家庭增收和提升家庭生产能力有一定效果。

显著导致农村家庭陷入长期贫困的因素有:家庭人口规模越多,户主年龄越大,户主为女性的家庭,更可能陷入长期贫困;相比非农兼业户,以务农为主的家庭更可能陷入长期贫困;农业劳动时间越多的家庭,陷入长期贫困的概率会增加。两者表明,以农业为主的生计策略,获取的收入相对更低,不利于家庭退出贫困。另外,家庭外出务工时间对农村家庭长期贫困有显著的正向影响,可能是由于贫困农村家庭外出务工时间短、劳动力素质相对较低,导致家庭外出务工收入有限,在提高收入方面效果有限,不能帮助家庭退出长期贫困。

### (四) 稳健性检验

为了检验模型及估计结果的稳健性,表6-3列出了2美元/人·天贫困标准下定序 Logit 模型的回归结果。同时,本书还测算了广义定序 Logit 模型在1美元/人·天贫困标准、低收入线标准、2300元/人·年贫困标准下的结果。定序 Logit 模型的结果与广义定序 Logit 模型基本一致,但是,广义定序 Logit 模型的估计系数显著性水平更高。这说明,家庭生命周期解释变量的回归结果是稳健的。另外,导致家庭长期贫困概率提高的因素和促进农村家庭退出长期贫困因素的显著性水平,也都具有稳健性。采用1美元/人·天贫困标准、低收入线标准、2300元/人·年贫困标准时,按照广义定序 Logit 模型的估计结果,虽然家庭生命周期变量没有显著影响,但是,其他变量则保持了较高的稳健结果。

表6-3 湖北省农村家庭贫困年数影响因素的定序 Logit 回归估计结果

| 变量代码 | 定序 Logit (2美元/人·天) || 广义定序 Logit (2美元/人·天) ||||
|---|---|---|---|---|---|---|
| | 模型1 | 模型2 | 模型3 (Y=1) | 模型4 (Y=2) | 模型5 (Y=1) | 模型6 (Y=2) |
| lc2 | 0.586*** (3.29) | 0.559*** (3.11) | 0.586*** (3.33) | 0.586*** (3.33) | 0.559*** (3.17) | 0.559*** (3.17) |
| lc3 | 0.556*** (3.26) | 0.534*** (3.1) | 0.556*** (3.31) | 0.556*** (3.31) | 0.534*** (3.17) | 0.534*** (3.17) |

续表

| 变量代码 | 定序 Logit（2 美元/人·天） | | 广义定序 Logit（2 美元/人·天） | | | |
|---|---|---|---|---|---|---|
| | 模型 1 | 模型 2 | 模型 3 (Y=1) | 模型 4 (Y=2) | 模型 5 (Y=1) | 模型 6 (Y=2) |
| lc4 | 0.791*** (4.38) | 0.763*** (4.19) | 0.791*** (4.45) | 0.791*** (4.45) | 0.763*** (4.39) | 0.763*** (4.39) |
| lc5 | 0.389** (2.2) | 0.359** (2.01) | 0.389** (2.23) | 0.389** (2.23) | 0.359** (2.06) | 0.359** (2.06) |
| hhsize | 0.173*** (8.3) | 0.173*** (8.23) | 0.173*** (8.36) | 0.173*** (8.36) | 0.173*** (8.3) | 0.173*** (8.3) |
| hhage | 0.028*** (10.87) | 0.028*** (10.83) | 0.028*** (11.48) | 0.028*** (11.48) | 0.028*** (11.48) | 0.028*** (11.48) |
| hhsex | 0.349*** (3.65) | 0.370*** (3.86) | 0.349*** (3.82) | 0.349*** (3.82) | 0.370*** (4.04) | 0.370*** (4.04) |
| Land | -0.003 (-1.56) | -0.0127** (-2.33) | -0.003* (-1.75) | -0.003* (-1.75) | -0.0127** (-3.68) | -0.0127** (-3.68) |
| Capital | -0.000 (0.77) | 0.000 (0.33) | 0.000 (0.72) | 0.000 (0.72) | 0.000 (0.32) | 0.000 (0.32) |
| Fassets | -0.000*** (-6.97) | -0.000*** (-6.40) | -0.000*** (-7.84) | -0.000*** (-7.84) | -0.000*** (-7.43) | -0.000*** (-7.43) |
| Labor | -0.673*** (-5.50) | -0.881*** (-6.42) | -0.673*** (-5.67) | -0.673*** (-5.67) | -0.881*** (-6.91) | -0.881*** (-6.91) |
| Laborexp | -0.024*** (-5.93) | -0.026*** (-6.05) | -0.024*** (-6.04) | -0.024*** (-6.04) | -0.026*** (-6.17) | -0.026*** (-6.17) |
| Laboredu | -0.141*** (-13.36) | -0.136*** (-12.76) | -0.141*** (-13.09) | -0.141*** (-13.09) | -0.136*** (-12.89) | -0.136*** (-12.89) |
| Training | -0.118*** (-6.68) | -0.119*** (-6.69) | -0.118*** (-6.61) | -0.118*** (-6.61) | -0.119*** (-6.61) | -0.119*** (-6.61) |
| parttime | 0.534*** (12.91) | 0.503*** (11.77) | 0.534*** (13.09) | 0.534*** (13.09) | 0.503*** (12.01) | 0.503*** (12.01) |
| Village | -0.000*** (-25.49) | -0.000*** (-25.08) | -0.000*** (-29.97) | -0.000*** (-29.97) | -0.000*** (-29.44) | -0.000*** (-29.44) |
| County | -0.000 (-0.43) | -0.000 (-0.74) | -0.000 (-0.45) | -0.000 (-0.45) | -0.000 (-0.78) | -0.000 (-0.78) |
| Policy | -0.348*** (-9.24) | -0.366*** (-9.53) | -0.348*** (-9.41) | -0.348*** (-9.41) | -0.366*** (-9.77) | -0.366*** (-9.77) |
| Shijian1 | — — | 0.035*** (3.8) | — — | — — | 0.035*** (4.76) | 0.035*** (4.76) |
| Shijian2 | — — | -0.030*** (-2.60) | — — | — — | -0.030*** (-3.26) | -0.030*** (-3.26) |
| Shijian3 | — — | 0.044*** (3.63) | — — | — — | 0.044*** (4.25) | 0.044*** (4.25) |

续表

| 变量代码 | 定序 Logit（2 美元/人·天） | | 广义定序 Logit（2 美元/人·天） | | | |
|---|---|---|---|---|---|---|
| | 模型 1 | 模型 2 | 模型 3 (Y=1) | 模型 4 (Y=2) | 模型 5 (Y=1) | 模型 6 (Y=2) |
| Year | 控制 | 控制 | 控制 | 控制 | 控制 | 控制 |
| Region | 控制 | 控制 | 控制 | 控制 | 控制 | 控制 |
| _cons | — — | — — | 1.412*** (4.95) | -1.178*** (-4.13) | 1.433*** (4.99) | -1.161*** (-4.04) |
| Log likehood | -14712 | -14735 | -14735 | — | -14713 | — |
| LR（ald） | 3563.60*** | 3559.91*** | 5025.82*** | 5070.79*** | — | — |
| N | 17503 | 17503 | 17503 | 17503 | — | — |
| Pseudo $R^2$ | 0.146 | 0.147 | 0.146 | 0.147 | — | — |

注：（）内为 z 值；*、**、*** 分别表示 10%、5%、1% 的显著水平；cut1_cons、cut1_cons（标准误）。"—"表示无数据。

## 第二节 湖北省农村家庭贫困持续年数的影响因素

### 一、数据来源与数据处理

#### （一）数据来源

本书所采用的数据来源于湖北省农村家庭调查数据，涵盖了湖北省 33 个县（州、市、区）进行的农村家庭调查数据。该调查采用分层随机抽样方法来选取农村家庭，每个县（州、市、区）选取 5~13 个村，每个村选取 10 个农村家庭，每年调查 3300 个农村家庭。本书使用 2005~2010 年数据，其中，有关农村家庭结构、家庭成员的信息用于构建家庭生命周期模型，农村家庭人口规模及收入等信息用来测度贫困持续年数。另外，还包括家庭劳动力、物质资本、金融资产、劳动时间配置和社区特征等资料。

#### （二）数据的初步处理

本书采用 FGT 指数测度贫困，以人均纯收入度量福利水平，并按照全国农村 CPI 指数，以 2005 年为基期，对各年收入进行折算。分别采用低收入线标准、2300 元/人·年贫困标准、1 美元/人·天和 2 美元/人·

天国际贫困标准,同时,按 2005 年 PPP 对美元贫困标准进行折算,分别获得 1728 个、4127 个、1655 个和 5653 个观察值,具体样本分布见表 6-4。依据生存分析数据结构要求,删除从未处于贫困状态的农村家庭,选取至少有一年处于贫困状态的农村家庭,且删除贫困状态之前非贫困年份的观测值,得到不同贫困标准下的数据样本。

表 6-4　　　　　　　　农村家庭的贫困持续年数

| 贫困持续年数 | 低收入线 | | 2300 元/人·年 | | 1 美元/人·天 | | 2 美元/人·天 | |
|---|---|---|---|---|---|---|---|---|
| | 观察值 | 占比(%) | 观察值 | 占比(%) | 观察值 | 占比(%) | 观察值 | 占比(%) |
| 6 年 | 14 | 0.81 | 66 | 1.63 | 13 | 0.79 | 142 | 2.51 |
| 5 年 | 34 | 1.97 | 131 | 3.24 | 32 | 1.93 | 247 | 4.37 |
| 4 年 | 65 | 3.76 | 250 | 6.19 | 68 | 4.11 | 430 | 7.61 |
| 3 年 | 167 | 9.66 | 495 | 12.26 | 165 | 9.97 | 800 | 14.15 |
| 2 年 | 703 | 40.68 | 1472 | 36.42 | 652 | 39.40 | 1932 | 34.18 |
| 1 年 | 745 | 43.11 | 1628 | 40.26 | 725 | 43.81 | 2102 | 37.18 |
| 合计 | 1728 | 100 | 4042 | 100 | 1655 | 100 | 5653 | 100 |

贫困持续年数是指,农村家庭从贫困状态到退出贫困所经历的年数,农村家庭退出贫困的事件称为"失败"。数据处理说明如下:(1)对于 2005 年陷入贫困的农村家庭,由于之前的贫困状态无法观察到,即存在左删失问题。对于数据的左删失问题,部分文献的处理方法是简单地删除这些数据(陈勇兵等,2012;Bigsten et al.,2008)。然而,这样的处理方法将导致严重的选择性偏差,并不是一个合适的处理方法(Iceland,2007)。也有文献对包含左删失的全部样本进行了分析(Arranz et al.,2012)。为了避免严重的选择性偏差,本书对包含左删失的全部样本进行分析。因此,农村家庭经历的最长贫困持续年数是 6 年。(2)对于数据的右删失问题,即农村家庭在 2010 年处于贫困状态,其后何时脱离贫困状态无法确定,采用生存分析方法可以恰当处理。(3)如果农村家庭经历多次陷入贫困—退出贫困状态,则假设多个贫困持续段是相互独立的持续时间段。

## 二、不同生命周期阶段农村家庭的贫困持续年数分布

### (一)久期分析的基本函数

在分析农村家庭贫困持续年数时,贫困持续年数是指,农村家庭从

陷入贫困到退出贫困所经历的年数,农村家庭退出贫困的事件称为"失败"。这类数据被称为久期数据,存在右删失问题,即无法知道观察最后年份以后的贫困状态。对于右删失问题,久期分析可以恰当处理,而线性模型或对数线性模型存在样本估计偏差。久期分析有以下几个基本函数(杜本峰,2008):

### 1. 概率密度函数

假设用 T 表示农村家庭贫困持续年数的随机变量且是连续的,一个观察单位的实际贫困持续年数是随机变量 T 在 t 时间的随机变量取值,T 的概率密度函数为 $f(t)$,累计分布函数为 F(t),即农村家庭贫困持续年数的概率为观察个体贫困持续年数小于 t 或等于 t 的概率。

$$F(t) = \int_0^t f(u)du = P(T \leq t) \quad (6-7)$$

若 F(t) 可微分,密度函数 f(t) 可以用式(6-8)表示。

$$f(t) = \frac{dF(t)}{dt} = \lim_{\Delta t \to 0} \frac{F(t+\Delta t) - F(t)}{\Delta t} \quad (6-8)$$

$f(t)$ 表示无穷小范围内农村家庭退出贫困的无条件生存率,如果用概率表示:

$$f(t) = \lim_{\Delta t \to 0} \frac{P(t \leq T \leq t + \Delta t)}{\Delta t} \quad (6-9)$$

在式(6-9)中,f(t)为非负函数。

### 2. 生存函数

生存函数用 S(t) 表示,即农村家庭贫困持续年数超过某个时间 t 的概率。

$$S(t) = P(T \geq t) = 1 - F(t) \quad (6-10)$$

生存函数是随着贫困时间 t 增加而下降的非增函数,见图 6-1;t=0 时,S(0)=1;t=∞时,S(∞)=0。在实际研究中,生存曲线是梯度函数,不是光滑曲线,见图 6-2;考察时间不可能无穷大,可能有竞争风险,每个农村家庭不可能都退出贫困,生存函数估计不可能等于 0。

### 3. 风险函数

农村家庭在经历持续贫困 t 年后,在 [t, t+Δt] 期间退出贫困的概率 P (t≤T≤t+Δt | T≥t)。公式如下:

$$P(t \leq T \leq t + \Delta t \mid T \geq t) = \frac{P(t \leq T \leq t + \Delta t)}{P(T \geq t)} = \frac{F(t + \Delta t) - F(t)}{S(t)}$$
$$(6-11)$$

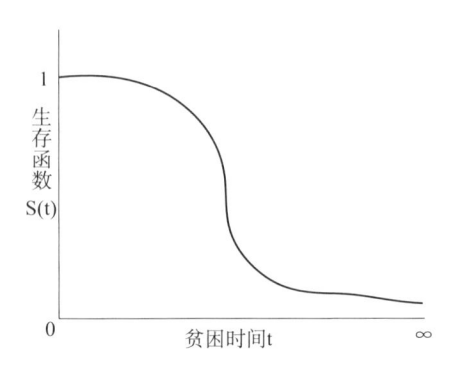

**图 6-1　理论生存曲线**

资料来源：杜本峰. 事件史分析及其应用 [M]. 北京：经济科学出版社，2008.

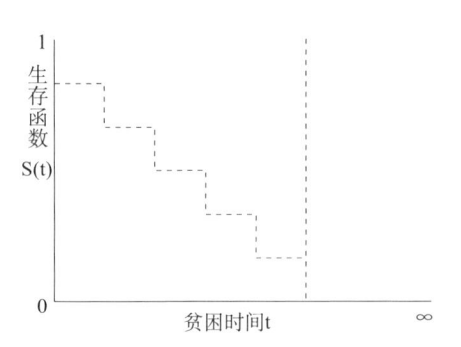

**图 6-2　实际生存曲线**

资料来源：杜本峰. 事件史分析及其应用 [M]. 北京：经济科学出版社，2008.

风险函数为农村家庭在经历持续贫困 t 年后，在 t+1 年之后的单位时间区间内退出贫困的瞬间可能性，用 h（t）表示风险函数：

$$h(t) = \lim_{\Delta t \to 0} \frac{P(t \leq T \leq t + \Delta t \mid T \geq t)}{\Delta t} = \lim_{\Delta t \to 0} \frac{F(t + \Delta t) - F(t)}{\Delta t S(t)} = \frac{f(t)}{S(t)}$$
$$(6-12)$$

风险函数是非负的，取值范围为（0，∞）。风险函数可以为增函数、减函数或常量，见图 6-3。

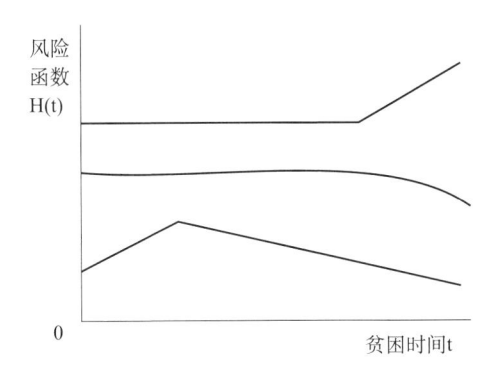

**图 6-3　不同形态的风险函数**

资料来源：杜本峰. 事件史分析及其应用 [M]. 北京：经济科学出版社，2008.

## （二）农村家庭贫困持续年数的非参数描述方法

本书采用生存函数与危险函数来估计贫困持续年数的分布特征，揭示农村家庭贫困持续年数的生命周期规律。生存函数 S(t) 表示农村家庭贫困持续年数超过 t 年的概率。生存函数的 Kaplan-Meier 估计公式如下：

$$\hat{S}(t) = \prod_{i=1}^{t} \frac{n_i - d_i}{n_i} \quad (6-13)$$

在式（6-13）中，$n_i$ 为在 i 期处于危险状态的农村家庭个数，$d_i$ 为同期观察到的脱离贫困状态的农村家庭个数。

危险函数 H(t)，表示农村家庭在 t-1 期处于贫困状态，在 t 期脱离贫困的概率。危险函数的 Kaplan-Meier 估计公式如下：

$$\hat{h}(t) = \frac{d_i}{n_i} \quad (6-14)$$

## （三）农村家庭贫困持续年数的总体分布

表 6-5 给出了 4 个贫困标准下农村家庭贫困生存曲线的结果。总体估计表明，农村家庭的贫困持续年数较短；但是，随着贫困标准的提高，农村家庭的贫困持续年数会上升。在低收入线标准下，农村家庭贫困持续年数均值约为 1.83 年，中位值为 2 年，贫困持续年数 3 年的占比约为

表6-5　湖北省农村家庭贫困持续年数的生存函数估计

| 家庭类别 | 贫困标准 | 生存时间 均值 | 生存时间 中位值 | 1年 | 2年 | KM估计的生存率 3年 | 4年 | 5年 | 6年 | 生存时间段 样本数 | 失败事件 样本数 |
|---|---|---|---|---|---|---|---|---|---|---|---|
| 总体 | 低收入线标准 | 1.83 | 2 | 1.00 | 0.460 | 0.300 | 0.218 | 0.141 | 0.030 | 1728 | 688 |
|  | 2300元/人·年 | 2.01 | 3 | 1.00 | 0.612 | 0.458 | 0.350 | 0.245 | 0.111 | 4042 | 1379 |
|  | 1美元/人·天 | 1.83 | 2 | 1.00 | 0.472 | 0.314 | 0220 | 0.142 | 0.033 | 1655 | 654 |
|  | 2美元/人·天 | 2.15 | 4 | 1.00 | 0.692 | 0.549 | 0.438 | 0.339 | 0.179 | 5539 | 1725 |
| 成立期 | 低收入线标准 | 1.33 | 2 | 1.00 | 0.000 | 0.000 | 0.000 | 0.000 | 0.000 | 6 | 2 |
|  | 2300元/人·年 | 1.57 | 2 | 1.00 | 0.25 | 0.000 | 0.000 | 0.000 | 0.000 | 18 | 3 |
|  | 1美元/人·天 | 1.33 | 2 | 1.00 | 0.000 | 0.000 | 0.000 | 0.000 | 0.000 | 6 | 2 |
|  | 2美元/人·天 | 1.69 | 2 | 1.00 | 0.25 | 0.000 | 0.000 | 0.000 | 0.00 | 20 | 3 |
| 抚育期 | 低收入线标准 | 1.76 | 2 | 1.00 | 0.455 | 0.257 | 0.202 | 0.202 | 0.000 | 309 | 117 |
|  | 2300元/人·年 | 1.94 | 3 | 1.00 | 0.574 | 0.444 | 0.252 | 0.124 | 0.000 | 778 | 253 |
|  | 1美元/人·天 | 1.78 | 2 | 1.00 | 0.472 | 0.281 | 0.206 | 0.206 | 0.000 | 295 | 113 |
|  | 2美元/人·天 | 2.12 | 4 | 1.00 | 0.677 | 0.548 | 0.374 | 0.256 | 0.079 | 1079 | 320 |
| 成熟期 | 低收入线标准 | 1.80 | 2 | 1.00 | 0.418 | 0.272 | 0.184 | 0.118 | 0.030 | 562 | 231 |
|  | 2300元/人·年 | 1.99 | 3 | 1.00 | 0.578 | 0.412 | 0.343 | 0.250 | 0.097 | 1339 | 495 |
|  | 1美元/人·天 | 1.79 | 2 | 1.00 | 0.430 | 0.286 | 0.208 | 0.119 | 0.030 | 538 | 218 |
|  | 2美元/人·天 | 2.11 | 4 | 1.00 | 0.652 | 0.498 | 0.419 | 0.318 | 0.166 | 1855 | 635 |
| 三代同堂期 | 低收入线标准 | 1.90 | 3 | 1.00 | 0.509 | 0.359 | 0.280 | 0.166 | 0.047 | 702 | 269 |
|  | 2300元/人·年 | 2.07 | 4 | 1.00 | 0.656 | 0.504 | 0.399 | 0.287 | 0.165 | 1697 | 537 |
|  | 1美元/人·天 | 1.90 | 3 | 1.00 | 0.519 | 0.366 | 0.265 | 0.166 | 0.055 | 670 | 254 |
|  | 2美元/人·天 | 2.23 | 4 | 1.00 | 0.736 | 0.590 | 0.480 | 0.399 | 0.249 | 2288 | 647 |
| 空巢期 | 低收入线标准 | 1.82 | 2 | 1.00 | 0.349 | 0.196 | 0.078 | 0.000 | 0.000 | 107 | 54 |
|  | 2300元/人·年 | 1.97 | 3 | 1.00 | 0.621 | 0.443 | 0.2813 | 0.153 | 0.038 | 214 | 91 |
|  | 1美元/人·天 | 1.84 | 2 | 0.98 | 0.380 | 0.232 | 0.077 | 0.000 | 0.000 | 103 | 52 |
|  | 2美元/人·天 | 2.13 | 4 | 1.00 | 0.660 | 0.556 | 0.420 | 0.260 | 0.052 | 301 | 120 |

30%。在2300元/人·年贫困标准下，农村家庭贫困持续年数均值上升为2年，中位值上升到3年，贫困持续年数3年的占比上升为46%。在2美元/人·天的国际贫困标准下，贫困持续年数均值上升到2.15年，中位值上升到4年，贫困持续年数3年的占比约为55%。本书结果略低于尤(2011)用1989～2006年CHNS数据估计的结果，而高于格劳本等(2012)用1995～2004年RCRE数据估计的结果，差异原因可能是所用数据不同造成的。

在4个贫困标准下的危险率曲线却呈现相同的变化趋势，即表明随时间变化，农村家庭贫困持续年数的危险函数呈先升后降的趋势。在2～4年时间段里，危险函数呈现明显的正时间依存性，即贫困持续年数越长，农村家庭脱离贫困的概率越高。在4～6年的时间段内，危险函数呈现明显的负时间依存性，即贫困持续年数越长，农村家庭脱离贫困的概率反而越低了。结果表明随着时间的推移，贫困农村家庭更容易退出短期贫困，却相对难以退出长期贫困。

（四）农村家庭贫困持续年数的家庭生命周期分布

分不同生命周期看，贫困持续年数呈现明显的规律特征。（1）相比其他家庭，三代同堂期家庭的贫困持续年数最长。采用低收入线标准时，三代同堂期家庭的贫困持续年数中位值为3年，高于其他家庭；三代同堂期家庭中贫困持续年数4年的概率约达28%，比总体样本高约6%，比其他类型家庭高8%～28%；贫困持续年数6年的概率约为5%，比成熟期家庭高约2%，而其他农村家庭没有经历6年贫困。当采用2300元/人·年贫困标准时，三代同堂期家庭贫困持续年数中位值为4年，贫困持续年数4年的概率约达39.90%，比总体样本高约4%，比其他家庭高5.6%～39.90%；贫困持续年数6年的概率约为16.5%，比其他类家庭高6.8%～16.5%。当采用国际贫困标准时，也有类似的结果。（2）相比其他家庭，成立期家庭的贫困持续年数最短。当采用低收入线标准时，成立期家庭中只有经历1年贫困的农村家庭，不存在更长的贫困持续年数，而其他家庭至少经历了4年持续贫困。当采用2300元/人·年贫困标准时，成立期家庭经历最长贫困持续年数为2年，概率约为25%，远远低于其他生命周期阶段的农村家庭。当采用国际贫困标准时，也有类似的结果。（3）其他家庭之间的贫困持续年数受到贫困标准选择的影响。当采用较低贫困标准时，抚育期家庭的贫困持续年数比成熟期家庭更长，成熟期家庭比空巢期家庭更长。当采用较高贫困标准且贫困持续年数为1~3年时，成熟期农村家庭的贫困生存率与抚育期家庭大致相当，两者都略低于空巢期家庭的贫困生存率。当贫困持续年数为4~6年时，成熟期家庭的贫困生存率比空巢期家庭高，空巢期家庭的贫困生存率比抚育期家庭高。即相比抚育期家庭和空巢期家庭，成熟期家庭容易脱离短期贫困，而不易退出长期贫困；空巢期家庭和抚育期家庭则更可能退出长期贫困。

同时，危险率曲线表明[①]，在不同贫困标准下，处在不同生命周期阶段的农村家庭，其退出贫困的概率都呈现出波浪式上升趋势，表明随着时间的推移，所有贫困家庭退出贫困的概率在上升。（1）三代同堂期家庭退出贫困的概率最低。当取较低贫困标准、贫困持续年数为3年以下时，三代同堂期家庭退出贫困的概率最低。当采用较高贫困标准、贫困持续年数为6年以下时，三代同堂期家庭退出贫困概率最低。（2）其他类家庭退出贫困的概率受到贫困标准选择的影响。在较低贫困标准下，空巢期家庭退出贫困概率高于成熟期家庭，成熟期家庭退出贫困概率高于抚育期家庭。在较高贫困标准下，风险曲线表现出与生存曲线相似的规律性。

### 三、农村家庭贫困持续年数影响因素计量分析

#### （一）计量模型与处理方法

基于模型的稳健性考虑，本书采用生存分析中连续时间 Cox 比例风险模型进行参数估计，具体形式如下：

$$h(t) = h_0(t) \times \exp(X_i \beta_i') \qquad (6-15)$$

在式（6-15）中，h（t）表示第 i 个农村家庭在 t-1 年贫困而在 t 年退出贫困的概率；$\beta'$ 为参数向量；$h_0(t)$ 为基准风险函数；X 为影响农村家庭贫困持续年数的协变量向量。

主要解释变量为农村家庭所处的家庭生命周期阶段，即成立期家庭、

---

[①] 由于成立期连续贫困家庭太少，因此，与空巢期家庭合并。

抚育期家庭、成熟期家庭、三代同堂期家庭和空巢期家庭等阶段。以成立期家庭为参考，考察其他家庭生命周期阶段的影响效应。以虚拟变量来表示不同家庭生命周期阶段，当为抚育期家庭（LC2）、成熟期家庭（LC3）、三代同堂期家庭（LC4）、空巢期家庭（LC5）时，分别取值为1，否则取值为0。控制变量主要包括：物质资本是农村家庭进行家庭经营的生产要素，以家庭的人均耕地、生产性固定资产来表示；金融资产也是影响农村家庭收入或贫困的显著因素，以人均期末金融资产来表示；人力资本是收入决定的因素之一，以劳动力比例、劳动力受教育年限、工作经验、参与技能培训劳动力数等表示，其中，工作经验参考张泓骏等（2006）和程名望等（2014）的做法，用家庭劳动力平均年龄减去18岁的结果来表示；农村家庭生计策略以农村家庭从业类型反映，用虚拟变量表示，纯农业家庭取值为1，兼业农村家庭取值为0；劳动时间也是决定农村家庭贫困或收入的主要因素，用家庭的农业劳动时间（月数）、非农劳动时间（月数）、外出务工时间（月数）来反映；政策因素主要考虑惠农政策，用农村家庭是否享受到粮食直接补贴、良种补贴、生产资料综合补贴、农机购置补贴等补贴政策，享受补贴取值为1，没有享受补贴取值为0；区域经济发展因素包括村级经济发展水平和县级经济发展水平；家庭特征因素还考虑了家庭规模、户主年龄、户主性别等，还控制了时间异质性和区域异质性的影响，时间异质性主要反映技术进步及改革的影响，区域异质性主要反映距离市场远近、自然资源丰富程度和市场成熟程度等因素（程名望等，2016）。受篇幅所限，不再描述各变量的统计特征，表6-6提供了2300元/人·年贫困标准下相关变量的统计特征。

表6-6 变量描述性统计

| 变量名 | 变量取值 | 均值 | 标准差 | 最小值 | 最大值 |
| --- | --- | --- | --- | --- | --- |
| 被解释变量 | | | | | |
| Time | 农村家庭贫困持续年数（年） | 2.006 | 1.151 | 1 | 6 |
| 解释变量 | | | | | |
| LC2 | 抚育期家庭（虚拟变量） | 0.192 | 0.394 | 0 | 1 |
| LC3 | 成熟期家庭（虚拟变量） | 0.331 | 0.471 | 0 | 1 |
| LC4 | 三代同堂期家庭（虚拟变量） | 0.420 | 0.494 | 0 | 1 |
| LC5 | 空巢期家庭（虚拟变量） | 0.053 | 0.224 | 0 | 1 |
| Hhage | 户主年龄（年） | 50.122 | 10.318 | 19 | 83 |
| Hhsex | 户主性别（虚拟变量） | 1.040 | 0.187 | 0 | 1 |
| Land | 家庭人均耕地面积（亩） | 1.250 | 1.002 | 0 | 11 |

续表

| 变量名 | 变量取值 | 均值 | 标准差 | 最小值 | 最大值 |
|---|---|---|---|---|---|
| Fassets | 家庭人均金融资产余额（元） | 2180.350 | 3354.250 | 0 | 65250 |
| Capital | 家庭人均生产性固定资产（元） | 595.540 | 2025.790 | 0 | 64600 |
| hhsize | 家庭人口规模（人） | 4.325 | 1.349 | 1 | 11 |
| Labor | 劳动力人数比例（%） | 0.749 | 0.192 | 0 | 1 |
| Laboredu | 劳动力受教育年限（年） | 8.130 | 1.600 | 3 | 14 |
| Laborexp | 劳动力工作经验（年） | 21.100 | 5.810 | 0 | 34 |
| Training | 接受培训劳动力人数（人） | 0.431 | 0.916 | 0 | 6 |
| Parttime | 农村家庭从业类型（虚拟） | 0.221 | 0.415 | 0 | 1 |
| Shijian | 劳动时间（月） | 39.074 | 19.354 | 0 | 123 |
| Shijian1 | 农业劳动时间（月） | 16.423 | 8.362 | 0 | 55 |
| Shijian2 | 非农劳动时间（月） | 12.866 | 10.016 | 0 | 60 |
| Shijian3 | 外出务工时间（月） | 9.784 | 9.854 | 0 | 58 |
| Village | 村人均收入（元） | 3384.910 | 1588.030 | 872 | 19303 |
| County | 县人均收入（元） | 3643.530 | 1425.850 | 1649 | 7950 |
| Policy | 是否享有农业补贴（虚拟变量） | 0.678 | 0.467 | 0 | 1 |

## （二）农村家庭贫困持续年数的影响因素分析

表6-7给出了解释变量的风险比（hazard ratios），即系数的指数形式；当风险比大于1，表明该解释变量会增加农村家庭退出贫困（贫困状态的失败）的风险，即降低了农村家庭贫困持续年数；当风险比小于1，表明该解释变量降低了农村家庭退出贫困的风险，即延长了农村家庭贫困持续年数；当风险比等于1，表明该解释变量对农村家庭贫困持续年数没有影响。表6-7中的模型1~模型8都是根据式（6-15）计算而得。

表6-7　湖北省农村家庭贫困持续年数影响因素的Cox比例风险回归估计结果

| 变量 | 2300元/人·年 ||||低收入线||||
|---|---|---|---|---|---|---|---|---|
|  | 模型1 | 模型2 | 模型3 | 模型4 | 模型5 | 模型6 | 模型7 | 模型8 |
| LC2 | 0.599*<br>(-1.93) | 0.629*<br>(-1.74) | 0.651<br>(-1.60) | 0.589**<br>(-2.03) | 0.685***<br>(-2.71) | 0.701**<br>(-2.34) | 0.701**<br>(-2.26) | 0.673**<br>(-2.78) |
| LC3 | 0.558**<br>(-2.26) | 0.585**<br>(-2.08) | 0.603*<br>(-1.94) | 0.548**<br>(-2.39) | 0.694***<br>(-3.27) | 0.709***<br>(-2.72) | 0.711***<br>(-2.59) | 0.681***<br>(-3.34) |
| LC4 | 0.540**<br>(-2.29) | 0.568**<br>(-2.11) | 0.583**<br>(-1.99) | 0.529**<br>(-2.42) | 0.714**<br>(-2.22) | 0.731*<br>(-1.95) | 0.731*<br>(-1.89) | 0.701**<br>(-2.30) |
| LC5 | 0.638*<br>(-1.69) | 0.674<br>(-1.48) | 0.713<br>(-1.26) | 0.641*<br>(-1.71) | 0.862<br>(-1.23) | 0.882<br>(-0.95) | 0.887<br>(-0.87) | 0.864<br>(-1.19) |

续表

| 变量 | 2300元/人·年 ||||低收入线 ||||
|---|---|---|---|---|---|---|---|---|
| | 模型1 | 模型2 | 模型3 | 模型4 | 模型5 | 模型6 | 模型7 | 模型8 |
| hhsize | 0.971<br>(-1.12) | 0.966<br>(-1.30) | 0.965<br>(-1.37) | 0.967<br>(-1.29) | 0.925**<br>(-2.28) | 0.924**<br>(-2.29) | 0.924**<br>(-2.29) | 0.923**<br>(-2.34) |
| Hhage | 0.983***<br>(-6.08) | 0.983***<br>(-6.19) | 0.983***<br>(-6.27) | 0.983***<br>(-6.19) | 0.995<br>(-1.27) | 0.996<br>(-1.31) | 0.996<br>(-1.31) | 0.996<br>(-1.40) |
| Hhsex | 0.910<br>(-0.86) | 0.903<br>(-0.93) | 0.902<br>(-0.95) | 0.912<br>(-0.85) | 0.719**<br>(-2.04) | 0.718**<br>(-2.06) | 0.718**<br>(-2.05) | 0.722**<br>(-2.01) |
| Land | 1.097***<br>(4.16) | 1.099***<br>(4.18) | 1.101***<br>(4.35) | 1.099***<br>(4.23) | 1.12***<br>(4.48) | 1.12***<br>(4.39) | 1.13***<br>(4.39) | 1.12***<br>(4.51) |
| Capital | 1.000*<br>(1.82) | 1.000*<br>(1.75) | 1.000*<br>(1.76) | 1.000*<br>(1.85) | 0.999<br>(-1.21) | 0.999<br>(-1.21) | 0.999<br>(-1.21) | 0.999<br>(-1.20) |
| Fassets | 1.000*<br>(1.67) | 1.000*<br>(1.65) | 1.000<br>(1.62) | 1.000<br>(1.62) | 0.999<br>(-0.79) | 0.999<br>(-0.81) | 0.999<br>(-0.82) | 0.999<br>(-0.86) |
| Labor | 1.383***<br>(21.60) | 1.527***<br>(2.66) | 1.41**<br>(2.19) | 1.281<br>(1.57) | 1.127<br>(0.76) | 1.165<br>(0.87) | 1.127<br>(0.47) | 1.059<br>(0.35) |
| Laboredu | 1.044***<br>(3.02) | 1.042***<br>(2.99) | 1.039***<br>(2.66) | 1.043***<br>(2.98) | 1.056***<br>(3.22) | 1.055***<br>(3.16) | 1.055***<br>(3.11) | 1.055***<br>(3.17) |
| Laborexp | 1.015***<br>(2.87) | 1.017***<br>(3.12) | 1.018***<br>(3.31) | 1.016***<br>(3.11) | 1.009<br>(1.47) | 1.009<br>(1.52) | 1.010<br>(1.53) | 1.010*<br>(1.65) |
| Training | 1.120***<br>(5.27) | 1.124***<br>(5.42) | 1.121***<br>(5.33) | 1.120***<br>(5.31) | 1.092***<br>(2.97) | 1.092***<br>(2.99) | 1.092***<br>(2.97) | 1.091***<br>(2.99) |
| Parttime | 0.736***<br>(-5.49) | 0.744***<br>(-5.25) | 0.757***<br>(-4.94) | 0.747***<br>(-5.17) | 0.793***<br>(-3.50) | 0.797***<br>(-3.42) | 0.798***<br>(-3.38) | 0.807***<br>(-3.20) |
| Shijian1 | — | 0.981*<br>(-1.75) | 0.980**<br>(-2.30) | — | — | 0.994<br>(-0.43) | 0.997<br>(-0.15) | — |
| Shijian2 | — | — | 1.019***<br>(3.33) | — | — | — | 1.004<br>(0.19) | — |
| Shijian3 | — | — | — | 1.021*<br>(1.75) | — | — | — | 1.019<br>(1.25) |
| Village | 1.000***<br>(7.84) | 1.000***<br>(7.81) | 1.000***<br>(7.88) | 1.000***<br>(7.91) | 1.000***<br>(3.81) | 1.000***<br>(3.81) | 1.000***<br>(3.81) | 1.000***<br>(3.84) |
| County | 1.000<br>(1.08) | 1.000<br>(1.24) | 1.000<br>(1.16) | 1.000<br>(1.10) | 1.000<br>(0.37) | 1.000<br>(0.37) | 1.000<br>(0.39) | 1.000<br>(0.39) |
| Policy | 0.991<br>(-0.17) | 0.988<br>(-0.22) | 0.988<br>(-0.30) | 0.988<br>(-0.34) | 0.955<br>(-0.72) | 0.955<br>(-0.72) | 0.955<br>(-0.73) | 0.948<br>(-0.84) |
| Year | 控制 | 控制 | 控制 | 控制 | 控制 | 控制 | 控制 | 控制 |
| Region | 控制 | 控制 | 控制 | 控制 | 控制 | 控制 | 控制 | 控制 |
| Wald chi$^2$ | 503.12*** | 506.89*** | 527.7*** | 513.6*** | 223.9*** | 223.9*** | 208.5*** | 221.0*** |
| 样本数 | 3983 | 3983 | 3983 | 3983 | 1686 | 1686 | 1686 | 1686 |

注：()内为z值；*、**、***分别表示10%、5%、1%的显著水平。"—"表示无数据。

表 6-7 分别列出了 2300 元/人·年贫困标准和低收入线标准的估计结果。其中，模型 1 和模型 5 报告了没有考察劳动时间变量的结果，模型 2 和模型 6 报告了加入农业劳动时间变量的结果，模型 3 和模型 7 报告了加入非农业劳动时间的结果，模型 4 和模型 8 报告了加入外出务工时间变量的结果。除了增加劳动时间变量以外，下面内容涉及各个影响因素的系数解释是以模型 1 为主开展的。

（1）家庭生命周期对贫困持续年数的影响。在表 6-7 中，模型 1~模型 4 的估计结果表明，家庭生命周期对农村家庭贫困持续年数有显著正向影响，并且影响是稳健的。但是，不同生命周期的影响效应有明显的差异。模型 1 表明，在 2300 元/人·年贫困标准下，以成立期家庭为参照，空巢期农村家庭退出贫困的风险率约降低 36%；抚育期农村家庭退出贫困状态的风险率约降低 40%；成熟期农村家庭退出贫困状态的风险率约降低 44%；三代同堂期农村家庭退出贫困状态的风险率约降低 46%。结果表明，以成立期家庭为参考，空巢期农村家庭的贫困持续年数相对更短，三代同堂期农村家庭的贫困持续年数最长，成熟期家庭的贫困持续年数比抚育期更长。在分别增加农业劳动时间、非农劳动时间及外出务工时间变量后，模型 2~模型 4 的参数估计结果所表现的规律特征基本不变。同时，参数估计的结论与生存函数估计的结论也基本一致。另外，在其他家庭特征因素中，家庭规模、户主性别对农村家庭贫困持续年数呈正向影响，但并不具有显著水平；户主年龄与农村家庭贫困持续年数呈显著正向影响，系数表明，年龄增加 1 岁，农村家庭退出贫困的概率降低 1.7%。

模型 5~模型 8 的结果表明，在低收入线标准下的估计结果主要不同点在于：抚育期家庭退出贫困的概率降低最多，即抚育期家庭贫困持续年数最长；成熟期家庭的贫困持续年数比三代同堂家庭更长，结论与生存函数估计结果基本相符。在其他家庭因素中，户主为女性家庭，其贫困持续年数显著比户主为男性的家庭更长。

（2）其他因素对贫困持续年数的影响。人力资本是有助于促进贫困农村家庭缩短贫困持续年数的重要因素。估计结果表明，在 2300 元/人·年贫困标准和低收入线标准下，劳动力受教育年限和接受技能培训劳动力人数对农村家庭贫困持续年数有显著负向影响，即劳动力受教育水平越高、接受技能培训劳动力人数越多，农村家庭贫困持续年数越短；其风险比分别为 1.044 和 1.120，表明劳动力受教育年限每增加 1 单位，农村家庭退出贫困的概率分别提高 4.4% 和 12%，可能解释为劳动力教育水平越高，在从事非农就业或外出就业时，更可能取得较高的工资性收入；接受技能培训劳动力越多，意味着家庭劳动力就业能力更强，有利于提高家庭收入水平和收入稳定性，进一步帮助农村家庭退出贫困，缩短贫困持续年数。另外，在较高的 2300 元/人·年贫困标准下，家庭劳动力比例和工作经验对贫困持续年数有显著的负向影响，意味着劳动力比例越高、劳动力工作经验越丰富，农村家庭贫困持续年数会越少。

物质资本也是能显著降低农村家庭贫困持续年数的重要因素。其中，拥有的人均耕地面积越多，农村家庭贫困持续年数越短；其风险比为 1.097，表明每增加 1 个单位耕地，农村家庭退出贫困的概率提高 9.7%。可见，耕地作为大多数农村家庭取得收入的最基本物质保障，在增加农村家庭收入、推动农村家庭退出贫困方面具有保障作用。生产性固定资产在较高贫困标准下对农村家庭贫困持续年数有显著影响，但是影响系数极小，可以忽略；在低收入线标准下，生产性固定资产没有显著影响。

从事农业经营的生计策略是导致其更长的贫困持续年数的显著因素，即与兼业农村家庭相比，从事农业经营的农村家庭贫困持续年数更长；风险比表明纯农业家庭退出贫困的概率比兼业户降低 24%。当加入非农劳动时间和外出务工时间变量后，家庭生计策略变量的风险比有显著上升，表明当农村家庭从事非农就业或外出就业时，农村家庭贫困持续年数在显著减少，退出贫困的概率大约提升 2%。

政策变量对农村家庭贫困持续年数也没有显著影响，可能原因是虽然一系列惠农补贴政策在一定程度上增加农村家庭收入，甚至可能改变农村家庭农业生产决策（霍增辉等，2015），但是，对于这些经历过贫困的农村家庭而言，其本来就是相对低收入家庭，惠农补贴带来的增收效应的影响力相对有限，并不能直接帮助贫困农村家庭改变长期贫困的状况。

（三）稳健性检验

为了检验模型估计结果的稳健性，表 6-8 中的模型 1～模型 8 是根据式（6-15）计算得出的结果。表6-8列出了国际贫困标准的回归结果，模型1~模型4给出了1美元/人·天的回归结果，模型5~模型8给出了2美元/人·天的回归结果。与2300元/人·年贫困标准下的结果相比，2美元/人·天的结果相近；与低收入线标准下的结果相比，1美元/人·天的结果相近。结果表明，家庭生命周期解释变量的回归结果是稳健的。

**表6-8　湖北省农村家庭贫困持续年度影响因素稳健性检验（国际贫困标准）**

| 变量 | 1美元/人·天 |  |  |  | 2美元/人·天 |  |  |  |
| --- | --- | --- | --- | --- | --- | --- | --- | --- |
|  | 模型1 | 模型2 | 模型3 | 模型4 | 模型5 | 模型6 | 模型7 | 模型8 |
| LC2 | 0.693** | 0.703** | 0.703** | 0.675*** | 0.437*** | 0.462*** | 0.470*** | 0.426** |
|  | (-2.53) | (-2.32) | (-2.21) | (-2.65) | (-2.79) | (-2.68) | (-2.68) | (-2.99) |
| LC3 | 0.719*** | 0.729*** | 0.732*** | 0.702*** | 0.416*** | 0.437*** | 0.442*** | 0.401*** |
|  | (-3.01) | (-2.65) | (-2.44) | (-3.13) | (-3.02) | (-2.95) | (-2.98) | (-3.27) |
| LC4 | 0.723** | 0.733* | 0.734* | 0.703** | 0.410*** | 0.431*** | 0.439*** | 0.399*** |
|  | (-2.12) | (-1.96) | (-1.87) | (-2.25) | (-2.98) | (-2.90) | (-2.90) | (-3.20) |
| LC5 | 0.856 | 0.870 | 0.880 | 0.859 | 0.453*** | 0.481** | 0.512* | 0.454*** |
|  | (-1.31) | (-1.10) | (-0.95) | (-1.27) | (-2.67) | (-2.54) | (-2.37) | (-2.77) |
| hhsize | 0.929** | 0.928** | 0.929** | 0.927** | 0.944** | 0.939** | 0.938** | 0.937*** |
|  | (-2.05) | (-2.07) | (-2.05) | (-2.10) | (-2.30) | (-2.51) | (-2.54) | (-2.56) |
| Hhage | 0.994* | 0.994* | 0.994* | 0.994* | 0.985*** | 0.984*** | 0.984*** | 0.984*** |
|  | (-1.65) | (-1.66) | (-1.66) | (-1.78) | (-5.79) | (-5.94) | (-6.09) | (-6.04) |
| Hhsex | 0.790 | 0.789 | 0.789 | 0.795 | 0.828* | 0.824* | 0.816* | 0.830* |
|  | (-1.50) | (-1.51) | (-1.50) | (-1.45) | (-1.66) | (-1.71) | (-1.78) | (-1.64) |
| Land | 1.120*** | 1.122*** | 1.122*** | 1.124*** | 1.150*** | 1.157*** | 1.163*** | 1.154*** |
|  | (4.48) | (4.37) | (4.39) | (4.53) | (6.68) | (6.69) | (6.98) | (6.81) |
| Capital | 0.999*** | 0.999*** | 0.999*** | 0.999*** | 0.999 | 1.000 | 0.999 | 0.999 |
|  | (-2.84) | (-2.85) | (-2.91) | (-2.83) | (-0.14) | (0.07) | (-0.02) | (-0.02) |
| Fassets | 0.999 | 0.999 | 0.999 | 0.999 | 1.000** | 1.000** | 1.000* | 1.000** |
|  | (-0.23) | (-0.25) | (-0.29) | (-0.33) | (2.25) | (2.14) | (1.89) | (2.05) |
| Labor | 1.101 | 1.128 | 1.034 | 1.024 | 1.404** | 1.560*** | 1.019 | 1.246 |
|  | (0.56) | (0.64) | (0.13) | (0.13) | (2.40) | (3.11) | (0.10) | (1.49) |
| Laboredu | 1.058*** | 1.058*** | 1.057*** | 1.057*** | 1.038*** | 1.036** | 1.031** | 1.037*** |
|  | (3.14) | (3.09) | (3.00) | (3.08) | (2.78) | (2.62) | (2.26) | (2.69) |
| Laborexp | 1.012* | 1.012* | 1.012* | 1.013* | 1.008* | 1.011** | 1.012** | 1.011** |
|  | (1.77) | (1.79) | (1.80) | (1.95) | (1.73) | (2.18) | (2.43) | (2.26) |
| Training | 1.099*** | 1.099*** | 1.099*** | 1.099*** | 1.151*** | 1.152*** | 1.148*** | 1.152*** |
|  | (3.11) | (3.12) | (3.11) | (3.16) | (7.17) | (7.23) | (7.05) | (7.24) |
| Parttime | 0.791*** | 0.793*** | 0.796*** | 0.806*** | 0.715*** | 0.727*** | 0.743*** | 0.733*** |
|  | (3.38) | (3.31) | (3.23) | (3.07) | (-6.07) | (-5.70) | (-5.33) | (-5.54) |
| Shijian1 | — | 0.995 | 1.003 | — | — | 0.973** | 1.015 | — |
|  |  | (-0.31) | (0.14) |  |  | (-2.41) | (0.87) |  |

续表

| 变量 | 1美元/人·天 ||||  2美元/人·天 ||||
|---|---|---|---|---|---|---|---|---|
|  | 模型1 | 模型2 | 模型3 | 模型4 | 模型5 | 模型6 | 模型7 | 模型8 |
| Shijian2 | — | — | 1.010<br>(0.46) | — | — | — | 1.063***<br>(3.57) | — |
| Shijian3 | — | — | — | 1.021<br>(1.37) | — | — | — | 1.034***<br>(2.86) |
| Village | 1.000***<br>(3.62) | 1.000***<br>(3.61) | 1.000***<br>(3.63) | 1.000***<br>(3.67) | 1.000***<br>(5.17) | 1.000***<br>(5.16) | 1.000***<br>(5.40) | 1.000***<br>(5.25) |
| County | 1.000<br>(0.23) | 1.000<br>(0.24) | 1.000<br>(0.25) | 1.000<br>(0.25) | 0.999<br>(-0.63) | 0.999<br>(-0.61) | 0.999<br>(-0.58) | 0.999<br>(-0.63) |
| Policy | 1.041<br>(0.57) | 1.040<br>(0.57) | 1.041<br>(0.57) | 1.032<br>(0.45) | 1.091*<br>(1.74) | 1.086*<br>(1.66) | 1.091*<br>(1.74) | 1.077<br>(1.48) |
| Year | 控制 | 控制 | 控制 | 控制 | 控制 | 控制 | 控制 | 控制 |
| Region | 控制 | 控制 | 控制 | 控制 | 控制 | 控制 | 控制 | 控制 |
| Wald chi$^2$ | 235.2*** | 224.9*** | 203*** | 230.6*** | 18434*** | 470.8*** | 507.6*** | 32138*** |
| 样本数 | 1611 | 1611 | 1611 | 1611 | 5539 | 5539 | 5539 | 5539 |

注：( )内为z值；*、**、***分别表示10%、5%、1%的水平上显著。"—"表示无数据。

随着贫困标准的提高，家庭生命周期变量的显著性水平略有提高，而回归系数有所下降，说明当贫困标准提高后，处于不同家庭生命周期阶段的农村家庭，其贫困持续年数的差异性更为显著。而其他解释变量的显著性水平也都具有稳健性。要注意的是，在2美元/人·天贫困标准下，政策变量和金融资产变量对农村家庭贫困持续年数有显著影响，政策变量能显著提高农村家庭退出贫困的概率为10%。在较高贫困标准下，贫困农村家庭收到的惠农补贴水平有所提高，有利于农村家庭改进农业生产决策或直接增加收入，从而摆脱贫困境况。

总之，在较低贫困标准下和较高贫困标准下，不同家庭生命周期农村家庭的贫困持续年数有所差异。（1）在较低贫困标准下（低收入线和1美元/人·天贫困标准），以成立期家庭为参照，抚育期家庭贫困持续年数最长，成熟期家庭贫困持续年数比三代同堂期家庭显著更长，三代同堂期家庭比空巢期家庭显著更长。（2）在较高贫困标准下（1美元/人·天贫困标准和2美元/人·天贫困标准），三代同堂期家庭贫困持续年数最长，成熟期家庭的贫困持续年数比抚育期家庭更长，抚育期家庭的贫困持续年数比空巢期家庭更长。

## 第三节　湖北省农村家庭进入贫困或退出贫困的影响因素

### 一、数据来源与计量模型

#### （一）数据说明

本节所采用的数据来源与本章前二节相同，为了考察农村家庭进入贫困和退出贫困的动态，在删除那些信息不连贯的农村家庭样本基础上，构建一个每年有2952个样本、连续时间为6年的数据。首先，根据不同贫困标准，将农村家庭分为贫困农村家庭和非贫困农村家庭，将时期设定在2005～2010年，如果一个农村家庭一直处在非贫困状态或一直处在贫困状态，则定义该农村家庭为贫困状态未发生改变。在研究农村家庭进入贫困的影响因素时，以贫困状态未发生改变农村家庭为参照，将剩余发生过贫困变动的家庭中在某一年份陷入贫困的家庭视为进入贫困。在研究农村家庭退出贫困的影响因素时，也是以贫困状态不变农村家庭为参照，将剩余发生过贫困变动的家庭在某一年份退出贫困的家庭视为退出贫困。

#### （二）计量模型

现有研究表明，基于数据的可得性及模型对数据的要求条件不同，姚毅（2012）认为，二元Logit模型是适用性比较强的研究模型，既能降低对样本的要求，又能兼顾分析的全面性。

第一，在研究进入贫困时，设农村家庭贫困状态不变取值为0，农村家庭进入贫困取值为1。具体模型如下：

$$P_i(y=1) = F(\alpha + \sum_{j=1}^{n} \beta_j x_{ij}) = \frac{1}{1 + e^{-(\alpha + \sum_{j=1}^{n} \beta_j x_{ij})}} \quad (6-16)$$

在式（6-16）中，$P_i$表示第i个家庭进入贫困的概率；i表示农村家庭序号；$\beta_j$表示第j个自变量的回归系数；j为自变量的编号；$x_{ij}$表示相关自变量。进行变换后，二元Logit回归模型见式（6-17）：

$$\ln\left(\frac{P_i}{1-P_i}\right) = \alpha + \sum_{j=1}^{n} \beta_j x_{ij} + \varepsilon_i \quad (6-17)$$

在式（6-17）中，$\frac{P_i}{1-P_i}$表示第 i 个农村家庭进入贫困的概率与贫困状态不变的概率比值，即农村家庭进入贫困的机会比。

第二，在研究退出贫困时，设农村家庭贫困状态不变取值为 0，农村家庭退出贫困取值为 1。农村家庭退出贫困的二元 Logit 回归模型如下：

$$\ln\left(\frac{P_i'}{1-P_i'}\right) = \alpha + \sum_{j=1}^{n} \beta_j' x_{ij}' + \varepsilon_i \qquad (6-18)$$

在式（6-18）中，主要解释变量为家庭生命周期类型，控制变量主要包括物质资本、金融资产、人力资本、农村家庭生计策略、政策因素、区域经济发展因素等，还控制了时间和区域异质性的影响。人力资本主要采用劳动力比例、初中以上劳动力人数和参加过培训的劳动力人数。

## 二、农村家庭进入贫困影响因素计量分析

本书采用解决异方差估计方法及稳健标准误估计方法，估计系数值为风险比，Wald chi$^2$ 统计量结果表明，模型拟合效果整体显著。表 6-9 列出了绝对贫困标准、2300 元/人·年贫困标准、1.25 美元/人·天贫困标准[①]和 2 美元/人·天贫困标准的回归估计结果。在表 6-9 中，模型 1～模型 8 是按照式（6-17）计算而得的。其中，模型 1、模型 3、模型 5、模型 7 为未考虑劳动时间配置的结果，而模型 2、模型 4、模型 6、模型 8 则是增加劳动时间配置的结果。

表 6-9　湖北省农村家庭进入贫困的 Logit 回归估计结果（以贫困状态不变为参考）

| 变量代码 | 绝对贫困 |  | 2300 元/人·年 |  | 1.25 美元/人·天 |  | 2 美元/人·天 |  |
|---|---|---|---|---|---|---|---|---|
|  | 模型 1 | 模型 2 | 模型 3 | 模型 4 | 模型 5 | 模型 6 | 模型 7 | 模型 8 |
| lc2 | 1.534 * (1.73) | 1.796 ** (2.30) | 1.422 ** (2.46) | 1.786 *** (3.83) | 1.272 ** (2.30) | 1.585 ** (2.52) | 3.084 *** (3.57) | 3.376 *** (3.65) |
| lc3 | 1.316 (1.33) | 1.578 ** (2.14) | 1.080 (0.63) | 1.406 *** (2.62) | 1.115 (0.72) | 1.426 ** (2.26) | 2.260 *** (2.64) | 2.535 *** (2.85) |
| lc4 | 1.718 ** (2.22) | 1.971 *** (2.73) | 1.557 ** (3.03) | 1.868 *** (4.09) | 1.313 ** (2.23) | 1.572 ** (2.49) | 3.302 *** (3.73) | 3.464 *** (3.69) |

---

①　由于 1 美元/人·天贫困标准下进入贫困的样本少，本节用 1.25 美元/人·天贫困标准下的样本代替。

续表

| 变量代码 | 绝对贫困 模型1 | 绝对贫困 模型2 | 2300元/人·年 模型3 | 2300元/人·年 模型4 | 1.25美元/人·天 模型5 | 1.25美元/人·天 模型6 | 2美元/人·天 模型7 | 2美元/人·天 模型8 |
|---|---|---|---|---|---|---|---|---|
| lc5 | — — | — — | — — | — — | — — | — — | 3.217*** (3.68) | 2.911*** (3.20) |
| hhsize | 1.283*** (5.01) | 1.289*** (4.90) | 1.410*** (10.30) | 1.427*** (10.25) | 1.362*** (7.86) | 1.382*** (7.89) | 1.533*** (13.32) | 1.519*** (12.58) |
| hhage | 1.011* (1.84) | 1.011* (1.72) | 1.016*** (4.34) | 1.014*** (3.94) | 1.015*** (3.41) | 1.015*** (3.41) | 1.005 (1.60) | 1.004 (1.15) |
| hhsex | 1.263 (1.07) | 1.372 (1.44) | 1.285* (1.89) | 1.475*** (2.80) | 1.329* (1.78) | 1.439** (2.21) | 1.052 (0.39) | 1.205 (1.44) |
| Land | 0.612*** (-8.12) | 0.557*** (-8.71) | 0.585*** (-16.55) | 0.510*** (-17.34) | 0.588** (-12.72) | 0.522*** (-13.57) | 0.610*** (-17.74) | 0.545*** (-18.67) |
| Capital | 1.000 (0.60) | 1.000 (0.18) | 1.000 (0.35) | 0.999 (-0.40) | 1.000 (0.96) | 1.000 (0.26) | 1.000 (0.21) | 0.999 (-0.61) |
| Labor | 1.562 (1.42) | 1.055 (0.11) | 1.146 (0.74) | 0.932 (-0.25) | 1.072 (0.31) | 0.920 (-0.24) | 1.764*** (3.29) | 2.129*** (3.04) |
| Laboredu | 0.787*** (-5.77) | 0.812*** (-4.97) | 0.777*** (-9.40) | 0.813*** (-7.69) | 0.785*** (-7.53) | 0.815*** (-6.35) | 0.745*** (-11.76) | 0.783*** (-9.75) |
| Training | 0.831*** (-3.10) | 0.851*** (-2.73) | 0.856*** (-4.87) | 0.882*** (-3.97) | 0.827*** (-4.47) | 0.850*** (-3.84) | 0.888*** (-4.36) | 0.923*** (-2.91) |
| parttime | 2.619*** (9.41) | 2.193*** (7.34) | 2.311*** (12.64) | 1.882*** (9.05) | 2.357*** (10.91) | 1.923*** (7.94) | 2.098*** (12.16) | 1.755*** (8.77) |
| Policy | 0.674*** (-4.24) | 0.634*** (-4.81) | 0.639*** (-7.95) | 0.595*** (-9.03) | 0.635*** (-6.70) | 0.600*** (-7.39) | 0.745*** (-5.33) | 0.698*** (-6.75) |
| Shijian1 | — — | 1.114*** (2.88) | — — | 1.125*** (4.94) | — — | 1.108*** (3.51) | — — | 1.056*** (2.57) |
| Shijian2 | — — | 0.850*** (-3.18) | — — | 0.804*** (-7.34) | — — | 0.831*** (-4.90) | — — | 0.763*** (-10.32) |
| Shijian3 | — — | 1.144*** (3.43) | — — | 1.158*** (6.33) | — — | 1.117*** (3.77) | — — | 1.185*** (8.17) |
| Year | 控制 | 控制 | 控制 | 控制 | 控制 | 控制 | 控制 | 控制 |
| Region | 控制 | 控制 | 控制 | 控制 | 控制 | 控制 | 控制 | 控制 |
| Wald chi$^2$ | 395*** | 419*** | 1040*** | 1092*** | 657*** | 695*** | 1193*** | 1262** |
| Log likehood | -2577 | -2546 | -5474 | -5335 | -4118 | -4046 | — | — |
| N | 15480 | 15480 | 12494 | 12494 | 14256 | 14256 | 11916 | 11916 |
| Pseudo R$^2$ | 0.083 | 0.094 | 0.124 | 0.146 | 0.097 | 0.113 | 0.123 | 0.144 |

注：( ) 内为 z 值；*、**、*** 分别表示10%、5%、1%的水平上显著。"—"表示无数据。

估计结果表明，在绝对贫困标准下，家庭生命周期变量对农村家庭进入贫困没有显著影响。当贫困标准提高到 1.25 美元/人·天和 2300 元/人·年时，三代同堂家庭和抚育期家庭对农村家庭进入贫困有显著正向影响。由于贫困标准越低，进入贫困的家庭越少，尤其分家庭生命周期阶段来看，成立期家庭的样本量少可能会造成估计结果的显著性。因此，在较低贫困标准下，本书把成立期家庭和空巢期家庭合并，作为参照来进行回归估计。从估计结果来看，模型的拟合效果比较好。

估计结果表明，家庭生命周期对农村家庭进入贫困有显著的正向影响；从风险比值来看，三代同堂家庭的风险比高于抚育期家庭，抚育期家庭的风险比高于成熟期家庭。在 2 美元/人·天贫困标准下，空巢期家庭的风险比低于抚育期家庭，但是高于成熟期家庭。另外，表 6-10 还列出了边际效应的结果，由于篇幅所限，没有报告其他控制变量的边际效应。边际效应和风险比的结果共同表明，三代同堂家庭更可能陷入贫困，抚育期家庭陷入贫困的概率高于空巢期家庭，空巢期家庭陷入贫困的概率高于成熟期家庭，成立期家庭陷入贫困的概率最低。这与描述性统计结果基本一致。

表 6-10　生命周期对湖北省农村家庭进入贫困的边际效应（2 美元/人·天）

| 家庭周期 | 边际贡献 | 标准误 | z 值 |
|---|---|---|---|
| 抚育期 | 0.218 *** | 0.057 | 3.66 |
| 成熟期 | 0.159 *** | 0.056 | 2.85 |
| 三代同堂期 | 0.222 *** | 0.057 | 3.89 |
| 空巢期 | 0.182 ** | 0.057 | 3.21 |
| 其他变量 | 控制 | 控制 | 控制 |

注：*、**、*** 分别表示在 10%、5%、1% 上的水平上显著。

会显著导致农村家庭进入贫困的因素有：家庭人口规模越多，户主年龄越大，户主为女性的家庭，更可能进入贫困；相比非农兼业户，以务农为主的家庭更可能进入贫困；农业劳动时间越长的家庭，其进入贫困的概率会越上升；两者表明，以农业为主的生计策略，获取的收入会相对更低，会加剧农村家庭进入贫困的可能性。另外，家庭外出务工时间对农村家庭进入贫困有显著的正向影响，可能是贫困农村家庭外出务工时间短、劳动力素质相对较低，导致农村家庭外出务工收入有限，在提高收入方面效果有限。

对农村家庭进入贫困有显著负向影响的因素包括劳动力受教育水平、接受过技术培训的劳动力人数等人力资本，这些人力资本水平越高，家庭获取非农务工的机会就多，家庭收入能力相对更强，有助于家庭退出贫困。家庭耕地资源越多，则有可能保证家庭获取相对更高的农业收入或获取政府的农业补贴等；家庭的非农劳动时间越长，则家庭有可能获取更多的非农收入，会促进家庭退出贫困。

为了检验模型及估计结果的稳健性，表6-9中还列出了1.25美元/人·天贫困标准、绝对贫困标准、2300元/人·年贫困标准下的结果。在不同贫困标准下，家庭生命周期变量的系数方向和显著性水平基本稳定，同时，其他变量也保持了较高的稳健结果。这表明，模型估计结果是稳健的。

### 三、农村家庭退出贫困影响因素计量分析

本书采用异方差—稳健标准误估计方法，估计系数值为风险比，Wald chi$^2$统计量结果表明，模型拟合效果整体显著。表6-11列出了2300元/人·年贫困标准、1.25美元/人·天贫困标准和2美元/人·天贫困标准的回归估计结果。在表6-11中，模型1~模型8是根据式（6-18）计算而得的。其中，模型1、模型3、模型5、模型7为未考虑劳动时间配置的结果，而模型2、模型4、模型6、模型8则是增加劳动时间配置的结果。由于贫困标准越低，处于贫困的家庭越少，尤其分家庭生命周期阶段来看，成立期家庭的样本量少可能会造成估计结果的显著性。因此，在较低贫困标准下，本书把成立期家庭和空巢期家庭合并，作为参照来进行回归估计。另外，在绝对贫困标准下，只有极少数家庭经历了贫困状态不变，无法考察农村家庭退出贫困问题，因此只报告了2300元/人·年贫困标准、1.25美元/人·天贫困标准和2美元/人·天贫困标准下的回归估计结果。从估计结果来看，模型的拟合效果比较好。

表6-11 湖北省农村家庭退出贫困Logit回归估计结果（以贫困状态不变为参考）

| 变量代码 | 2300元/人·年 | | 1.25美元/人·天 | | 2美元/人·天 | |
|---|---|---|---|---|---|---|
| | 模型1 | 模型2 | 模型3 | 模型4 | 模型5 | 模型6 |
| lc2 | 0.133*<br>(-1.75) | 0.113*<br>(-1.87) | 3.88e-07***<br>(-11.41) | 1.03e-06***<br>(-10.62) | 0.034***<br>(-3.21) | 0.029***<br>(-3.36) |
| lc3 | 0.083**<br>(-2.39) | 0.072**<br>(-2.52) | 5.26e-07***<br>(-23.33) | 1.03e-06***<br>(-24.40) | 0.028***<br>(-3.53) | 0.024***<br>(-3.68) |

第六章　湖北省农村家庭贫困动态过程的影响因素 | 135

续表

| 变量代码 | 2300元/人·年 | | 1.25美元/人·天 | | 2美元/人·天 | |
|---|---|---|---|---|---|---|
| | 模型1 | 模型2 | 模型3 | 模型4 | 模型5 | 模型6 |
| lc4 | 0.094** | 0.082** | 1.27e-07** | 3.22e-07*** | 0.032*** | 0.028*** |
| | (-2.19) | (-2.30) | (-20.97) | (-21.47) | (-3.32) | (-3.44) |
| hhsize | 0.848* | 0.829** | 1.013 | 1.065 | 0.902 | 0.863** |
| | (-1.95) | (-2.23) | (0.10) | (0.46) | (-1.58) | (-2.20) |
| hhage | 0.925*** | 0.923*** | 0.949** | 0.950** | 0.948*** | 0.946*** |
| | (-7.08) | (-7.20) | (-2.07) | (-2.10) | (-7.15) | (-7.24) |
| hhsex | 1.285 | 1.204 | 0.318*** | 0.350** | 0.713 | 0.669 |
| | (0.57) | (0.42) | (-2.78) | (-2.45) | (-1.21) | (-1.43) |
| Land | 2.749*** | 2.955*** | 2.887*** | 3.109*** | 2.134*** | 2.239*** |
| | (5.30) | (5.38) | (-3.15) | (-3.07) | (7.59) | (7.69) |
| Capital | 1.001*** | 1.001*** | 0.999 | 0.999 | 1.000** | 1.000** |
| | (2.93) | (3.11) | (-0.18) | (-0.38) | (2.23) | (2.37) |
| Fassets | 1.000*** | 1.000*** | 1.000*** | 1.000*** | 1.000*** | 1.000*** |
| | (2.99) | (2.88) | (5.02) | (4.86) | (4.38) | (4.34) |
| Labor | 0.656 | 6.017 | 0.028** | 2.293 | 1.527 | 3.741** |
| | (-0.71) | (1.60) | (-2.06) | (0.32) | (1.08) | (2.05) |
| Laboredu | 0.958 | 0.911 | 1.066 | 1.065 | 0.992 | 0.970 |
| | (-0.53) | (-1.12) | (0.43) | (0.42) | (-0.14) | (-0.55) |
| Training | 1.321** | 1.345** | 1.001 | 1.043 | 1.234*** | 1.255*** |
| | (2.16) | (2.36) | (0.01) | (0.28) | (2.61) | (2.86) |
| parttime | 0.290*** | 0.319*** | 0.566 | 0.547 | 0.387*** | 0.428*** |
| | (-5.67) | (-5.00) | (-1.40) | (-1.43) | (-6.58) | (-5.70) |
| Policy | 1.104 | 1.125 | 1.245 | 1.433 | 1.558*** | 1.496*** |
| | (0.49) | (0.58) | (0.65) | (1.06) | (3.51) | (3.18) |
| Shijian1 | — | 0.737*** | — | 0.680** | — | 0.847*** |
| | — | (-3.52) | — | (-2.40) | — | (-3.11) |
| Shijian2 | — | 0.869 | — | 0.780 | — | 0.910 |
| | — | (-1.50) | — | (-1.32) | — | (-1.49) |
| Shijian3 | — | 0.990 | — | 0.757** | — | 1.076* |
| | — | (-0.17) | — | (-2.13) | — | (1.74) |
| Year | 控制 | 控制 | 控制 | 控制 | 控制 | 控制 |
| Region | 控制 | 控制 | 控制 | 控制 | 控制 | 控制 |
| Wald chi² | 239*** | 253*** | 1976*** | 1.000*** | 343*** | 353*** |
| Log likehood | -558 | -550 | -178 | -172 | -1185 | -1177 |
| N | 5050 | 5050 | 3300 | 3300 | 6010 | 6010 |
| Pseudo R² | 0.242 | 0.254 | 0.209 | 0.234 | 0.210 | 0.217 |

注：()内为z值；*、**、***分别表示在10%、5%、1%上的水平上显著。"—"表示无数据。

估计结果表明，家庭生命周期对农村家庭退出贫困有显著的负向影响；从风险比值来看，抚育期家庭的风险比高于三代同堂期家庭，三代同堂期家庭的风险比高于成熟期家庭。另外，表 6-12 还列出边际效应的结果，由于篇幅所限，没有报告其他控制变量的边际效应，家庭生命周期变量的边际效果大小排序与风险比相反。边际效应和风险比的结果共同表明，抚育期家庭退出贫困的概率高于三代同堂期家庭，三代同堂期家庭退出贫困的概率高于成立期家庭。

表 6-12 生命周期对湖北省农村家庭退出贫困的边际效应

| 生命周期 | 2300 元/人·年 | | | 2 美元/人·天 | | |
| --- | --- | --- | --- | --- | --- | --- |
| | 边际贡献 | 标准误 | z 值 | 边际贡献 | 标准误 | z 值 |
| 抚育期 | -0.062*** | 0.033 | -1.87 | -0.195*** | 0.058 | -3.35 |
| 成熟期 | -0.075*** | 0.030 | -2.52 | -0.206*** | 0.056 | -3.66 |
| 三代同堂期 | -0.071*** | 0.031 | -2.29 | -0.196*** | 0.057 | -3.42 |
| 其他变量 | 控制 | 控制 | 控制 | 控制 | 控制 | 控制 |

注：*、**、*** 分别表示 10%、5%、1% 上的水平上显著。

会显著导致农村家庭退出贫困的因素有：劳动力受教育水平、接受培训劳动力人数等人力资本越高，家庭获取非农务工的机会就越多，家庭收入能力相对越强，有助于家庭退出贫困；家庭生产性固定资产和金融资产对农村家庭退出贫困有显著影响，但影响效应太小，可能的原因是生产性固定资产和金融资产的累计需要长期过程，主要通过改变家庭经营方式来提高收入，对于贫困农村家庭而言，资本累计本来就弱，导致其难以发挥作用。家庭耕地资源越多，则越有可能保证家庭获取相对更高的农业收入或政府的农业补贴等，因此，更容易退出贫困。

对农村家庭退出贫困有显著负向影响的因素包括：家庭人口规模越大，户主年龄越大，户主为女性的家庭，退出贫困的概率越低；相比非农兼业户，以务农为主的家庭退出贫困的概率更低；农业劳动时间越长的家庭，退出贫困的概率越低。两者表明，以农业为主的生计策略，获取的收入会相对更低，降低了农村家庭退出贫困的可能性。

为了检验模型及估计结果的稳健性，表 6-11 中还列出了 1.25 美元/人·天贫困标准、2300 元/人·年贫困标准下的结果。在不同贫困标准下，家庭生命周期变量的系数方向和显著性水平基本稳定，同时，其他变量也保持了较高的稳健结果。这表明，模型估计结果是稳健的。

# 第七章

# 湖北省农村家庭的暂时贫困测度与持久贫困测度

第六章主要分析了农村家庭的贫困经历及进入贫困、退出贫困动态，但是，没有考虑贫困程度的问题。因此，本章将采用组分分解方法将贫困分解为暂时贫困和持久贫困，进而分不同生命周期阶段来考察农村家庭的暂时贫困特征、持久贫困特征；最后，采用计量方法来分析暂时贫困、持久贫困的影响因素。

## 第一节 基于组分分解法的暂时贫困测度和持久贫困测度

### 一、贫困组分分解方法

（一）罗杰斯和罗杰斯（Rodgers and Rodgers）的分解方法

在研究美国贫困问题时，罗杰斯和罗杰斯（1993）提出了一种与以往研究不同、基于永久性收入来度量持久贫困的方法。假设有 n 个个体，经历了 T 时期，$y_t$ 为各期的实际收入，$y_t^*$ 为各期的永久性收入，z 为贫困标准。定义 T 年的总贫困 $A_P(T)$ 为 T 年内的加权平均贫困：

$$A_{P(T)} = \sum_{t=1}^{T} w_t p_t \qquad (7-1)$$

在式（7-1）中，$\sum_{t=1,T} w_t = 1$，如果每年人数不变，则 $w_t = 1/T$（t = 1，2，…，T），P 是可分解加总的贫困指数（additively-decomposable poverty index）。

在 T 时期内，永久性收入 $y_t^*$ 等于最大可持续的年消费水平，可以通过 T 年内的真实收入获得。假设储蓄利率和贷款利率相同，大于零，且在 T 时期内不变。那么，T 年内的持久贫困 $C_P(T)$ 可以定义为：

$$C_P(T) = P(y_{t1}^*, y_{t2}^*, \cdots, y_{tn}^*) \quad (7-2)$$

与 $A_P(T)$ 不同，$C_P(T)$ 假设收入在历年之间可以转移，以平衡收入消费比率。

那么，暂时贫困就等于总贫困减去持久贫困的剩余部分：

$$T_P(T) = A_P(T) - C_P(T) \quad (7-3)$$

在具体计算中，可以采用 FGT 指数（Foster, Greer and Thorbecke, 1984）来衡量贫困，在 n 个个体中，有 m 个人为处于贫困状态。

$$FGT = (1/n) \sum_{i=1}^{m} (1 - y_i/z)^2 \quad (7-4)$$

将 FGT 指数代入式（7-1），可以求出 $A_{FGT}(T)$ 和 $C_{FGT}(T)$：

$$A_{FGT}(T) = (1/nT) \sum_{t=1}^{T} \sum_{i=1}^{m_t} (1 - y_{it}/z)^2 \quad (7-5)$$

$$G_{FGT}(T) = (1/n) \sum_{i=1}^{m_y} (1 - y_{Ti}^*/z)^2 \quad (7-6)$$

在式（7-5）、式（7-6）中，$m_t$ 和 $m_y$ 分别表示 $y_{it} < z$ 的人数，$y_{Ti}^* < z$ 的人数；并且，$y_{i-1} \leqslant y_i$（$i=1, 2, \cdots, n$），$y_{T,i-1}^* \leqslant y_{T,i}^*$（$i=1, 2, \cdots, n$）。

## （二）罗杰斯和罗杰斯（Rodgers and Rodgers）的相对贫困分解方法

当研究澳大利亚家庭持久贫困在生命周期中的差异性时，罗杰斯和罗杰斯（2009）采用相对贫困标准，以是否贫困或是否处于持久贫困为指标进行分解。不同于已有的研究，将收入中位数的一定比例（如50%）作为贫困标准，将永久性收入的一定比例（如50%）作为持久贫困标准。

仍然假设有 n 个个体，经历了 T 期，$y_t$ 为各期的实际收入，$y_t^*$ 为各期的永久性收入。如果第 i 个个体在 t 期内收入低于贫困标准，则 $p_{it} = 1$，否则，$p_{it} = 0$。那么，在 t 时期内 n 个个体的贫困率 $H_t$：

$$H_t = \frac{1}{n} \sum_{i=1}^{n} P_{it} \quad (7-7)$$

第 i 个个体的年平均贫困 $a_i$：

$$a_i = \frac{1}{T} \sum_{t=1}^{T} P_{it} \quad (7-8)$$

在 n 个样本 T 期的平衡面板数据里,年均贫困指数 A:

$$A = \frac{1}{T}\sum_{t=1}^{T} H_t = \frac{1}{n}\sum_{i=1}^{n} a_i = \frac{1}{Tn}\sum_{t=1}^{T}\sum_{t=1}^{n} P_{it} \quad (7-9)$$

年均贫困指数 A 可以分解为持久贫困和暂时贫困。

如果 i 个人是持久贫困的,则 $c_i = 1$,否则 $c_i = 0$。所有人的持久贫困 C,则为持久贫困人口的比例,即:

$$C = \frac{1}{n}\sum_{i=1}^{n} c_i \quad (7-10)$$

第 i 个人的年均贫困 $a_i$ 与持久贫困 $c_i$ 的差为 $d_i$,如果 T 期内 $d_i > 0$,则是持久贫困;$d_i < 0$,则是在部分期间内暂时退出贫困。如果 $d_i = 0$,则第 i 个人总是贫困或总是不贫困。

对于所有人而言,

$$D = \frac{1}{n}\sum_{i=1}^{n} d_t = \frac{1}{n}\sum_{i=1}^{n} a_i \frac{1}{n}\sum_{i=1}^{n} c_i = A - C \quad (7-11)$$

如果 $D > 0$,表示在总人口中暂时贫困的比例;$D < 0$,表示总人口中持久贫困的比例。

### (三)贾兰和拉瓦雷(Jalan and Ravallion)的分解方法

贾兰和拉瓦雷(1998)基于永久性收入假设,把收入和消费分为固定收入(消费)组分和变动收入(消费)组分。将暂时贫困 $TP_{it}$ 定义为消费的跨期变动导致的贫困,持久贫困 $CP_{it}$ 定义为平均消费持续低迷所导致的贫困。总贫困 $P_{it}$ 等于暂时贫困 $CP_{it}$ 和持久贫困 $TP_{it}$ 之和。其中,总贫困和持久贫困可以直接计算。那么,暂时贫困($TP_{it}$)则可以用式(7-12)表达:

$$TP_i = P(y_{i1}, y_{i2}, \cdots, y_{iD}) - P(\bar{y}_i, \bar{y}_i, \cdots, \bar{y}_i) = P_{it} - CP_{it} \quad (7-12)$$

在式(7-12)中,总贫困和持久贫困采用 FGT 中的 SPG($\alpha = 2$)指标来度量。分解的思路是,对同一个样本在不同时期的贫困进行纵向加总。假设一个家庭或者个人在 T 时期内的收入流或者消费流为 $y_{i1}, y_{i2}, \cdots, y_{it}$,则在 T 时期内的总贫困表示为:

$$P(y_{it}) = 1/T \sum_{t=1}^{T}\left(1 - \frac{y_{it}}{z}\right)^2 \quad \text{if} \quad y_{it} < z \quad (7-13)$$
$$P(y_{it}) = 0 \quad \text{if} \quad y_{it} \geq z$$

T 时期内的收入 $y_{it}$ 或消费 $y_{it}$ 可以分为永久性收入或消费 $\bar{y}_{it}$ 和随机收入或消费 $\hat{y}_{it}$ 两部分，代入式（7-13），并展开公式得到：

$$P_{it} = 1/T \sum_{t=1}^{T} \left(1 - \frac{\bar{y}_{it}}{z}\right)^2 - 2\left(1 - \frac{\bar{y}_{it}}{z}\right)\frac{\hat{y}_{it}}{z} + \left(\frac{\hat{y}_{it}}{z}\right)^2 \quad (7-14)$$

由于 $\sum_{t=1}^{T} \frac{\hat{y}_{it}}{z} = 0$，则式（7-14）简化为：

$$P_{it} = \left(1 - \frac{\bar{y}_{it}}{z}\right)^2 + 1/T \sum_{t=1}^{T} \left(\frac{\hat{y}_{it}}{z}\right)^2 = CP_{it} + TP_{it} \quad (7-15)$$

但是，贾兰和拉瓦雷（1998）的分解方法仍有两点主要不足：第一，违反阿玛蒂亚·森（1976）提出的贫困加总核心公理。即在度量某个群体的总贫困时，非贫困个体的福利水平应该不会对总贫困产生影响。但是，该方法在加总持久贫困时，考虑了非贫困时期的消费水平（章元等，2013）。第二，对一个家庭或个人所经历贫困的时间长度并不敏感（Foster，2007）。

### （四）章元等的分解方法

第二章介绍了贾兰和拉瓦雷（1998）方法及其缺点。章元等（2012）对贫困分解方法进行了改进，提出对不同个人在某年的贫困进行横向加总。新的贫困分解公式为：

$$P = 1/T \sum_{T=1}^{T=t} \left(1 - \frac{Y_t}{Z}\right)^\alpha \quad (7-16)$$

将式（7-16）进一步可分解为：

$$P = 0 + 1/T \sum_{T=1}^{T=t} \left(\frac{\hat{Y}_t}{Z}\right) \quad \text{if} \quad n = 1 \quad (7-17)$$

$$= n/T \left(1 - \frac{\bar{Y}}{Z}\right)^2 + 1/T \sum_{T=1}^{T=t} \left(\frac{\hat{Y}_t}{Z}\right) \quad \text{if} \quad n > 1 \quad (7-18)$$

式（7-17）表示的是，如果贫困年数 n 等于 1 年时，持久贫困等于 0，只有暂时贫困，即将只经历 1 年贫困的情况视为暂时贫困。此时，总贫困等于暂时贫困。

在式（7-18）中，等式右边的第一部分为持久贫困，表示生活在贫困标准以下的年份里，永久性收入低于贫困标准的幅度。等式右边第二部分为暂时贫困，是根据处于贫困标准以下年份里，收入的波动性决定贫困水平。

章元等（2012）提出修改后的方法，有以下5个优点。（1）满足阿玛蒂亚·森（1976）提出的核心公理（focus axiom），要求对某个群体总贫困的度量结果只与那些贫困人口的福利水平有关。（2）满足阿玛蒂亚·森（1976）提出的单调性公理（monotonicity axiom），在保持其他因素不变的情况下，处于贫困标准以下收入下降必然使得总贫困上升。（3）满足阿玛蒂亚·森（1976）提出的弱传递性公理（weak transfer axiom），程度加重要求总贫困的度量结果要对贫困家庭之间的收入分配具有敏感性。（4）满足福斯特和夏洛克斯（Foster and Shorrocks，1991）提出的"子样本一致性"（subgroup consistent）公理，如果样本中某个家庭或某个人的贫困程度加重了，在其他条件不变的情况下，那么，加总后的贫困程度也必然加重。（5）按照章元等（2012）的方法，加总的贫困表示一个家庭或个人过去一段时间内实际经历的贫困。但是，吴海涛等（2013）指出，该分解方法测度的持久贫困对时间长度不具有很强的敏感性。

## 二、农村家庭的暂时贫困特征和持久贫困特征

鉴于章元等（2012）修改后的方法优点相对更多，本书将选择该方法对贫困进行分解。考虑到低收入线贫困标准和1.25美元/人·天贫困标准很接近，只报告了1.25美元/人·天贫困标准的回归结果。表7-1和表7-2分别报告了绝对贫困标准、2300元/人·年贫困标准、1.25美元/人·天贫困标准和2美元/人·天贫困标准的回归结果。在测算时，为了保证结果的稳健性，考察了时间段为3年、4年、5年和6年等多种情况下的贫困组分以及持久贫困的比重。如无特殊说明，图表数据均来源于湖北省农村家庭调查数据运用Stata软件计算整理而得。

### （一）暂时贫困和持久贫困的变化趋势

在不同贫困标准下，不同时间段内的暂时贫困和持久贫困呈现出不同的变化趋势。在绝对贫困标准和1.25美元/人·天等较低贫困标准下，

表 7-1　湖南省农村家庭不同贫困组分特征（中国贫困标准）

| 贫困年数 | 绝对贫困标准 | | | | | 2300 元/人·年 | | | |
|---|---|---|---|---|---|---|---|---|---|
| T=3 | 2005~2007 年 | 2006~2008 年 | 2007~2009 年 | 2008~2010 年 | 2005~2007 年 | 2006~2008 年 | 2007~2009 年 | 2008~2010 年 |
| 总贫困 | 0.0276 | 0.0276 | 0.0337 | 0.0385 | 0.0351 | 0.0326 | 0.0349 | 0.0351 |
| 暂时贫困 | 0.0146 | 0.0186 | 0.0273 | 0.0360 | 0.0134 | 0.0134 | 0.0163 | 0.0232 |
| 持久贫困 | 0.0130 | 0.0089 | 0.0064 | 0.0025 | 0.0217 | 0.0192 | 0.0187 | 0.0119 |
| 持久贫困比例（%） | 47.10 | 32.24 | 18.99 | 6.49 | 61.87 | 58.78 | 53.46 | 33.94 |
| T=4 | 2005~2008 年 | 2006~2009 年 | 2007~2010 年 | | 2005~2008 年 | 2006~2009 年 | 2007~2010 年 | |
| 总贫困 | 0.0240 | 0.0323 | 0.0391 | — | 0.0336 | 0.0349 | 0.0348 | — |
| 暂时贫困 | 0.0167 | 0.0229 | 0.0335 | — | 0.0124 | 0.0138 | 0.0177 | — |
| 持久贫困 | 0.0073 | 0.0095 | 0.0056 | — | 0.0211 | 0.0212 | 0.0171 | — |
| 持久贫困比例（%） | 30.42 | 29.41 | 14.32 | — | 62.80 | 60.60 | 49.14 | — |
| T=5 | 2005~2009 年 | 2006~2010 年 | | | 2005~2009 年 | 2006~2010 年 | | |
| 总贫困 | 0.0286 | 0.0369 | — | — | 0.0352 | 0.0348 | — | — |
| 暂时贫困 | 0.0204 | 0.0286 | — | — | 0.0129 | 0.0151 | — | — |
| 持久贫困 | 0.0082 | 0.0084 | — | — | 0.0223 | 0.0197 | — | — |
| 持久贫困比例（%） | 28.67 | 22.76 | — | — | 63.38 | 56.67 | — | — |
| T=6 | 2005~2010 年 | | | | 2005~2010 年 | | | |
| 总贫困 | 0.0330 | — | — | — | 0.0351 | — | — | — |
| 暂时贫困 | 0.0241 | — | — | — | 0.0143 | — | — | — |
| 持久贫困 | 0.0089 | — | — | — | 0.0208 | — | — | — |
| 持久贫困比例（%） | 26.97 | — | — | — | 59.26 | — | — | — |

注："—"表示无数据。

## 第七章 湖北省农村家庭的暂时贫困测度与持久贫困测度

表7-2 湖北省农村家庭不同贫困组分特征（国际贫困标准）

<table>
<tr><th rowspan="2">贫困年数</th><th colspan="5">1.25美元/人·天</th><th colspan="5">2美元/人·天</th></tr>
<tr><th>2005~2007年</th><th>2006~2008年</th><th>2007~2009年</th><th>2008~2010年</th><th></th><th>2005~2007年</th><th>2006~2008年</th><th>2007~2009年</th><th>2008~2010年</th><th></th></tr>
<tr><td colspan="11">T=3</td></tr>
<tr><td>总贫困</td><td>0.0250</td><td>0.0240</td><td>0.0291</td><td>0.0334</td><td></td><td>0.0457</td><td>0.0416</td><td>0.0423</td><td>0.0403</td><td></td></tr>
<tr><td>暂时贫困</td><td>0.0119</td><td>0.0130</td><td>0.0203</td><td>0.0286</td><td></td><td>0.0145</td><td>0.0144</td><td>0.0169</td><td>0.0204</td><td></td></tr>
<tr><td>持久贫困</td><td>0.0131</td><td>0.0110</td><td>0.0088</td><td>0.0048</td><td></td><td>0.0312</td><td>0.0272</td><td>0.0254</td><td>0.0200</td><td></td></tr>
<tr><td>持久贫困比例(%)</td><td>52.40</td><td>45.83</td><td>30.24</td><td>14.37</td><td></td><td>68.27</td><td>65.38</td><td>60.05</td><td>49.63</td><td></td></tr>
<tr><td colspan="11">T=4</td></tr>
<tr><td></td><td>2005~2008年</td><td>2006~2009年</td><td>2007~2010年</td><td></td><td></td><td>2005~2008年</td><td>2006~2009年</td><td>2007~2010年</td><td></td><td></td></tr>
<tr><td>总贫困</td><td>0.0233</td><td>0.0282</td><td>0.0322</td><td></td><td></td><td>0.0438</td><td>0.0431</td><td>0.0406</td><td></td><td></td></tr>
<tr><td>暂时贫困</td><td>0.0116</td><td>0.0165</td><td>0.0242</td><td></td><td></td><td>0.0133</td><td>0.0146</td><td>0.0175</td><td></td><td></td></tr>
<tr><td>持久贫困</td><td>0.0117</td><td>0.0117</td><td>0.0080</td><td></td><td></td><td>0.0305</td><td>0.0285</td><td>0.0231</td><td></td><td></td></tr>
<tr><td>持久贫困比例(%)</td><td>50.21</td><td>41.49</td><td>24.84</td><td></td><td></td><td>69.63</td><td>66.13</td><td>56.90</td><td></td><td></td></tr>
<tr><td colspan="11">T=5</td></tr>
<tr><td></td><td>2005~2009年</td><td>2006~2010年</td><td></td><td></td><td></td><td>2005~2009年</td><td>2006~2010年</td><td></td><td></td><td></td></tr>
<tr><td>总贫困</td><td>0.0268</td><td>0.0308</td><td></td><td></td><td></td><td>0.0446</td><td>0.0415</td><td></td><td></td><td></td></tr>
<tr><td>暂时贫困</td><td>0.0147</td><td>0.0203</td><td></td><td></td><td></td><td>0.0137</td><td>0.0153</td><td></td><td></td><td></td></tr>
<tr><td>持久贫困</td><td>0.0121</td><td>0.0105</td><td></td><td></td><td></td><td>0.0308</td><td>0.0262</td><td></td><td></td><td></td></tr>
<tr><td>持久贫困比例(%)</td><td>45.15</td><td>34.09</td><td></td><td></td><td></td><td>69.06</td><td>63.13</td><td></td><td></td><td></td></tr>
<tr><td colspan="11">T=6</td></tr>
<tr><td></td><td>2005~2010年</td><td></td><td></td><td></td><td></td><td>2005~2010年</td><td></td><td></td><td></td><td></td></tr>
<tr><td>总贫困</td><td>0.0292</td><td></td><td></td><td></td><td></td><td>0.0430</td><td></td><td></td><td></td><td></td></tr>
<tr><td>暂时贫困</td><td>0.0181</td><td></td><td></td><td></td><td></td><td>0.0148</td><td></td><td></td><td></td><td></td></tr>
<tr><td>持久贫困</td><td>0.0111</td><td></td><td></td><td></td><td></td><td>0.0282</td><td></td><td></td><td></td><td></td></tr>
<tr><td>持久贫困比例(%)</td><td>38.14</td><td></td><td></td><td></td><td></td><td>65.58</td><td></td><td></td><td></td><td></td></tr>
</table>

注："—"表示无数据。

农村家庭总贫困呈现上升趋势，持久贫困呈现下降趋势，暂时贫困呈现上升趋势。这表明，在较低贫困标准下，湖北省农村家庭经历暂时贫困的增加，能在一定程度上解释农村家庭总体贫困保持上升趋势。比如，在绝对贫困标准下，当时间段为 3 年时，考察了 2005~2007 年、2006~2008 年、2007~2009 年和 2008~2010 年 4 个时期。在这 4 个时期，总贫困由 0.0276 上升到 0.0385，持久贫困由 0.013 下降到 0.0025，暂时贫困由 0.0146 上升到 0.036。在时间段为 4 年、5 年时，总贫困、持久贫困和暂时贫困仍保持上述相同的变化规律。

当选择 2300 元/人·年和 2 美元/人·天等较高贫困标准时，在不同时间段内，暂时贫困和持久贫困的变化趋势保持不变，主要的不同之处是，随着时间段延长，总贫困呈现出逐步下降而不是上升的趋势。这表明，选择更高的贫困标准时，农村家庭总体贫困随着时间推移而降低了，主要是农村家庭经历的持久贫困降低导致的。比如，在 2 美元/人·天贫困标准下，当时间段为 3 年时，农村家庭总贫困从 0.0457 下降到 0.0403，同时，可以看到持久贫困由 0.0312 下降到 0.0200。在时间段为 4 年、5 年时，农村家庭总贫困和持久贫困仍具有上述变化趋势。

### （二）暂时贫困和持久贫困比较分析

在不同贫困标准下，不同时间段内暂时贫困和持久贫困的比较，有截然不同的结果。在较低的贫困标准下，无论时间段的长短，暂时贫困均值总是高于持久贫困均值，表明此时农村家庭的暂时贫困比持久贫困更严重。比如，在绝对贫困标准下，当时间段为 4 年时，在 2005~2008 年、2006~2009 年、2007~2010 年各时间段的暂时贫困分别为 0.0167、0.0220 和 0.0335，均远远高于同期持久贫困（0.0073、0.0095、0.0056）。另外，不同时间段的持久贫困比例都低于 50%（除个别情况外），且该比例随时间推移而呈明显下降的趋势。这也佐证了农村家庭暂时贫困更严重的结论。比如，在绝对贫困标准下，当时间段为 4 年时，2005~2008 年、2006~2009 年、2007~2010 年各时间段的持久贫困比例分别为 30.42%、29.41% 和 14.32%，尤其是 2007~2010 年的持久贫困比例下降到 51.31%。

在较高的贫困标准下，多数情况下，持久贫困的均值总是高于暂时贫困的均值。这表明，农村家庭的持久贫困比暂时贫困更严重，这一发现与章元（2013）不同。比如，在 2 美元/人·天贫困标准下，当时间段为 4 年时，在 2005~2008 年、2006~2009 年、2007~2010 年的持久贫困均值分别为 0.305、0.0285 和 0.0231，均大于同期暂时贫困（0.133、0.0146 和 0.0175）。另外，不同时间段的持久贫困比例都高于 50%（除个别情况外）。这也佐证了农村家庭持久贫困更严重的结论。比如，在 2 美元/人·天贫困标准下，当时间段为 4 年时，在 2005~2008 年、2006~2009 年、2007~2010 年各时间段的持久贫困比例分别为 69.63%、66.13% 和 56.90%。但是，随着时间的推移，持久贫困比例呈下降趋势，尤其在 2008~2010 年的持久性贫困比例略低于 50%。这表明，2008 年以后农村家庭持久性贫困比例降幅比以前时期更快。相比章元等（2013）的结果，在 T 值相同的情况下，本书所测度的持久贫困比例更低。这可能是我们采用的数据比章元等（2013）晚 5 年，也可能是所用样本农村家庭的区域不同、贫困标准不同等原因造成的。

### （三）暂时贫困和持久贫困的时间敏感性

在不同贫困标准下，T 值越大，持久贫困越高，而暂时贫困越低，总贫困变化不稳定。原因是本书的分解方法对时间段 T 具有敏感性，观察的时期越长，农村家庭的贫困越多，持久贫困可能越高（章元等，2013）。而暂时贫困主要是由收入的波动项决定的。随着观察期延长，收入的波动可能越小，进而暂时贫困越低。

### （四）农村家庭贫困组分构成特征

为了给出更稳健的结论，还测度了持久贫困组分为主（比重超过 50%）家庭占比和只有暂时贫困组分家庭占比，见表 7-3、表 7-4。结果表明，在较低贫困标准下，贫困家庭主要是由只经历暂时贫困的家庭组成，而不是由持久贫困为主的家庭组成。比如，在绝对贫困标准下，当时间段为 4 年时，在 2005~2008 年、2006~2009 年、2007~2010 年各时间段内，只有暂时贫困的家庭占比分别高达 75.44%、74.54% 和 72.63%，而同期持久贫困为主的家庭占比均低于 25%。

**表 7-3　持久贫困为主家庭比重（中国贫困标准）**

单位：%

| 贫困年数 | | 绝对贫困标准 | | | | | | | 2300元/人·年 | | | | | | |
|---|---|---|---|---|---|---|---|---|---|---|---|---|---|---|---|
| | | 2005~2007年 | 2006~2008年 | 2007~2009年 | 2008~2010年 | 2005~2008年 | 2006~2009年 | 2007~2010年 | 2005~2007年 | 2006~2008年 | 2007~2009年 | 2008~2010年 | 2005~2008年 | 2006~2009年 | 2007~2010年 |
| T=3 | 持久贫困为主 | 18.34 | 19.42 | 21.32 | 23.35 | — | — | — | 42.69 | 41.16 | 39.34 | 38.01 | — | — | — |
| | 只有暂时贫困 | 81.23 | 79.50 | 78.08 | 76.65 | — | — | — | 56.52 | 57.81 | 59.56 | 61.59 | — | — | — |
| T=4 | 持久贫困为主 | — | — | — | — | 23.68 | 24.14 | 26.83 | — | — | — | — | 47.10 | 45.35 | 44.88 |
| | 只有暂时贫困 | — | — | — | — | 75.44 | 74.54 | 72.63 | — | — | — | — | 51.65 | 53.37 | 54.01 |

| 贫困年数 | | 2005~2009年 | 2006~2010年 | 2005~2009年 | 2006~2010年 |
|---|---|---|---|---|---|
| T=5 | 持久贫困为主 | 27.82 | 29.44 | 49.84 | 48.79 |
| | 只有暂时贫困 | 71.49 | 69.34 | 48.86 | 50.00 |

| 贫困年数 | | 2005~2010年 | 2005~2010年 |
|---|---|---|---|
| T=6 | 持久贫困为主 | 31.97 | 52.19 |
| | 只有暂时贫困 | 67.67 | 46.71 |

注："—"表示无数据。

**表 7-4　持久贫困为主家庭比重（国际贫困标准）**

单位：%

| 贫困年数 | | 1.25美元/人·天 | | | | | | | 2美元/人·天 | | | | | | |
|---|---|---|---|---|---|---|---|---|---|---|---|---|---|---|---|
| | | 2005~2007年 | 2006~2008年 | 2007~2009年 | 2008~2010年 | 2005~2008年 | 2006~2009年 | 2007~2010年 | 2005~2007年 | 2006~2008年 | 2007~2009年 | 2008~2010年 | 2005~2008年 | 2006~2009年 | 2007~2010年 |
| T=3 | 持久贫困为主 | 35.70 | 33.72 | 31.69 | 29.28 | — | — | — | 49.78 | 48.67 | 46.04 | 45.55 | — | — | — |
| | 只有暂时贫困 | 63.36 | 65.31 | 68.11 | 70.72 | — | — | — | 48.88 | 49.70 | 52.94 | 53.93 | — | — | — |
| T=4 | 持久贫困为主 | — | — | — | — | 38.54 | 39.81 | 36.72 | — | — | — | — | 54.78 | 54.32 | 50.34 |
| | 只有暂时贫困 | — | — | — | — | 60.12 | 59.71 | 62.75 | — | — | — | — | 43.56 | 43.83 | 48.30 |

| 贫困年数 | | 2005~2009年 | 2006~2010年 | 2005~2009年 | 2006~2010年 |
|---|---|---|---|---|---|
| T=5 | 持久贫困为主 | 41.62 | 35.63 | 57.37 | 56.47 |
| | 只有暂时贫困 | 57.64 | 63.36 | 40.36 | 41.40 |

| 贫困年数 | | 2005~2010年 | 2005~2010年 |
|---|---|---|---|
| T=6 | 持久贫困为主 | 44.74 | 58.50 |
| | 只有暂时贫困 | 53.60 | 39.12 |

注："—"表示无数据。

当贫困标准上升到 2300 元/人·年时，持久贫困为主的家庭占比逐渐上升，甚至接近只有暂时贫困的家庭占比。并且，随着 T 值变大，前者与后者的差距越小。当贫困标准提高到 2 美元/人·天，当时间段为 4~6 年时，持久贫困为主的家庭占比已经超过只有暂时贫困的家庭占比，这与章元等（2013）的结果不同。这说明，当选择更高的贫困标准时，在延长贫困时段的情况下，贫困农村家庭主要是持久贫困家庭，而非暂时贫困家庭，这个结论与贫困组分均值的结论相同。另外，在绝对贫困标准下，只有暂时贫困组分家庭占比呈现下降趋势，持久贫困家庭占比呈现上升趋势。这表明，在较低贫困标准下，随着时间演进，经历暂时贫困的家庭越来越少，而经历持久贫困的家庭越来越多。当贫困标准上升后，只有暂时贫困组分家庭占比呈现上升趋势，持久贫困为主的家庭占比呈现下降趋势。这表明，在较高贫困标准下，随着时间推移，经历持久贫困的家庭越来越少，而经历暂时贫困的家庭越来越多。

### 三、不同生命周期阶段农村家庭的暂时贫困特征和持久贫困特征

#### （一）暂时贫困、持久贫困的总体特征

总体来看，无论采用国内贫困标准还是国家贫困标准，随着生命周期阶段由成立期家庭到空巢期家庭的发展，总贫困和暂时贫困组分呈现下降趋势。持久贫困组分及其占比的发展规律则在不同贫困标准下有所差异。在较低的绝对贫困标准和 1.25 美元/人·天贫困标准下，不同生命周期阶段内，呈现倒"V"形趋势，抚育期家庭的持久贫困组分最高；在较高的 2300 元/人·年和 2 美元/人·天贫困标准下，不同生命周期阶段内，呈现"M"形趋势，三代同堂期家庭和抚育期家庭的持久贫困组分相对较高，见图 7-1 和图 7-3。

具体来看，在 2005~2010 年，成立期家庭总贫困水平、暂时贫困水平最高，持久贫困水平及其占比最低。这表明，成立期家庭的贫困主要是暂时贫困而非持久贫困。比如，在 2300 元/人·年贫困标准下，成立期家庭的总贫困为 0.781，其中，暂时贫困为 0.0671，持久贫困为 0.0111，

持久贫困占比 14.21%，而其他类型的农村家庭持久贫困占比（均大于 50%）远远高于成立期家庭。这可能是由于处在成立期阶段的农村家庭样本量极少，农村家庭一旦陷入贫困，对总贫困有较大影响，见图 7-2。但是，成立期家庭大多数陷入了暂时贫困，而较少陷入持久贫困。抚育期家庭总贫困、暂时贫困组分、持久贫困组分都高于成熟期家庭。在绝对贫困标准下，抚育期家庭的持久贫困占比为 24.54%，当贫困标准上升到 1.25 美元/人·天时，其持久贫困占比增加到 28.39%，但仍然低于 50%。这表明，此时抚育期家庭的贫困主要是暂时贫困而非持久贫困；当贫困标准上升到 2 美元/人·天和 2300 元/人·年时，其持久贫困占比都高于 50%。这表明，在较高贫困标准下，抚育期家庭的贫困主要是持久贫困而非暂时贫困。同时发现，在绝对贫困和 1.25 美元/人·天贫困标准下，抚育期家庭的持久贫困占比低于成熟期家庭；在 2 美元/人·天和 2300 元/人·年等较高贫困标准下，抚育期家庭的持久贫困占比高于成熟期家庭，见图 7-4。

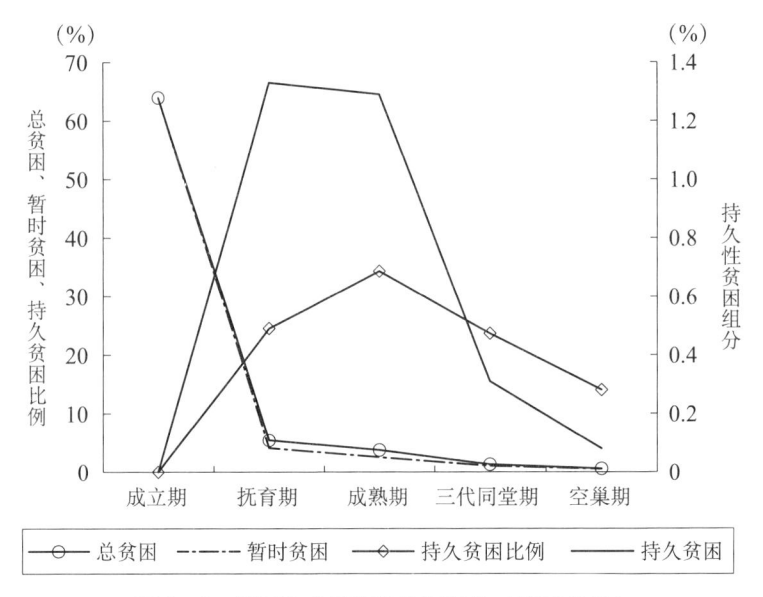

**图 7-1 不同生命周期的贫困组分（绝对贫困）**

资料来源：笔者根据湖北省农村家庭调查数据，运用 Excel 软件绘制而得。

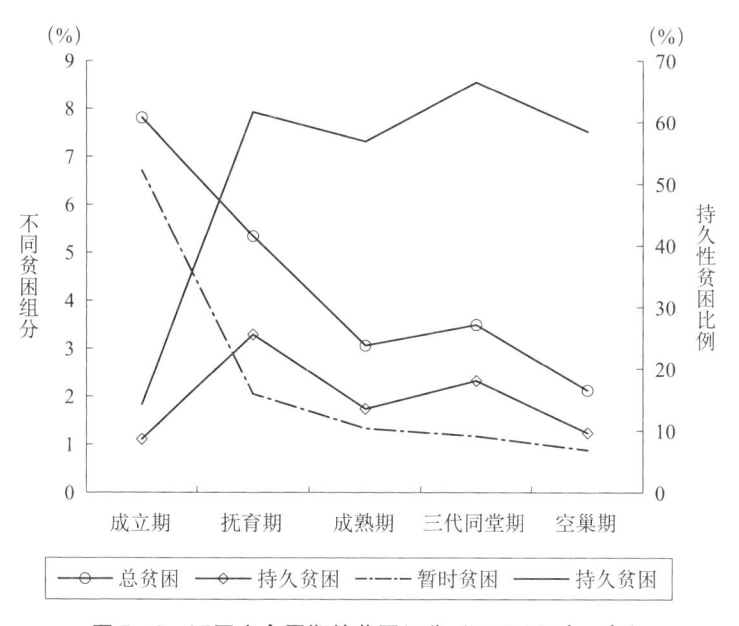

第七章　湖北省农村家庭的暂时贫困测度与持久贫困测度 | 149

**图 7-2　不同生命周期的贫困组分（2300 元/人·年）**

资料来源：笔者根据湖北省农村家庭调查数据，运用 Excel 软件绘制而得。

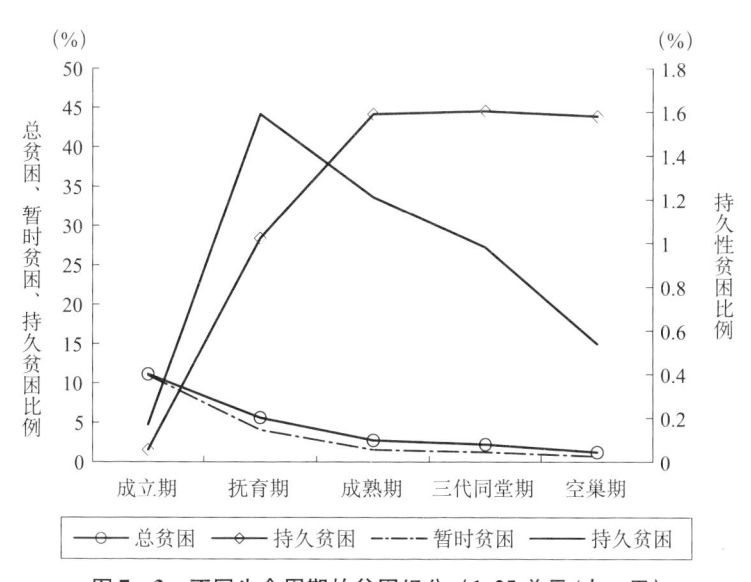

**图 7-3　不同生命周期的贫困组分（1.25 美元/人·天）**

资料来源：笔者根据湖北省农村家庭调查数据，运用 Excel 软件绘制而得。

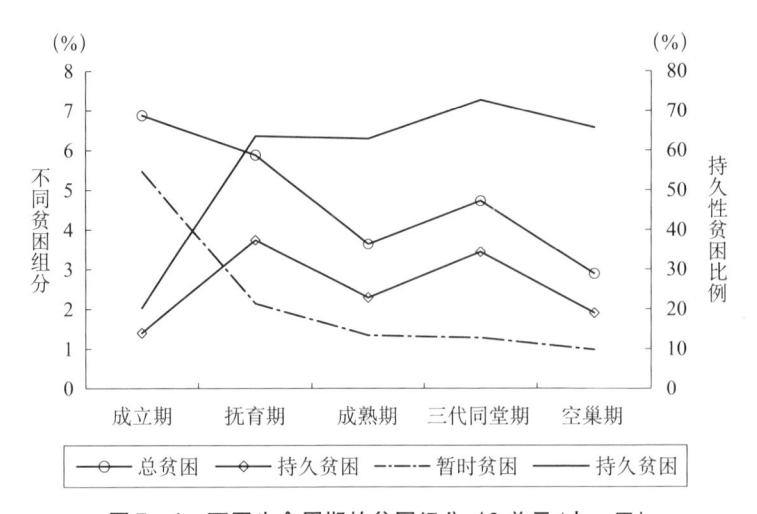

图 7-4 不同生命周期的贫困组分（2 美元/人·天）

资料来源：笔者根据湖北省农村家庭调查数据，运用 Excel 软件绘制而得。

在不同贫困标准下，成熟期家庭的贫困组分与三代同堂期家庭的比较结果有不同的结论。在绝对贫困标准和 1.25 美元/人·天贫困标准下，成熟期家庭的总贫困、暂时贫困、持久贫困及持久贫困占比都高于三代同堂期家庭。这表明，在较低贫困标准下，成熟期家庭的贫困状况比三代同堂期家庭更严重。但是，成熟期家庭的贫困，主要是暂时贫困而不是持久贫困。当贫困标准提高到 2300 元/人·年和 1.25 美元/人·天时，成熟期家庭的总贫困、持久贫困和持久贫困占比均低于三代同堂期家庭。这表明，三代同堂期家庭的总体贫困比成熟期家庭更严重，主要是由于三代同堂期家庭的持久贫困水平比成熟期家庭更严重导致的。

三代同堂期家庭的总贫困、暂时贫困、持久贫困及持久贫困占比都高于空巢家庭。这表明，三代同堂期家庭的贫困状况比空巢家庭更严重。在绝对贫困标准和 1.25 美元/人·天贫困标准下，三代同堂期家庭的贫困主要是暂时贫困而不是持久贫困。当贫困标准提高到 2300 元/人·年和 2 美元/人·天时，三代同堂期家庭的持久贫困占比高于其他类型家庭。这表明，三代同堂期家庭的总体贫困比其他类型家庭更严重，这是由于三代同堂期家庭的持久贫困水平上升较快导致的。

空巢期家庭的总贫困、暂时贫困在所有类型家庭中最低。而空巢期家庭的持久贫困排序，在不同贫困标准下有所不同。在绝对贫困标准下的持久贫困高于成立期家庭，持久贫困占比随着贫困标准的提高而上升。

当贫困标准提高到 2 美元/人·天时，空巢家庭的持久贫困占比低于三代同堂期家庭，而高于其他类型家庭。这表明，空巢家庭总体贫困水平低，但是，相对于其他家庭，其持久贫困占比并不低。

（二）经历不同贫困年数条件下暂时贫困与持久贫困的动态特征

表 7-5~表 7-10 还统计了贫困时期为 4 年、5 年时，随着贫困时间增加，不同生命周期阶段农村家庭的贫困组分变化规律。

随着贫困年数上升，成立期家庭的总贫困、暂时贫困呈上升趋势。但是，成立期家庭的总体贫困和持久贫困并不与经历的时间段呈规律性变化趋势。这进一步表明，成立期家庭在不同年份陷入贫困的偶然性特征。同时，也可能在个别情况下，成立期家庭的持久贫困占比较高。比如，当时间段为 4 年时，2005~2008 年，在 2300 元/人·年和 2 美元/人·天贫困标准下的持久贫困占比较高（55.25%、63.32%）。

随着贫困年数上升，抚育期家庭的总贫困、持久贫困呈波动性下降趋势，其暂时贫困呈波动性上升趋势，持久贫困占比呈波动式下降趋势。这表明，抚育期家庭的总贫困水平的增加，主要是由于暂时贫困导致的。比如，在绝对贫困标准下，当时间段为 4 年时，在 2005~2008 年、2006~2009 年和 2007~2010 年抚育期家庭的总贫困由 0.0168 上升到 0.0746，暂时贫困由 0.0141 上升到 0.0276，而持久贫困仅由 0.0027 下降到 0.0020。随着贫困标准的提高，在相同时间段内抚育期家庭的总贫困、暂时贫困呈下降趋势，而持久贫困呈上升趋势。这表明，采用更高的贫困标准时，抚育期家庭的持久贫困增加得更快。

随着贫困年数上升，成熟期家庭的总贫困呈上升趋势，其持久贫困、暂时贫困都呈波动性上升趋势，但是，暂时贫困的增幅大于持久贫困；而持久贫困占比呈下降趋势。这表明，暂时贫困的增幅对成熟期家庭的总贫困上升的贡献可能更多。比如，在绝对贫困标准下，当时间段为 4 年时，在 2005~2008 年、2006~2009 年和 2007~2010 年成熟期家庭的总贫困由 0.0149 上升到 0.0439，持久贫困仅由 0.0018 上升到 0.0103，而暂时贫困由 0.0131 大幅上升到 0.0336。虽然成熟期家庭在绝对贫困标准下的持久贫困占比呈上升趋势，但该占比一直较低，占比尚未达到绝对数（12.08%~23.46%）。随着贫困标准的提高，在相同的时间段内成熟期家庭的总贫困、持久贫困呈上升趋势，而暂时贫困呈下降趋势。这表明，采用更高的贫困标准时，成熟期家庭的总贫困增加，主要是由于持久贫困增加导致的。

表 7-5　时间段为 5 年时不同生命周期的湖北省农村家庭贫困组分特征（中国贫困标准）

| 生命周期 | 绝对贫困 | | | | | | | | | 2300 元/人·年 | | | | | | | | |
|---|---|---|---|---|---|---|---|---|---|---|---|---|---|---|---|---|---|---|
| | 总贫困 | | | 持久贫困 | | | 暂时贫困 | | | 持久贫困比例（%） | | | 总贫困 | | | 持久贫困 | | |
| | 2005~2009年 | 2006~2010年 | | 2005~2009年 | 2006~2010年 | | 2005~2009年 | 2006~2010年 | | 2005~2009年 | 2006~2010年 | | 2005~2009年 | 2006~2010年 | | 2005~2009年 | 2006~2010年 | |
| 成立期家庭 | 0.0530 | 0.6035 | | 0 | 0 | | 0.0530 | 0.6035 | | 0.00 | 0.00 | | 0.0400 | 0.0001 | | 0.0037 | 0.0000 | |
| 抚育期家庭 | 0.0764 | 0.0633 | | 0.0156 | 0.0132 | | 0.0608 | 0.0501 | | 20.42 | 20.85 | | 0.0551 | 0.0550 | | 0.0334 | 0.0327 | |
| 成熟期家庭 | 0.0283 | 0.0440 | | 0.0121 | 0.0121 | | 0.0162 | 0.0319 | | 42.76 | 27.50 | | 0.0293 | 0.0322 | | 0.0185 | 0.0170 | |
| 三代同堂期家庭 | 0.0142 | 0.0127 | | 0.0022 | 0.0026 | | 0.0120 | 0.0101 | | 15.49 | 20.47 | | 0.0376 | 0.0329 | | 0.0252 | 0.0213 | |
| 空巢期家庭 | 0.0092 | 0.0075 | | 0.0008 | 0.0008 | | 0.0084 | 0.0067 | | 8.70 | 10.67 | | 0.0226 | 0.0323 | | 0.0128 | 0.0118 | |

| 生命周期 | 暂时贫困 | | 持久贫困比例（%） | |
|---|---|---|---|---|
| | 2005~2009年 | 2006~2010年 | 2005~2009年 | 2006~2010年 |
| 成立期家庭 | 0.0363 | 0.0001 | 9.25 | 0.0 |
| 抚育期家庭 | 0.0217 | 0.0223 | 60.59 | 59.46 |
| 成熟期家庭 | 0.0107 | 0.0152 | 63.32 | 52.85 |
| 三代同堂期家庭 | 0.0125 | 0.0116 | 66.90 | 64.77 |
| 空巢期家庭 | 0.0098 | 0.0205 | 56.64 | 36.53 |

表 7-6　时间段为 5 年时不同生命周期的湖北省农村家庭贫困组分特征（国际贫困标准）

| 生命周期 | 1.25 美元/人·天 | | | | | | | | | 2 美元/人·天 | | | | | | | | |
|---|---|---|---|---|---|---|---|---|---|---|---|---|---|---|---|---|---|---|
| | 总贫困 | | | 持久贫困 | | | 暂时贫困 | | | 持久贫困比例（%） | | | 总贫困 | | | 持久贫困 | | |
| | 2005~2009年 | 2006~2010年 | | 2005~2009年 | 2006~2010年 | | 2005~2009年 | 2006~2010年 | | 2005~2009年 | 2006~2010年 | | 2005~2009年 | 2006~2010年 | | 2005~2009年 | 2006~2010年 | |
| 成立期家庭 | 0.0033 | 0.415 | | 0.0003 | 0 | | 0.0030 | 0.415 | | 9.09 | 0.00 | | 0.0388 | 0.0007 | | 0.0327 | 0.0000 | |
| 抚育期家庭 | 0.0664 | 0.0493 | | 0.0190 | 0.0151 | | 0.0474 | 0.0342 | | 28.61 | 30.63 | | 0.0608 | 0.0530 | | 0.0382 | 0.0334 | |
| 成熟期家庭 | 0.0253 | 0.0321 | | 0.0127 | 0.0110 | | 0.0125 | 0.0211 | | 50.20 | 34.26 | | 0.0363 | 0.0363 | | 0.0248 | 0.0217 | |
| 三代同堂期家庭 | 0.0217 | 0.0188 | | 0.0094 | 0.0095 | | 0.0123 | 0.0093 | | 43.32 | 50.53 | | 0.0518 | 0.0452 | | 0.0386 | 0.0323 | |
| 空巢期家庭 | 0.0162 | 0.0118 | | 0.0046 | 0.0040 | | 0.0116 | 0.0078 | | 28.40 | 33.90 | | 0.0303 | 0.0362 | | 0.0196 | 0.0173 | |

| 生命周期 | 暂时贫困 | | 持久贫困比例（%） | |
|---|---|---|---|---|
| | 2005~2009年 | 2006~2010年 | 2005~2009年 | 2006~2010年 |
| 成立期家庭 | 0.0062 | 0.0007 | 84.28 | 0.00 |
| 抚育期家庭 | 0.0226 | 0.0196 | 62.83 | 63.02 |
| 成熟期家庭 | 0.0116 | 0.0146 | 68.32 | 59.78 |
| 三代同堂期家庭 | 0.0132 | 0.0130 | 74.52 | 71.46 |
| 空巢期家庭 | 0.0107 | 0.0188 | 64.69 | 47.79 |

第七章 湖北省农村家庭的暂时贫困测度与持久贫困测度 | 153

**表 7-7　时间段为 4 年时不同生命周期的湖北省农村家庭贫困组分特征（绝对贫困标准）**

| 家庭生命周期 | 总贫困 2005~2008年 | 总贫困 2006~2009年 | 总贫困 2007~2010年 | 持久贫困 2005~2008年 | 持久贫困 2006~2009年 | 持久贫困 2007~2010年 | 暂时贫困 2005~2008年 | 暂时贫困 2006~2009年 | 暂时贫困 2007~2010年 | 持久贫困比例（%） 2005~2008年 | 持久贫困比例（%） 2006~2009年 | 持久贫困比例（%） 2007~2010年 |
|---|---|---|---|---|---|---|---|---|---|---|---|---|
| 成立期家庭 | 0.0505 | 0.0010 | 0.2792 | 0.0000 | 0.0000 | 0.0000 | 0.0505 | 0.0010 | 0.2792 | 0.00 | 0.00 | 0.00 |
| 抚育期家庭 | 0.0168 | 0.0915 | 0.0746 | 0.0027 | 0.0201 | 0.0020 | 0.0141 | 0.0714 | 0.0726 | 16.07 | 21.97 | 2.68 |
| 成熟期家庭 | 0.0149 | 0.0127 | 0.0439 | 0.0018 | 0.0019 | 0.0103 | 0.0131 | 0.0109 | 0.0336 | 12.08 | 14.96 | 23.46 |
| 三代同堂期家庭 | 0.0437 | 0.0444 | 0.0214 | 0.0202 | 0.0187 | 0.0022 | 0.0235 | 0.0257 | 0.0192 | 46.22 | 42.12 | 10.28 |
| 空巢期家庭 | 0.0062 | 0.0105 | 0.0088 | 0.0007 | 0.0009 | 0.0005 | 0.0055 | 0.0096 | 0.0083 | 11.29 | 8.57 | 5.68 |

**表 7-8　时间段为 4 年时不同生命周期的湖北省农村家庭贫困组分特征（2300 元/人·年）**

| 家庭生命周期 | 总贫困 2005~2008年 | 总贫困 2006~2009年 | 总贫困 2007~2010年 | 持久贫困 2005~2008年 | 持久贫困 2006~2009年 | 持久贫困 2007~2010年 | 暂时贫困 2005~2008年 | 暂时贫困 2006~2009年 | 暂时贫困 2007~2010年 | 持久贫困比例（%） 2005~2008年 | 持久贫困比例（%） 2006~2009年 | 持久贫困比例（%） 2007~2010年 |
|---|---|---|---|---|---|---|---|---|---|---|---|---|
| 成立期家庭 | 0.024 | 0.000 | 0.281 | 0.014 | 0.000 | 0.000 | 0.011 | 0.000 | 0.281 | 56.25 | 0.00 | 0.00 |
| 抚育期家庭 | 0.047 | 0.061 | 0.051 | 0.027 | 0.037 | 0.027 | 0.020 | 0.024 | 0.024 | 57.05 | 61.02 | 52.92 |
| 成熟期家庭 | 0.024 | 0.023 | 0.033 | 0.014 | 0.013 | 0.016 | 0.011 | 0.011 | 0.017 | 56.02 | 54.27 | 48.00 |
| 三代同堂期家庭 | 0.046 | 0.044 | 0.033 | 0.030 | 0.029 | 0.018 | 0.016 | 0.015 | 0.015 | 65.72 | 64.77 | 53.61 |
| 空巢期家庭 | 0.026 | 0.022 | 0.018 | 0.014 | 0.012 | 0.010 | 0.012 | 0.010 | 0.008 | 55.08 | 55.86 | 53.89 |

表 7-9　时间段为 4 年时不同生命周期的湖北省农村家庭贫困组分特征（1.25 美元/人・天）

| 家庭生命周期 | 总贫困 2005~2008 年 | 总贫困 2006~2009 年 | 总贫困 2007~2010 年 | 持久贫困 2005~2008 年 | 持久贫困 2006~2009 年 | 持久贫困 2007~2010 年 | 暂时贫困 2005~2008 年 | 暂时贫困 2006~2009 年 | 暂时贫困 2007~2010 年 | 持久贫困比例（%）2005~2008 年 | 持久贫困比例（%）2006~2009 年 | 持久贫困比例（%）2007~2010 年 |
|---|---|---|---|---|---|---|---|---|---|---|---|---|
| 成立期家庭 | 0.0259 | 0.0032 | 0.1995 | 0.017 | 0.0004 | 0.0000 | 0.0241 | 0.0028 | 0.1995 | 6.50 | 12.50 | 0.00 |
| 抚育期家庭 | 0.0468 | 0.0677 | 0.0601 | 0.010 | 0.0204 | 0.0059 | 0.0368 | 0.0473 | 0.0542 | 2.14 | 30.13 | 9.82 |
| 成熟期家庭 | 0.0175 | 0.0161 | 0.0325 | 0.0083 | 0.0058 | 0.0105 | 0.0093 | 0.0102 | 0.0220 | 47.23 | 36.02 | 32.31 |
| 三代同堂期家庭 | 0.0361 | 00342 | 0.0230 | 0.0198 | 0.0186 | 0.0070 | 0.0163 | 0.0155 | 0.0160 | 54.85 | 54.39 | 30.43 |
| 空巢期家庭 | 0.0175 | 0.0155 | 0.0121 | 0.0051 | 0.0044 | 0.0028 | 0.0125 | 0.0111 | 0.0093 | 29.14 | 28.39 | 23.14 |

表 7-10　时间段为 4 年时不同生命周期的湖北省农村家庭贫困组分特征（2 美元/人・天）

| 家庭生命周期 | 总贫困 2005~2008 年 | 总贫困 2006~2009 年 | 总贫困 2007~2010 年 | 持久贫困 2005~2008 年 | 持久贫困 2006~2009 年 | 持久贫困 2007~2010 年 | 暂时贫困 2005~2008 年 | 暂时贫困 2006~2009 年 | 暂时贫困 2007~2010 年 | 持久贫困比例（%）2005~2008 年 | 持久贫困比例（%）2006~2009 年 | 持久贫困比例（%）2007~2010 年 |
|---|---|---|---|---|---|---|---|---|---|---|---|---|
| 成立期家庭 | 0.026 | 0.001 | 0.220 | 0.016 | 0.000 | 0.000 | 0.010 | 0.001 | 0.220 | 63.32 | 0.00 | 0.00 |
| 抚育期家庭 | 0.053 | 0.065 | 0.054 | 0.032 | 0.041 | 0.028 | 0.021 | 0.024 | 0.026 | 61.02 | 62.60 | 52.50 |
| 成熟期家庭 | 0.031 | 0.03 | 0.036 | 0.019 | 0.019 | 0.02 | 0.012 | 0.011 | 0.016 | 62.54 | 62.50 | 55.10 |
| 三代同堂期家庭 | 0.057 | 0.055 | 0.044 | 0.041 | 0.039 | 0.028 | 0.011 | 0.016 | 0.016 | 71.85 | 70.89 | 64.14 |
| 空巢期家庭 | 0.033 | 0.029 | 0.024 | 0.020 | 0.018 | 0.015 | 0.013 | 0.011 | 0.009 | 60.74 | 61.64 | 62.08 |

随着贫困年数上升,三代同堂期家庭的总贫困、持久贫困、暂时贫困都呈下降趋势,但是持久贫困的减幅大于暂时贫困,持久贫困占比呈下降趋势,尤其是在绝对贫困标准下快速降低。比如,在绝对贫困标准下,当时间段为 4 年时,在 2005~2008 年、2006~2009 年和 2007~2010 年三代同堂期家庭的总贫困由 0.0437 下降到 0.0214,其中,持久贫困由 0.0202 大幅下降到 0.0022,持久贫困占比由 46.22% 大幅下降到 10.128%,而暂时贫困仅由 0.0235 下降到 0.0192。随着贫困标准的提高,在相同时间段内,三代同堂期家庭的总贫困、持久贫困和暂时贫困呈上升趋势,但是,持久贫困的增幅远远大于暂时贫困。这表明,采用更高的贫困标准时,三代同堂家庭的总贫困增加,主要是由于持久贫困增加导致的。

随着贫困年数上升,空巢家庭的总贫困、持久贫困、暂时贫困都呈下降趋势,暂时贫困、持久贫困下降的幅度相差不大。但是,在绝对贫困标准和 1.25 美元/人·天贫困标准下的持久贫困占比呈上升趋势。随着贫困标准的提高,在相同的时间段内空巢家庭的总贫困、持久贫困和暂时贫困呈上升趋势,但是,持久贫困的增幅远远大于暂时贫困。

## (三) 不同生命周期阶段的贫困组分构成特征

为了给出更稳健的结论,还测度了持久贫困组分为主(比重超过 50%)家庭占比和只有暂时贫困组分的家庭占比。

### 1. 总体趋势

如图 7-5 和图 7-6 所示,无论采用国内贫困标准还是国际贫困标准,随着生命周期阶段从成立期家庭向空巢期家庭演进,贫困家庭中持久贫困为主的农村家庭呈现扁平"M"形趋势,只有暂时贫困的农村家庭呈现扁平"W"形趋势。随着贫困标准的提高,无论是"M"形曲线还是"W"形曲线都越来越平滑,即不同生命周期阶段之间的差异在缩小。在较低贫困标准下,"W"形曲线在 50% 以上;在较高贫困标准下,在部分生命周期内"W"形曲线低于 50%。

具体而言,2005~2010 年,在绝对贫困标准和 1.25 美元/人·天等较低贫困标准下,所有类型贫困家庭中只有暂时贫困农村家庭比重都大于 50%。这表明，所有家庭均主要是由只经历暂时贫困的家庭构成，而非由持久贫困为主的家庭构成。但是，不同类型贫困家庭的构成比例有所不同。其中，三代同堂期家庭中持久贫困为主的农村家庭占比高于成熟期家庭，成熟期家庭中持久贫困为主的农村家庭占比高于抚育期家庭，抚育期家庭中持久贫困为主的农村家庭占比高于空巢期家庭，成立期家庭全部为暂时贫困，没有持久贫困家庭。

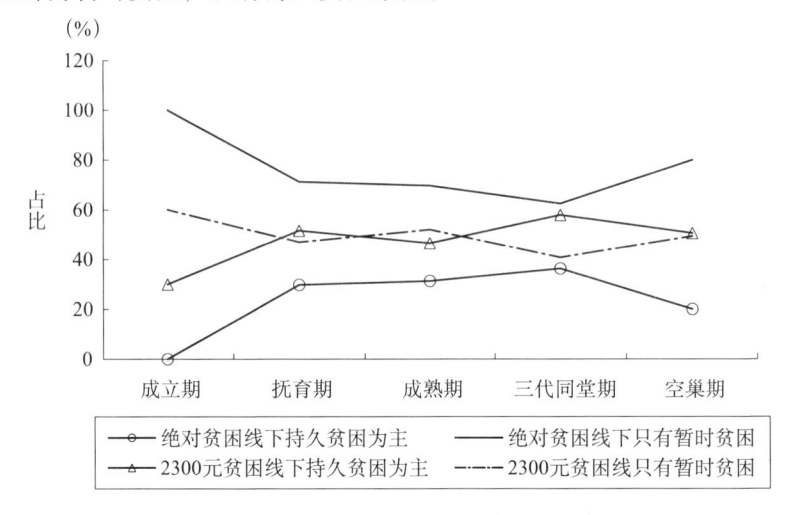

图 7-5　中国贫困标准下不同贫困组分构成

资料来源：笔者根据湖北省农村家庭调查数据，运用 Excel 软件绘制而得。

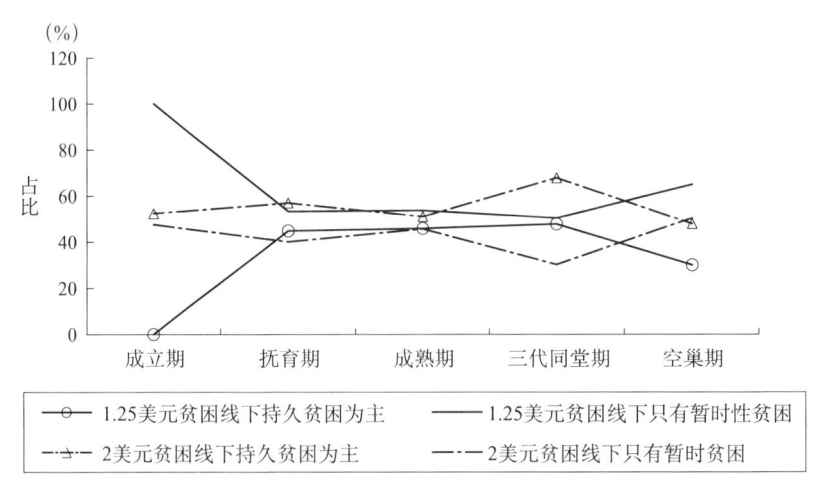

图 7-6　国际贫困标准下不同贫困组分构成

资料来源：笔者根据湖北省农村家庭调查数据，运用 Excel 软件绘制而得。

当贫困标准上升到 2300 元/人·年时，三代同堂期家庭、抚育期家庭和空巢期家庭的持久贫困占比大于 50%，这些家庭主要由持久贫困为主的家庭构成，而其他家庭则主要由只经历暂时贫困的家庭构成。当贫困标准提高到 2 美元/人·天时，三代同堂期家庭、抚育期家庭和成熟期家庭的持久贫困占比大于 50%，这些家庭由持久贫困为主的家庭构成，而其他家庭则主要由只经历暂时贫困的家庭构成。在 2300 元/人·年和 2 美元/人·天贫困标准下，三代同堂期家庭和抚育期家庭中持久贫困为主家庭比重更高，而成熟期家庭和空巢期家庭中持久贫困为主家庭的比重略高于 50%。

2. 动态结果

表 7-11~表 7-14 列出了贫困时期为 4~5 年时，不同贫困组分构成信息。结果表明，在不同贫困标准下，家庭贫困组分构成的变化趋势有所不同。在绝对贫困标准和 1.25 美元/人·天贫困标准下，取时间段为 4 年和 5 年时，所有类型家庭中持久贫困为主家庭占比均低于 50%，并呈现较强的波动变化趋势。在 2300 元/人·年贫困标准下，三代同堂期家庭在部分时间段内，其持久贫困为主家庭占比高于 50%；抚育期家庭和三代同堂家庭中，以持久贫困为主家庭占比均呈现下降趋势，而成熟期家庭和空巢期家庭中，以持久贫困为主家庭占比呈现上升趋势。在 2 美元/人·天贫困标准下，抚育期家庭、空巢期家庭和三代同堂期家庭在大部分时间段内，其持久贫困为主家庭占比高于 50%，所有类型家庭均呈下降趋势。这一结果与采用持久贫困比例指标的结果类似；成立期家庭和成熟期家庭中有较低比例的样本遭受持久贫困，更多的农村家庭遭受暂时贫困。相反，三代同堂期家庭、抚育期家庭中有更高比例的样本遭受持久贫困。

另外，随着贫困标准的提高，在相同时间段内所有类型家庭中呈持久贫困为主的家庭占比呈现上升趋势，而只有暂时贫困家庭占比呈现下降趋势。

表 7-11　时间段为 5 年时湖北省农村家庭贫困组分构成（中国贫困标准）

| 家庭生命周期 | 绝对贫困标准 2005~2009 年 A | B | 2006~2010 年 A | B | 2300 元/人·年 2005~2009 年 A | B | 2006~2010 年 A | B |
|---|---|---|---|---|---|---|---|---|
| 成立期 | 0.00 | 100.00 | 0.00 | 100.00 | 12.50 | 75.00 | 0.00 | 100.00 |
| 抚育期 | 21.82 | 76.36 | 27.40 | 71.23 | 45.03 | 53.22 | 47.09 | 51.32 |
| 成熟期 | 23.89 | 75.47 | 24.31 | 75.00 | 44.16 | 54.98 | 44.64 | 54.08 |
| 三代同堂期 | 33.14 | 65.70 | 36.24 | 62.42 | 56.90 | 41.00 | 53.23 | 45.22 |
| 空巢期 | 18.24 | 82.76 | 21.88 | 75.00 | 48.72 | 51.28 | 47.44 | 50.00 |

注：A 表示以持久贫困为主的家庭占农村家庭的比重，B 表示只有暂时贫困的家庭占农村家庭的比重。

表 7-12　时间段为 5 年时湖北省农村家庭贫困组分构成（国际贫困标准）

| 家庭生命周期 | 1.25 美元/人·天 2005~2009 年 A | B | 2006~2010 年 A | B | 2 美元/人·天 2005~2009 年 A | B | 2006~2010 年 A | B |
|---|---|---|---|---|---|---|---|---|
| 成立期 | 25.00 | 75.00 | 0.00 | 100.00 | 33.33 | 66.67 | 0.00 | 100.00 |
| 抚育期 | 42.45 | 56.60 | 39.50 | 58.82 | 54.15 | 42.44 | 57.94 | 39.48 |
| 成熟期 | 36.69 | 62.59 | 39.83 | 59.75 | 49.42 | 47.42 | 49.90 | 47.92 |
| 三代同堂期 | 46.05 | 53.29 | 47.26 | 51.90 | 67.86 | 30.61 | 61.92 | 35.54 |
| 空巢期 | 30.61 | 63.27 | 37.04 | 59.26 | 47.66 | 50.47 | 55.77 | 41.35 |

注：A 表示以持久贫困为主的家庭占农村家庭的比重，B 表示只有暂时贫困家庭占农村家庭的比重。

表 7-13　时间段为 4 年时湖北省农村家庭贫困组分构成（中国贫困标准）

| 家庭生命周期 | 绝对贫困标准 2005~2008 年 A | B | 2006~2009 年 A | B | 2007~2010 年 A | B | 2300 元/人·年 2005~2008 年 A | B | 2006~2009 年 A | B | 2007~2010 年 A | B |
|---|---|---|---|---|---|---|---|---|---|---|---|---|
| 成立期 | 0.00 | 100 | 0.00 | 100 | 0.00 | 100.0 | 37.50 | 56.25 | 25.00 | 62.50 | 0.00 | 83.33 |
| 抚育期 | 13.79 | 84.48 | 26.00 | 72.00 | 23.68 | 76.32 | 43.62 | 55.32 | 43.84 | 55.48 | 40.37 | 59.63 |
| 成熟期 | 23.68 | 76.32 | 17.04 | 82.22 | 24.26 | 74.26 | 39.94 | 60.06 | 40.22 | 59.50 | 42.33 | 56.44 |
| 三代同堂期 | 26.56 | 70.09 | 30.07 | 67.97 | 31.41 | 68.59 | 50.13 | 47.81 | 50.49 | 47.56 | 48.01 | 51.19 |
| 空巢期 | 18.72 | 81.28 | 20.00 | 80.00 | 14.29 | 85.71 | 45.28 | 52.83 | 46.55 | 51.72 | 53.97 | 46.03 |

注：A 表示以持久贫困为主的家庭占农村家庭的比重，B 表示只有暂时贫困家庭占农村家庭的比重。

表 7-14　时间段为 4 年时湖北省农村家庭贫困组分构成（国际贫困标准）

| 家庭生命周期 | 1.25 美元/人·天 ||||||  2 美元/人·天 ||||||
|---|---|---|---|---|---|---|---|---|---|---|---|---|
| | 2005~2008 年 || 2006~2009 年 || 2007~2010 年 || 2005~2008 年 || 2006~2009 年 || 2007~2010 年 ||
| | A | B | A | B | A | B | A | B | A | B | A | B |
| 成立期家庭 | 22.23 | 66.67 | 25.00 | 75.00 | 0.00 | 100.0 | 61.11 | 38.89 | 42.86 | 57.14 | 14.29 | 85.71 |
| 抚育期家庭 | 33.33 | 65.81 | 35.54 | 64.44 | 30.16 | 69.84 | 57.71 | 39.21 | 57.80 | 38.73 | 47.44 | 50.36 |
| 成熟期家庭 | 37.19 | 62.81 | 34.09 | 65.00 | 35.71 | 64.29 | 45.21 | 52.78 | 47.59 | 50.32 | 46.62 | 52.68 |
| 三代同堂期家庭 | 42.28 | 57.72 | 46.56 | 53.44 | 41.99 | 57.58 | 60.64 | 38.35 | 59.32 | 39.73 | 54.56 | 44.02 |
| 空巢期家庭 | 34.21 | 63.16 | 32.5 | 65.00 | 26.19 | 69.05 | 54.29 | 45.71 | 54.32 | 45.68 | 47.73 | 50.00 |

注：A 表示以持久贫困为主的家庭占农村家庭的比重，B 表示只有暂时贫困农村家庭的比重。

## 第二节　暂时贫困的影响因素分析

### 一、数据和模型

#### （一）数据来源及说明

本节所采用的数据来源与第五章相同。不同之处在于，本章在实证分析部分，主要考察时间为 5 年（2005~2009 年、2006~2010 年）两个时间段的样本，有关自变量的取值，取相应时间段内的中间年份值。如无特殊说明，本节图表数据均来源于湖北省农村家庭调查数据，笔者运用 Stata 软件进行数据处理。

#### （二）计量方法

为了考察处于不同生命周期阶段的农村家庭，其暂时贫困和持久贫困组分是否有显著差异，以及还有哪些其他因素影响暂时贫困和持久贫困组分，需要构建暂时贫困和持久贫困的决定模型。但考虑到，有些家庭没有暂时贫困或没有持久贫困，样本因变量值为典型的左删数据，或称因变量为角点解结果（Wooldridge，2007）。

对于左删失问题的传统解决方法是采用 Tobit 模型进行参数估计,然而,如果误差项不服从正态分布或存在异方差,Tobit 模型会得到不一致的和非有效的参数估计值(Arabmazar and Schmidt,1982)。因此,鲍威尔(Powell,1984)又提出了一个受限分位回归模型(censored quantile regressions,CQR),该模型不要求假设误差项的齐方差性,也不需考虑误差项的分布,只要误差项的条件分位值为 0,那么,它就是一致的和渐进正态的。然而,受限分位数回归算法(CQR)的系数却并不容易估计,主要有重复线性规划算法(ILPA)、两阶段法和三阶段法(周新苗,2009)。在研究贫困问题的少量文献中,贾兰和拉瓦雷(2000)、克鲁塞斯和沃登(Cruces and Wodon,2003)以及米勒(Muller,2003)都是基于布金斯基(Buchinsky,1994)和菲茨伯格(Fitzenberger,1997)提出的重复线性规划算法(ILPA)。但是,重复线性规划算法在实际计算中很难达到渐进有效的结果,而且,当删失数据所占比例较高时,该方法通常计算复杂,结果却较差。由于本书所用数据中,删失数据比例也较高,故未采用重复线性规划算法,而是采用了另一种改进的估计方法(Chernozhukov and Hong,2002),此估计方法克服了一些检验方法的缺点,可以像菲茨伯格(1994)估计一样渐进有效,而且,推理和计算都比较简单(Schmillen and Möller,2012)。

下面,简单介绍受限分位回归模型和估计方法。假定第 θ 条件分位数的 CQR 估计为以下潜变量模型:

$$y_i^* = x_i'\beta_\theta + \mu_{\theta i} \quad (7-19)$$

在式(7-19)中,$x_i$ 为解释变量向量;$u_{\theta i}$ 为误差项,$Quant_\theta(u_{\theta i} | x_i) = 0$;$y_i^*$ 为潜在的因变量。

在估计农村家庭贫困时,面临着在 0 值点的左删失问题,下面的方程表示潜在变量 $y_i$ 与观测变量 $y_i^*$(包括持久贫困与暂时贫困等)之间的关系:

$$y_i = \begin{cases} y_i^*, & \text{如果 } y_i^* > 0 \\ 0, & \text{其他} \end{cases} \quad (7-20)$$

如果 0 为观察变量 $y_i^*$ 的左删失值,那么,在第 θ 条件分位点函数为:

$$Quant_\theta(y_i | x_i) = \max(0, x'\beta_\theta)$$

鲍威尔（1986）提出，通过以下估计方程，可以得到参数的一致估计：

$$\min_{\beta} Q_n = \frac{1}{N} \sum_{i=1}^{N} [\theta - I(y_i < \max(0, x_i'\beta_\theta))][y_i - \max(0, x_i'\beta_\theta)] \tag{7-21}$$

在估计 CQR 参数时，采用切尔诺茹科夫和洪（Chernozhukov and Hong, 2002）提出的三步法。三步法的内容大致概括为：

第一步，保留 $x'\beta_\theta$ 位于删失点以上的样本。进行 Probit 或 Logit 估计：

$$\delta_i = \dot{x}_i'\gamma + u_{\gamma i} \tag{7-22}$$

在式（7-22）中，$\delta_i$ 为非删失指标，即文中贫困值大于 0 的情况。然后，选择样本 $J_0(c) = \{i: \dot{x}_i'\gamma > 1 - \theta + c\}$。其中，$0 < c < \theta$，#J(C)/#J(0) = 90%。

第二步，用 $J_0$ 样本，通过标准的分位数回归 $y_i = x_i'\beta_\theta^0 + u_{\theta i}^0$，得到 $\hat{\beta}_\theta^0$ 估计值。然后，选择 $J_1 = \{i: x_i'\beta_\theta^0 > C_i + \partial_n\}$，其中，$\sqrt{n}\partial_n \to \infty$，$\partial_0 \to 0$，而 $C_i = 0$。

第三步，用 $J_1$ 样本，再次执行分位数回归 $y_i = x_i'\beta_\theta^1 + u_{\theta i}^1$，则得到的 $\hat{\beta}_\theta^1$ 的估计值是一致的、近似有效的结果（Chernozhukov and Hong, 2002）。

切尔诺茹科夫和洪（2002）还完成上述三步估计过程的 Stata 程序代码，为进行有关的实证研究提供了巨大帮助和便利。

## （三）变量的描述性统计

解释变量包括生命周期变量 LC，成立期家庭，LC=1；抚育期家庭，LC=2；成熟期家庭，LC=3；三代同堂期家庭，LC=4；空巢期家庭，LC=5。控制变量包括户主年龄及年龄平方，物质资本（以拥有的耕地面积和生产性固定资产原值来代理），金融资本，劳动力比例、主要劳动力受教育程度及劳动力接受专业培训等人力资本；生计策略包括一是农村家庭从业类型，纯农村家庭、农业兼业户、非农兼业户和非农从业户，分别取值为 1、2、3 和 4；二是劳动时间配置，包括农业劳动时间和非农业劳动时间。另外，村域层面变量包括村域人均收入和村到县城的距离。各个变量的描述性统计，见表 7-15。

表7-15　　　　　　　　　　变量描述性统计

| 变量名 | 变量取值 | 均值 | 标准差 | 最小值 | 最大值 |
|---|---|---|---|---|---|
| 被解释变量 | | | | | |
| Tp | 总贫困 | 0.035 | 0.020 | 0 | 5.989 |
| Tpc | 持久贫困 | 0.021 | 0.122 | 0 | 4.588 |
| tpd | 暂时贫困 | 0.014 | 0.117 | -0.001 | 5.989 |
| 解释变量 | | | | | |
| LC1 | 成立期家庭（虚拟变量） | 0.012 | 0.111 | 0 | 1.000 |
| LC2 | 抚育期家庭（虚拟变量） | 0.145 | 0.353 | 0 | 1.000 |
| LC3 | 成熟期家庭（虚拟变量） | 0.451 | 0.498 | 0 | 1.000 |
| LC4 | 三代同堂期家庭（虚拟变量） | 0.303 | 0.460 | 0 | 1.000 |
| Hhage | 户主年龄（岁） | 49.278 | 8.845 | 20.000 | 81.000 |
| Land | 年末耕地面积（亩） | 6.346 | 4.784 | 0 | 67.300 |
| Fassets | 家庭金融资产取对数值 | 8.857 | 1.324 | 1.065 | 12.621 |
| hhsize | 家庭人口规模（个） | 3.996 | 1.260 | 0 | 10.000 |
| Edu | 初中以上文化劳动力人数（人） | 0.455 | 0.764 | 0 | 5.000 |
| Labor | 劳动力人数比例（%） | 0.787 | 0.189 | 0 | 1.000 |
| Training | 接受培训劳动力人数（人） | 0.782 | 1.088 | 0 | 6.000 |
| Parttime | 农村家庭从业类型（虚拟变量） | 0.192 | 0.394 | 0 | 1.000 |
| Shijian1 | 农业劳动时间（月） | 15.213 | 7.730 | 0 | 55.000 |
| Shijian2 | 非农业劳动时间（月） | 13.053 | 10.010 | 0 | 64.000 |
| Vill_land | 村人均耕地面积（亩） | 1.203 | 0.653 | 0 | 4.461 |
| Distance | 到县城的距离（取值1~5） | 4.291 | 1.012 | 1.000 | 5.000 |

## 二、估计结果及解释

### （一）生命周期对农村家庭暂时贫困的影响

总体而言，生命周期对农村家庭暂时贫困有显著的正向影响，并且，影响效应基本稳健。但是，不同生命周期家庭的影响效应有一定差异。以空巢期家庭为参照，在国家贫困标准下，在0.65~0.95多个分位数，抚育期家庭的回归系数高于三代同堂期家庭，成熟期家庭的系数最小。这说明，抚育期家庭的暂时贫困水平高于三代同堂期家庭，而成熟期家庭的暂时贫困水平最低。可能的原因是相比成熟期家庭，抚育期家庭和三代同堂期家庭都要需要抚育儿童，在劳动时间和就业选择上相对缺乏弹性。比如，抚育期家庭中有更高比例的纯农村家庭（51.25%），比成熟期家庭高10.5%，更高比例的农村家庭从事农业生产，更易遭受洪水、病虫害、干旱等风险的冲击，导致收入波动；而这些农村家庭更低的非农务工收入（大约人均低460元），意味着平滑收入能力差，从而陷入暂时贫困。由于三代同堂期家庭规模更大，比成熟期家庭户均约多1.4人，在以农业为主的家庭中相差不大（约差1%）的情况下，在面临相似的风险冲击时，更低的非农务工收入（大约人均低530元），意味着平滑收入能力较差，更容易陷入暂时贫困。

对于成立期家庭，仅在0.70分位数上，其暂时贫困水平显著高于空巢期家庭。而在0.85~0.95多个分位数上，其系数为负值，但不显著。可能的原因是，成立期家庭的暂时贫困在2006~2010年急剧下降，主要贫困家庭集中在2005~2010年。因此，样本分布不均，可能是成立期家庭的估计结果不稳定的原因。

## （二）其他因素对农村家庭暂时贫困的影响

表7-16的估计结果表明，显著降低农村家庭暂时贫困的因素有耕地面积、金融资产、非农业劳动时间等。其中，金融资产的影响效应较大，其他因素的影响效应较小；而接受培训劳动力数量和初中以上文化程度劳动力人数没有稳定显著的影响，部分结论与章元等（2013）相似。另外，能显著增加农村家庭暂时贫困的因素有户主年龄、家庭规模、小学及以下文化程度劳动力、农业劳动时间、纯农村家庭身份、村人均耕地面积和山区村家庭等。其中，纯农村家庭身份和山区村家庭各变量的影响效应较大。

表7-16 2300元/人·年贫困标准下暂时贫困的影响因素估计结果

| 变量 | 0.65 | 0.70 | 0.75 | 0.80 | 0.85 | 0.90 | 0.95 |
| --- | --- | --- | --- | --- | --- | --- | --- |
| smzq1 | -0.001 (0.004) | 0.005* (0.002) | 0.004 (0.002) | -0.002 (0.003) | -0.002 (0.005) | -0.004 (0.008) | -0.041 (0.021) |
| smzq2 | 0.006*** (0.001) | 0.008*** (0.001) | 0.008*** (0.001) | 0.005*** (0.001) | 0.011*** (0.002) | 0.016*** (0.004) | 0.021* (0.010) |
| smzq3 | 0.004*** (0.001) | 0.004*** (0.001) | 0.004*** (0.001) | 0.003* (0.001) | 0.007*** (0.002) | 0.010** (0.003) | 0.008 (0.008) |
| smzq4 | 0.004*** (0.001) | 0.005*** (0.001) | 0.006*** (0.001) | 0.006*** (0.001) | 0.010*** (0.002) | 0.016*** (0.004) | 0.014 (0.010) |
| hhage | 0.000*** (0.000) | 0.000*** (0.000) | 0.000*** (0.000) | 0.000 (0.000) | 0.000 (0.000) | 0.000 (0.000) | 0.000 (0.000) |
| land | -0.001*** (0.000) | -0.001*** (0.000) | -0.001*** (0.000) | -0.001*** (0.000) | -0.001*** (0.000) | -0.001*** (0.000) | -0.001 (0.000) |

续表

| 变量 | 0.65 | 0.70 | 0.75 | 0.80 | 0.85 | 0.90 | 0.95 |
|---|---|---|---|---|---|---|---|
| fassets | -0.002*** | -0.002*** | -0.002*** | -0.002*** | -0.002*** | -0.002** | -0.003* |
|  | (0.000) | (0.000) | (0.000) | (0.000) | (0.000) | (0.001) | (0.002) |
| renkou | 0.003*** | 0.003*** | 0.003*** | 0.003*** | 0.003*** | 0.001 | 0.001 |
|  | (0.000) | (0.000) | (0.000) | (0.000) | (0.001) | (0.001) | (0.004) |
| L_edu1 | -0.001*** | -0.001*** | -0.001** | -0.000 | -0.000 | -0.000 | -0.002 |
|  | (0.000) | (0.000) | (0.000) | (0.000) | (0.001) | (0.001) | (0.003) |
| L_edu2 | 0.001** | 0.001*** | 0.001*** | 0.002*** | 0.002*** | 0.003** | 0.000 |
|  | (0.000) | (0.000) | (0.000) | (0.000) | (0.000) | (0.001) | (0.002) |
| labor2 | -0.001 | -0.003* | -0.002 | -0.001 | 0.002 | 0.003 | 0.013 |
|  | (0.002) | (0.001) | (0.002) | (0.003) | (0.004) | (0.008) | (0.018) |
| peixun | -0.000 | -0.000 | -0.000 | 0.000 | 0.000 | 0.001 | 0.004* |
|  | (0.000) | (0.000) | (0.000) | (0.000) | (0.000) | (0.001) | (0.002) |
| parttime | 0.005*** | 0.007*** | 0.007*** | 0.009*** | 0.0134*** | 0.022*** | 0.029*** |
|  | (0.001) | (0.000) | (0.001) | (0.001) | (0.001) | (0.002) | (0.005) |
| shijian1 | 0.000*** | 0.000*** | 0.000*** | 0.000*** | 0.000*** | 0.001*** | 0.001 |
|  | (0.000) | (0.000) | (0.000) | (0.000) | (0.000) | (0.000) | (0.000) |
| shijian2 | -0.000*** | -0.000*** | -0.000*** | -0.000*** | -0.000** | -0.000 | -0.001 |
|  | (0.000) | (0.000) | (0.000) | (0.000) | (0.000) | (0.000) | (0.000) |
| z71 | 0.002*** | 0.002*** | 0.0012*** | 0.002*** | 0.002* | 0.007*** | 0.019*** |
|  | (0.000) | (0.000) | (0.000) | (0.000) | (0.001) | (0.001) | (0.003) |
| mount | 0.008*** | 0.010*** | 0.011*** | 0.013*** | 0.016*** | 0.017*** | 0.009 |
|  | (0.000) | (0.000) | (0.000) | (0.001) | (0.001) | (0.002) | (0.005) |
| distance | 0.000 | -0.000 | 0.000 | -0.000 | 0.000 | -0.000 | -0.004 |
|  | (0.000) | (0.000) | (0.000) | (0.000) | (0.000) | (0.001) | (0.002) |
| year | -0.002*** | -0.002*** | -0.003*** | -0.003*** | -0.003*** | -0.004** | -0.007 |
|  | (0.000) | (0.000) | (0.000) | (0.001) | (0.001) | (0.002) | (0.004) |
| _cons | -0.013*** | -0.009*** | -0.001 | 0.009* | 0.002 | 0.005 | 0.029 |
|  | (0.003) | (0.002) | (0.003) | (0.004) | (0.006) | (0.011) | (0.028) |
| n | 2538 | 2989 | 3610 | 4333 | 5033 | 5492 | 5630 |

注：***、**、*分别表示在1%、5%和10%水平上显著，（）内为标准误。

## （三）稳健性检验

另外，表7-17给出了2美元/人·天贫困标准下的估计结果。当贫困标准上升为2美元/人·天时，不同生命周期类型对暂时贫困的影响方向基本没有变化，而相关的回归系数有一定增加。相比国家贫困标准，2美元/人·天贫困标准下的主要不同结论有，成立期家庭在0.65分位数上和0.70分位数上也有显著的正向影响，并且，其回归系数相对较大。其他控制变量的系数和方向基本保持不变，估计结果较稳健。

同时，本书还采用 Tobit 模型进行结果估计，由于篇幅所限，不再列出结果。对比受限分位回归模型，Tobit 模型的结果有部分结论与前者相似，但也有不同之处。由于本书采用的 CQR 估计方法相对更科学，且能得出相对更详细的结论，故本书的解释以 CQR 结果为依据。

表 7-17　2 美元/人·天贫困标准下暂时贫困的影响因素估计结果

| 变量 | 0.65 | 0.70 | 0.75 | 0.80 | 0.85 | 0.90 | 0.95 |
|---|---|---|---|---|---|---|---|
| smzq1 | 0.007*** (0.002) | 0.006*** (0.002) | 0.004 (0.002) | -0.000 (0.005) | 0.000 (0.006) | 0.001 (0.010) | -0.024 (0.020) |
| smzq2 | 0.006*** (0.001) | 0.007*** (0.001) | 0.006*** (0.001) | 0.010*** (0.003) | 0.015*** (0.003) | 0.019*** (0.006) | 0.020 (0.011) |
| smzq3 | 0.003*** (0.001) | 0.004*** (0.001) | 0.004*** (0.001) | 0.005* (0.002) | 0.008** (0.003) | 0.011* (0.004) | 0.010 (0.009) |
| smzq4 | 0.004*** (0.001) | 0.005*** (0.001) | 0.005*** (0.001) | 0.008** (0.002) | 0.013*** (0.003) | 0.019*** (0.005) | 0.014 (0.011) |
| hhage | 0.000** (0.000) | 0.000*** (0.000) | 0.000** (0.000) | 0.000 (0.000) | 0.000 (0.000) | 0.000 (0.000) | 0.000 (0.000) |
| land | -0.001*** (0.000) | -0.001*** (0.000) | -0.001*** (0.000) | -0.001*** (0.000) | -0.001*** (0.000) | -0.001** (0.000) | -0.001 (0.001) |
| fassets | -0.002*** (0.000) | -0.002*** (0.000) | -0.002*** (0.000) | -0.002*** (0.000) | -0.002*** (0.000) | -0.003*** (0.001) | -0.002 (0.002) |
| renkou | 0.003*** (0.000) | 0.003*** (0.000) | 0.003*** (0.000) | 0.003*** (0.001) | 0.002* (0.001) | 0.002 (0.002) | 0.003 (0.005) |
| L_edu1 | -0.002*** (0.000) | -0.002*** (0.000) | -0.00*** (0.000) | -0.002** (0.001) | -0.001 (0.001) | -0.001 (0.001) | 0.000 (0.003) |
| L_edu2 | 0.001*** (0.000) | 0.001*** (0.000) | 0.001*** (0.000) | 0.002** (0.001) | 0.002** (0.001) | 0.001 (0.001) | 0.003 (0.003) |
| labor2 | -0.004* (0.002) | -0.003 (0.002) | -0.001 (0.002) | 0.004 (0.005) | 0.006 (0.006) | 0.009 (0.010) | 0.026 (0.022) |
| peixun | 0.000 (0.000) | -0.000 (0.000) | -0.000 (0.000) | 0.000 (0.000) | 0.0008 (0.001) | 0.0005 (0.001) | 0.003 (0.002) |
| parttime | 0.005*** (0.001) | 0.006*** (0.000) | 0.006*** (0.001) | 0.008*** (0.001) | 0.011*** (0.002) | 0.015*** (0.003) | 0.030*** (0.006) |
| shijian1 | 0.000*** (0.000) | 0.000*** (0.000) | 0.000*** (0.000) | 0.000 (0.000) | 0.000* (0.000) | 0.001* (0.000) | 0.000 (0.001) |
| shijian2 | -0.000*** (0.000) | -0.000*** (0.000) | -0.000*** (0.000) | -0.000** (0.000) | -0.000** (0.000) | -0.000 (0.000) | -0.001 (0.001) |
| z71 | 0.001 (0.000) | 0.001* (0.000) | 0.001 (0.000) | 0.002** (0.001) | 0.004*** (0.001) | 0.008*** (0.002) | 0.016*** (0.004) |

续表

| 变量 | 0.65 | 0.70 | 0.75 | 0.80 | 0.85 | 0.90 | 0.95 |
|---|---|---|---|---|---|---|---|
| mount | 0.009*** (0.000) | 0.011*** (0.000) | 0.013*** (0.001) | 0.014*** (0.001) | 0.015*** (0.001) | 0.014*** (0.003) | 0.006 (0.005) |
| distance | 0.000* (0.000) | 0.000* (0.000) | 0.000 (0.000) | 0.000 (0.000) | 0.000 (0.001) | -0.001 (0.001) | 0.000 (0.002) |
| year | -0.002*** (0.000) | -0.002*** (0.000) | -0.002*** (0.000) | -0.003** (0.001) | -0.003** (0.001) | -0.004 (0.002) | -0.004 (0.004) |
| _cons | -0.002 (0.003) | -0.001 (0.002) | 0.001 (0.003) | 0.001 (0.007) | 0.007 (0.008) | 0.012 (0.016) | 0.021 (0.033) |
| n | 3548 | 4005 | 4530 | 5028 | 5486 | 5608 | 5626 |

注：***、**、*分别表示在1%、5%和10%水平上显著，( ) 内为标准误。

## 第三节 持久贫困的影响因素分析

在分析持久贫困的影响因素时，计量模型、相关变量及估计方法，详细见本章第二节，此处不再赘述。此处，仅列出分位数回归估计结果及分析过程。

### 一、生命周期对农村家庭持久贫困的影响

总体而言，生命周期对农村家庭持久贫困有显著的正向影响，并且，影响效应也基本稳健。但是，不同生命周期家庭的影响效应却明显不同。以空巢家庭为参照，在国家贫困标准下，在0.65~0.95多个分位数端，抚育期家庭、成熟期家庭和三代同堂期家庭都有显著正向影响。从系数大小来看，成熟期家庭的持久贫困明显低于抚育期家庭，而抚育期家庭的持久贫困显著低于三代同堂期家庭。贾兰和拉瓦雷（2000）认为，持久贫困主要与家庭的资源禀赋及将其转化为收入的能力有关。从金融资产积累来看，成熟期家庭最高（户均7456元），抚育期家庭和三代同堂期家庭大致相当（户均约为6800元）；从高素质劳动力数来看，约有40%的家庭有至少1个初中以上的劳动力，三代同堂期家庭约为32%，抚育期家庭约为22%，可见，成熟期家庭高素质劳动力比后两者更多；46%的成熟期家庭有劳动力参加过技能培训，三代同堂期家庭的该比例

大约为44%，抚育期家庭的该比例约为40%；可以认为，成熟期家庭的人力资本比后两者更强；从人均耕地面积来看，成熟期家庭略高于后两者；从地理区位来看，23%的成熟期家庭居住在山区，26%的三代同堂期家庭居住在山区，34%的抚育期家庭居住在山区。成熟期家庭在金融资本、人力资本、物质资本和地理区位等方面的相对优势，是导致其有较高收入能力的主要原因。数据表明，成熟期家庭的人均纯收入（约5122元）比抚育期家庭高952元，比三代同堂期家庭高1450元。因此，更优的资本积累及收入能力，是成熟期家庭持久贫困较低的主要原因。

对于成立期家庭，在不同分位数上，有的估计结果为正值，也有的为负值，存在一定的不稳定性，且都不显著。可能的原因是，成立期家庭的持久贫困集中在2005～2010年，而2006～2010年没有持久贫困。因此，样本分布的不均性可能会在一定程度上影响结论的稳定性。

另外，当贫困标准上升为2美元/人·天，不同生命周期类型对持久贫困的影响方向基本没有变化，而相关的回归系数有一定增加。相比国家贫困标准，2美元/人·天贫困标准下的主要不同结论有，成立期家庭在0.70、0.75分位数上有显著正向影响，并且，其回归系数相对较大；在0.65分位数上有显著负向影响，见表7-18。

表7-18　2美元/人·天贫困标准下持久贫困的影响因素估计结果

| 变量 | 0.65 | 0.70 | 0.75 | 0.80 | 0.85 | 0.90 | 0.95 |
| --- | --- | --- | --- | --- | --- | --- | --- |
| smzq1 | -0.060 *** <br> (0.006) | 0.065 *** <br> (0.010) | 0.033 * <br> (0.014) | 0.023 <br> (0.012) | 0.024 <br> (0.012) | -0.004 <br> (0.018) | -0.047 <br> (0.036) |
| smzq2 | 0.037 *** <br> (0.007) | 0.033 *** <br> (0.006) | 0.029 *** <br> (0.007) | 0.036 *** <br> (0.006) | 0.051 *** <br> (0.006) | 0.048 *** <br> (0.009) | 0.077 *** <br> (0.018) |
| smzq3 | 0.023 *** <br> (0.006) | 0.020 *** <br> (0.005) | 0.015 ** <br> (0.006) | 0.025 *** <br> (0.005) | 0.033 *** <br> (0.005) | 0.031 *** <br> (0.007) | 0.028 <br> (0.014) |
| smzq4 | 0.034 *** <br> (0.006) | 0.034 *** <br> (0.005) | 0.038 *** <br> (0.006) | 0.044 *** <br> (0.005) | 0.048 *** <br> (0.005) | 0.044 *** <br> (0.008) | 0.053 *** <br> (0.016) |
| hhage | 0.002 *** <br> (0.000) | 0.002 *** <br> (0.000) | 0.002 *** <br> (0.000) | 0.001 *** <br> (0.000) | 0.001 *** <br> (0.000) | 0.001 *** <br> (0.000) | 0.002 *** <br> (0.000) |
| land | -0.007 *** <br> (0.001) | -0.007 *** <br> (0.001) | -0.008 *** <br> (0.001) | -0.008 *** <br> (0.001) | -0.008 *** <br> (0.000) | -0.008 *** <br> (0.001) | -0.009 *** <br> (0.001) |
| fassets | -0.019 *** <br> (0.001) | -0.023 *** <br> (0.001) | -0.023 *** <br> (0.001) | -0.021 *** <br> (0.001) | -0.019 *** <br> (0.001) | -0.019 *** <br> (0.001) | -0.022 ** <br> (0.002) |
| renkou | 0.032 *** <br> (0.002) | 0.035 *** <br> (0.002) | 0.036 *** <br> (0.002) | 0.037 *** <br> (0.002) | 0.042 *** <br> (0.002) | 0.039 *** <br> (0.003) | 0.035 *** <br> (0.006) |

续表

| 变量 | 0.65 | 0.70 | 0.75 | 0.80 | 0.85 | 0.90 | 0.95 |
|---|---|---|---|---|---|---|---|
| L_edu1 | -0.015*** (0.002) | -0.014*** (0.002) | -0.017*** (0.002) | -0.017*** (0.002) | -0.018*** (0.002) | -0.013*** (0.002) | -0.009 (0.004) |
| L_edu2 | 0.004** (0.001) | 0.005*** (0.001) | 0.006*** (0.001) | 0.007*** (0.001) | 0.009*** (0.001) | 0.011*** (0.002) | 0.012** (0.004) |
| labor2 | 0.016 (0.012) | 0.010 (0.011) | 0.017 (0.013) | 0.000 (0.011) | 0.034** (0.011) | 0.021 (0.016) | 0.015 (0.032) |
| peixun | -0.005*** (0.001) | -0.005*** (0.001) | -0.005*** (0.001) | -0.004*** (0.001) | -0.003** (0.001) | -0.002 (0.002) | -0.000 (0.003) |
| parttime | 0.049*** (0.003) | 0.055*** (0.003) | 0.062*** (0.004) | 0.065*** (0.003) | 0.078*** (0.003) | 0.078*** (0.005) | 0.099*** (0.009) |
| shijian1 | 0.000 (0.000) | 0.000 (0.000) | 0.000 (0.000) | -0.000 (0.000) | -0.001** (0.000) | -0.000 (0.000) | 0.000 (0.001) |
| shijian2 | -0.002*** (0.000) | -0.002*** (0.000) | -0.002*** (0.000) | -0.002*** (0.000) | -0.003*** (0.000) | -0.003*** (0.000) | -0.002** (0.001) |
| z71 | 0.020*** (0.003) | 0.016*** (0.002) | 0.011*** (0.003) | 0.014*** (0.002) | 0.007** (0.002) | 0.005 (0.003) | 0.017** (0.006) |
| mount | 0.080*** (0.003) | 0.086*** (0.003) | 0.096*** (0.003) | 0.099*** (0.003) | 0.110*** (0.003) | 0.118*** (0.004) | 0.126*** (0.008) |
| distance | 0.002 (0.002) | 0.001 (0.001) | 0.003 (0.002) | 0.002 (0.001) | 0.001 (0.001) | -0.002 (0.002) | -0.004 (0.003) |
| year | -0.015*** (0.003) | -0.012*** (0.002) | -0.013*** (0.003) | -0.016*** (0.002) | -0.016*** (0.002) | -0.016*** (0.003) | -0.018** (0.006) |
| _cons | -0.095*** (0.017) | -0.058*** (0.015) | -0.040* (0.018) | -0.025 (0.015) | -0.053*** (0.015) | 0.008 (0.022) | 0.061 (0.046) |
| N | 1932 | 2144 | 2453 | 2830 | 3346 | 3985 | 4884 |

注：***、**、*分别表示在1%、5%和10%水平上的统计显著性，()内为标准误。

## 二、其他因素对农村家庭持久贫困的影响

表7-19的估计结果表明，有利于显著地降低农村家庭持久贫困的因素有，耕地面积、金融资产、初中以上文化程度的劳动力人数、接受培训劳动力数量和非农劳动时间等，部分结论与米勒（2003）相似。金融资产、初中以上文化程度的劳动力人数和接受培训劳动力数量是降低农村家庭持久贫困的重要因素。其中，金融资产和初中以上文化程度劳动力人数的系数，随着分位数的上升而上升；而接受培训劳动力数量的系数，随着分位数上升而降低。另外，能显著增加农村家庭持久贫困的因

素有，户主年龄、家庭规模、纯农村家庭身份、小学及以下劳动力人数、村人均耕地面积和山区村家庭等，部分结论与贾兰等（2002）的结论相似。山区村家庭、家庭人口规模、纯农村家庭身份和村人均耕地面积是导致农村家庭持久贫困的重要因素，其中，村人均耕地面积的影响效应随分位数上升而降低，而其他三个变量的影响效应随着分位数上升而上升；农业劳动时间对家庭持久贫困没有显著影响。三代同堂家庭的持久贫困显著高于抚育期家庭，抚育期家庭的持久贫困显著高于成熟期家庭；成立期家庭的贫困状态不稳定。另外，无论在哪个家庭生命周期内，在相同的分位数上，对持久贫困的影响系数均高于对暂时贫困的影响。这说明，不同生命周期阶段的农村家庭，其贫困差异主要是由持久贫困组分的不同导致的，而不是暂时贫困不同造成的。

表7-19　2300元/人·年贫困标准下持久贫困的影响因素估计结果

| 变量 | 0.65 | 0.70 | 0.75 | 0.80 | 0.85 | 0.90 | 0.95 |
|---|---|---|---|---|---|---|---|
| smzq1 | — | — | 0.033 (0.030) | 0.012 (0.010) | 0.012 (0.013) | 0.019 (0.016) | -0.006 (0.037) |
| smzq2 | 0.028*** (0.006) | 0.034*** (0.008) | 0.040** (0.015) | 0.025*** (0.005) | 0.035*** (0.006) | 0.048*** (0.008) | 0.082*** (0.018) |
| smzq3 | 0.022*** (0.005) | 0.022*** (0.006) | 0.024 (0.013) | 0.022*** (0.004) | 0.027*** (0.005) | 0.030*** (0.007) | 0.044** (0.014) |
| smzq4 | 0.036*** (0.005) | 0.034*** (0.007) | 0.041** (0.014) | 0.034*** (0.004) | 0.048*** (0.005) | 0.051*** (0.007) | 0.061*** (0.016) |
| hhage | 0.001*** (0.000) | 0.002*** (0.000) | 0.002*** (0.000) | 0.002*** (0.000) | 0.002*** (0.000) | 0.002*** (0.000) | 0.001** (0.001) |
| land | -0.006*** (0.001) | -0.007*** (0.001) | -0.009*** (0.001) | -0.009*** (0.000) | -0.009*** (0.001) | -0.008*** (0.001) | -0.009*** (0.001) |
| fassets | -0.019*** (0.001) | -0.019*** (0.001) | -0.022*** (0.002) | -0.022*** (0.001) | -0.023*** (0.001) | -0.019*** (0.001) | -0.022*** (0.002) |
| renkou | 0.016*** (0.002) | 0.023*** (0.002) | 0.029*** (0.005) | 0.032*** (0.002) | 0.033*** (0.002) | 0.036*** (0.003) | 0.039*** (0.006) |
| L_edu1 | -0.014*** (0.002) | -0.016*** (0.002) | -0.016*** (0.004) | -0.017*** (0.001) | -0.019*** (0.002) | -0.016*** (0.002) | -0.009 (0.005) |
| L_edu2 | 0.003** (0.001) | 0.007*** (0.001) | 0.007* (0.003) | 0.007*** (0.001) | 0.006*** (0.001) | 0.006*** (0.002) | 0.010** (0.004) |
| labor2 | -0.008 (0.010) | -0.011 (0.013) | -0.009 (0.026) | 0.002 (0.009) | 0.007 (0.011) | 0.013 (0.015) | 0.017 (0.032) |
| peixun | -0.014*** (0.001) | -0.011*** (0.002) | -0.011*** (0.003) | -0.007*** (0.001) | -0.005*** (0.001) | -0.002 (0.002) | -0.004 (0.003) |

续表

| 变量 | 0.65 | 0.70 | 0.75 | 0.80 | 0.85 | 0.90 | 0.95 |
|---|---|---|---|---|---|---|---|
| parttime | 0.035 *** | 0.038 *** | 0.052 *** | 0.065 *** | 0.073 *** | 0.076 *** | 0.087 *** |
|  | (0.003) | (0.004) | (0.007) | (0.003) | (0.003) | (0.004) | (0.009) |
| Shijian1 | 0.001 *** | 0.001 | 0.000 | 0.000 | 0.000 | -0.001 * | 0.000 |
|  | (0.000) | (0.000) | (0.001) | (0.000) | (0.000) | (0.000) | (0.001) |
| Shijian2 | -0.001 *** | -0.001 *** | -0.002 ** | -0.002 *** | -0.002 *** | -0.003 *** | -0.003 *** |
|  | (0.000) | (0.000) | (0.001) | (0.000) | (0.000) | (0.000) | (0.001) |
| z71 | 0.018 *** | 0.022 *** | 0.023 *** | 0.019 *** | 0.015 *** | 0.008 ** | 0.018 ** |
|  | (0.002) | (0.003) | (0.005) | (0.002) | (0.002) | (0.003) | (0.006) |
| mount | 0.060 *** | 0.085 *** | 0.088 *** | 0.088 *** | 0.099 *** | 0.105 *** | 0.121 *** |
|  | (0.003) | (0.004) | (0.008) | (0.002) | (0.003) | (0.003) | (0.007) |
| distance | -0.000 | -0.001 | 0.003 | 0.004 ** | 0.003 * | -0.001 | -0.006 |
|  | (0.001) | (0.002) | (0.003) | (0.001) | (0.001) | (0.002) | (0.003) |
| year | -0.009 *** | -0.011 *** | -0.013 * | -0.014 *** | -0.013 *** | -0.011 *** | -0.013 * |
|  | (0.002) | (0.003) | (0.005) | (0.002) | (0.002) | (0.003) | (0.006) |
| _cons | -0.010 | -0.071 *** | -0.074 * | -0.039 ** | -0.032 * | -0.023 | 0.025 |
|  | (0.014) | (0.019) | (0.037) | (0.012) | (0.015) | (0.020) | (0.045) |
| N | 1520 | 1564 | 1624 | 2174 | 2456 | 3173 | 4124 |

注：***、**、*分别表示在1%、5%和10%的水平上显著，()内为标准误。"—"表示无数据。

## 三、家庭生命周期对农村家庭持久贫困的影响机制分析

为了厘清家庭生命周期对农村家庭持久贫困的影响机制，本书进一步考察家庭生命周期对收入风险、收入结构及经营费用的影响。收入风险用家庭净收入的标准差表示，家庭收入来源包括总收入、农业收入、非农业收入、务工收入和工资收入等。考虑到模型可能存在异方差，采用了怀特检验法和 BP 检验法来检验异方差性，结果表明模型存在异方差。为了克服异方差，本书采用可行广义最小二乘法（FGLS）来估计收入风险、收入结构及经营费用的决定模型，结果列在表 7 - 20。

表 7 - 20  不同生命周期阶段的农村家庭收入及劳动时间配置的 FGLS 估计结果

| 变量 | 收入波动 | 总收入 | 农业收入 | 非农收入 | 务工收入 | 工资收入 | 经营费用 |
|---|---|---|---|---|---|---|---|
| smzq2 | -654.561 *** | -4812.865 *** | -1929.387 *** | -142.833 | 141.529 *** | 211.263 *** | -2978.441 *** |
|  | (73.31) | (216.23) | (96.20) | (111.27) | (21.31) | (49.23) | (176.47) |
| smzq3 | -486.695 *** | -4365.78 *** | -1457.015 *** | -307.702 *** | 163.635 *** | 155.570 *** | -3099.089 *** |
|  | (51.74) | (156.23) | (77.78) | (71.27) | (16.68) | (40.91) | (121.25) |

续表

| 变量 | 收入波动 | 总收入 | 农业收入 | 非农收入 | 务工收入 | 工资收入 | 经营费用 |
|---|---|---|---|---|---|---|---|
| smzq4 | −570.579*** <br>(72.51) | −4009.224*** <br>(213.15) | −1737.265*** <br>(103.09) | −203.533** <br>(97.48) | 108.682*** <br>(20.65) | 315.525*** <br>(53.55) | −2666.487*** <br>(161.58) |
| smzq5 | 462.007*** <br>(116.67) | −1758.621*** <br>(419.716) | −1289.603*** <br>(205.06) | 517.402*** <br>(171.50) | 59.728*** <br>(13.03) | 63.424 <br>(46.15) | −1441.927*** <br>(318.83) |
| hhage | −24.737*** <br>(1.57) | 7.497 <br>(4.81) | 18.490*** <br>(2.27) | −5.127** <br>(2.14) | −2.148*** <br>(0.31) | 3.113*** <br>(0.965) | −14.524*** <br>(3.53) |
| land | −8.452 <br>(7.00) | 144.680*** <br>(19.00) | 132.798*** <br>(10.74) | 26.883*** <br>(8.96) | −0.147 <br>(1.151) | 20.604*** <br>(3.29) | 70.581*** <br>(15.59) |
| fassets | −82.181*** <br>(16.84) | −440.349*** <br>(48.41) | 158.761*** <br>(25.23) | 12.115 <br>(16.08) | 60.175*** <br>(6.78) | −110.792*** <br>(13.635) | −269.335*** <br>(27.74) |
| renkou | 35.633 <br>(24.70) | −1260.418*** <br>(80.90) | −257.067*** <br>(31.24) | −87.168*** <br>(33.59) | −12.306* <br>(6.99) | −256.643*** <br>(19.99) | −266.165*** <br>(51.24) |
| labor | −310.256*** <br>(96.33) | −10435.4*** <br>(294.543) | −4055.649*** <br>(157.05) | 26.429 <br>(149.66) | 61.013*** <br>(14.51) | −448.471*** <br>(46.28) | −1764.881*** <br>(239.45) |
| L_edu1 | −142.031*** <br>(24.97) | −528.421*** <br>(71.95) | 65.74* <br>(34.53) | −74.148** <br>(33.59) | −14.406*** <br>(4.77) | −154.347*** <br>(14.85) | −99.883* <br>(55.63) |
| L_edu2 | 45.202* <br>(23.61) | 386.301*** <br>(68.57) | 131.592*** <br>(30.88) | 102.083*** <br>(32.798) | −14.039** <br>(4.55) | 144.576** <br>(13.76) | 519.259*** <br>(54.12) |
| peixun | 58.574*** <br>(22.84) | 93.467* <br>(56.30) | 88.946*** <br>(25.08) | −98.154*** <br>(27.49) | −18.081** <br>(6.45) | −5.744 <br>(17.83) | −111.256** <br>(43.88) |
| parttime | 167.504*** <br>(36.80) | −714.777*** <br>(108.468) | 1416.557*** <br>(61.18) | −159.801*** <br>(50.97) | −24.722*** <br>(6.61) | −718.564*** <br>(22.091) | −342.547*** <br>(88.29) |
| distance | −440.447*** <br>(17.07) | −585.228*** <br>(50.83) | 215.916*** <br>(20.60) | −272.298*** <br>(26.69) | 39.690*** <br>(4.42) | −206.403*** <br>(12.83) | −529.897*** <br>(40.79) |
| shijian | — | 89.974*** <br>(4.21) | — | — | — | 16.723*** <br>(1.18) | — |
| shijian1 | — | — | 31.151*** <br>(3.30) | — | — | — | — |
| shijian2 | — | — | — | 1.149 <br>(2.84) | — | — | — |
| shijian3 | — | — | — | — | 35.191*** <br>(1.16) | — | — |
| _cons | 5091.644*** <br>(140.48) | 18617.380*** <br>(419.628) | 3148.652*** <br>(209.94) | 2471.694*** <br>(196.29) | −191.302*** <br>(30.30) | 2301.200*** <br>(89.89) | 8599.320*** <br>(331.82) |
| 调整 $R^2$ | 0.462 | 0.601 | 0.538 | 0.211 | 0.289 | 0.555 | 0.431 |

注释：*、**、*** 分别表示在10%、5%、1%的水平上显著，（ ）内为稳健标准误。"—"表示无数据。

## （一）不同生命周期阶段家庭的风险冲击差异分析

以成立期家庭为参照，空巢期家庭收入波动是正向的，其他家庭的收入波动是负向的。这表明，相比成立期家庭，空巢期家庭受到的风险冲击更大，而抚育期家庭、成熟期家庭和三代同堂期家庭的收入波动更小。进一步分析发现，后三类家庭的回归系数分别为-654.561、-486.695、-570.579，说明抚育期家庭的收入波动最小，成熟期家庭的收入波动大于三代同堂期家庭。究其原因，空巢期家庭的劳动力年龄偏大，面临的疾病风险可能会降低其劳动时间甚至失去劳动能力。另外，89.59%的空巢期家庭以务农为主，农业生计模式受到自然灾害的冲击可能更大，故收入波动可能更高。而抚育期家庭的劳动力年富力强、遭受疾病的风险更低。同时，仅有45.79%的抚育期家庭为纯农户，抚育期家庭中兼业户约占40.50%，其主要受到市场风险、经营风险冲击。但是，可选择回家务农或回乡创业来规避市场风险和经营风险，且前期较多的收入有利于家庭平滑收入。相比成熟期家庭，三代同堂期家庭的老年人比例更高，遭受疾病风险的可能性更大。另外，三代同堂期家庭中纯农村家庭比例（34.68%）低于成熟家庭（38.74%），兼业为主的农村家庭比例（44.52%）高于成熟期家庭（35.898%）。较低比例的纯农村家庭、较高比例的兼业农村家庭，意味着有较强的收入平滑能力。这在一定程度上有利于三代同堂期家庭降低收入波动风险。

## （二）不同生命阶段家庭的收入能力差异分析

抚育期家庭的人均总收入相对最低，空巢期家庭人均总收入相对最高，成熟期家庭的人均总收入低于三代同堂期家庭。但是，空巢期家庭的人均经营费用相对最高，三代同堂期家庭的人均经营费用高于抚育期家庭，成熟期家庭的人均经营费用最低。总体而言，空巢期家庭收入能力最强，抚育期家庭收入能力最弱，成熟期家庭收入能力高于三代同堂期家庭。可能的原因是，空巢期家庭人口规模最小（户均2.33人），劳动力比例最高（户均0.89），且以农业为主的生产模式，较少受到劳动力教育水平约束，从而这些家庭能够通过劳动力多和人均耕地多等资源优势，实现更高的人均收入。另外，抚育期家庭人口规模（户均4人）比三代同堂期家庭小（户均 5.20 人），其劳动力比例（户均 0.65）略低于三代同堂期家庭（户均 0.70）；抚育期家庭的人均劳动时间（人均 7.87 个月）低于三代同堂期家庭（人均 8.77 个月），可能是由于抚育期家庭需要劳动力照顾抚育孩子，从而减少劳动时间投入；而部分三代同堂期家庭则可能老人来照顾抚育孩子，从而家庭有更高的劳动时间投入。总之，劳动时间投入不足，可能是导致抚育期家庭收入能力最弱的一个原因。

### （三）不同生命周期阶段家庭的收入结构差异分析

空巢期家庭的农业收入和非农收入等家庭经营收入最高，务工收入和工资收入最低，可能的解释是年龄大和受教育水平低在一定程度上可能制约其外出务工，从而选择务农和非农经营，进而导致家庭经营收入比其他家庭高。成熟期家庭的外出务工收入最高，非农收入最低，农业收入和工资收入居中，可能的解释是成熟期家庭不需要抚育孩子，劳动时间投入会更多，尤其是劳动力在年龄和受教育水平方面的优势，使其更可能外出务工，而不一定要选择在家务农和非农经营；同时，拥有的耕地还能赚取一定的农业收入。抚育期家庭的务工收入、非农收入高于三代同堂期家庭，农业收入低于三代同堂期家庭。可能的解释是，相比三代同堂期家庭，抚育期家庭的劳动力更年轻、教育水平更高，更愿意外出务工或从事非农经营；抚育期家庭的人均外出务工时间（人均 2.48 个月）、非农劳动时间（人均 1.74 个月）均低于三代同堂期家庭（人均 2.96 个月、人均 2.30 个月）。同时，由于三代同堂期家庭拥有的耕地资源（户均 5.71 亩）比抚育期家庭多（户均 4.75 亩），三代同堂期家庭的人均农业收入可能更多。

总之，虽然遭受较低收入波动冲击，但家庭收入能力较低是三代同堂期家庭持久贫困较高的原因。尽管遭受较大的收入波动冲击，但较强的收入能力在一定程度上缓冲收入波动冲击，是成熟期家庭持久贫困较低的原因。

### 四、持久贫困与暂时贫困的影响因素比较

结果表明，不同贫困组分既受到一些共同因素的影响，也受到不同

因素的影响。

（一）持久贫困与暂时贫困的共同影响因素

能显著降低持久贫困和暂时贫困的因素包括金融资产、耕地面积和非农业劳动时间；会显著增加持久贫困和暂时贫困的因素包括户主年龄、家庭规模、纯农村家庭身份、小学及以下劳动力人数、村人均耕地面积和山区村家庭。但是，无论是能显著降低贫困的因素，还是能显著增加贫困的因素，通常对持久贫困的影响效应均大于总贫困，对暂时贫困的影响效应最小。

（二）持久贫困与暂时贫困的不同影响因素

农业劳动时间对持久贫困没有显著影响，而对暂时贫困有显著的正向影响，可能的解释是农业劳动时间越多，代表家庭在农业生产上的投入越多，而农业生产可能面临着洪水、干旱等自然灾害的风险冲击，进而家庭可能陷入暂时贫困。但是，家庭并不一定会显著持久贫困。

初中以上劳动力和接受培训劳动力对持久贫困有显著的负向影响，而对暂时贫困没有显著影响。这说明，高素质劳动力和接受技能培训能显著降低持久贫困，而不会降低暂时贫困。

家庭规模对持久贫困的影响效应随着分位数上升而上升，而家庭规模对暂时贫困的影响效应则随着分位数上升而下降。这表明，对于更贫困的家庭，其人口规模越大，其持久贫困水平越高；而其暂时贫困水平却越低。

# 第八章

# 结论与建议

## 第一节 主要结论

### 一、湖北省农村家庭总体贫困动态

从贫困发生率来看,湖北省农村家庭的贫困发生率从 2005 年的 22.09% 下降到 2010 年的 9.01%(2300 元/人·年贫困标准)。从经历贫困年数来看,大多数农村家庭没有经历贫困,只有 43.22% 的农村家庭经历过 1 年以上贫困(2300 元/人·年贫困标准)。从贫困状态转换来看,在某年陷入贫困的农村家庭,主要来源于此前的非贫困农村家庭,即新增贫困是导致贫困的主要来源。但是,当贫困标准提高,在某年陷入贫困的农村家庭,主要来源于此前的贫困农村家庭,即贫困家庭的延续性是导致贫困的主要来源。从贫困持续年数来看,贫困农村家庭主要经历短期贫困,而非长期贫困。经历过多次贫困的农村家庭,其贫困持续年数会更长。从不同贫困组分来看,在较低的贫困标准下,农村家庭的暂时贫困比持久贫困更严重;在较高贫困标准下,农村家庭的持久贫困比暂时贫困更严重。考察时期越长,则持久贫困越来越高,而暂时贫困越来越低,总贫困变化不稳定。

### 二、不同家庭生命周期阶段贫困动态

成立期家庭的贫困发生率、经历的贫困年数最短,未来陷入贫困的

概率最低，贫困持续年数最少，持久贫困最低，退出贫困的概率最高，暂时贫困水平最高。

三代同堂期家庭的贫困发生率最高，经历贫困的年数更长，三代同堂期家庭经历贫困持续年数最长。

其他家庭之间的贫困动态关系与贫困标准选择有一定的关系。比如，在较低贫困标准下，相比抚育期家庭和成熟期家庭，空巢期家庭经历短期贫困比例更高，经历长期贫困的比例更低。而当选择较高贫困标准时，空巢期家庭经历短期贫困比例低于抚育期家庭和成熟期家庭，经历长期贫困比例高于抚育期家庭和成熟期家庭。

### 三、不同生命周期阶段农村家庭的生计特征

#### （一）收入能力差异

成立期家庭的人均纯收入最高，空巢期家庭的人均纯收入次之，三代同堂期家庭的人均纯收入最低，而抚育期家庭的人均纯收入略低于成熟期家庭。成立期家庭和空巢期家庭的收入主要来源于农业收入。抚育期家庭、成熟期家庭和三代同堂期家庭的收入则呈多元化趋势，非农收入、工资性收入以及外出务工收入等占比较高。

#### （二）生计资本与生计策略差异

从人力资本来看，成立期家庭中接受培训劳动力比例、劳动力教育年限、劳动力比例最高；空巢期家庭中劳动力比例、工作年限相对较高；在三代同堂期家庭中，劳动力受教育水平、劳动力比例较低，家庭人口最多；相比三代同堂期家庭，成熟期家庭中劳动力受教育年限和接受培训劳动力比例更高。

从物质资本、金融资本来看，成立期家庭最多，空巢期家庭比成熟期家庭多，成熟期家庭比抚育期家庭多，三代同堂期家庭最少。

从生计策略来看，成立期家庭的劳动时间最多；空巢期家庭中以农业经营为主的占比、人均农业劳动时间最多；三代同堂期家庭的劳动时间较少，尤其是外出务工时间较少；成熟期家庭中外出务工劳动时间、农业劳动时间比抚育期家庭和三代同堂期家庭多。

## 四、不同贫困动态类型农村家庭的生计特征

### (一) 不同贫困经历家庭的生计特征

从未贫困家庭的人均纯收入最高,之后是短期贫困家庭,长期贫困家庭最低。从收入来源看,从未贫困家庭的各项收入都比短期贫困家庭高,短期贫困家庭的各项收入都高于长期贫困家庭。不同贫困类型家庭之间的收入差距,主要表现为家庭经营收入和工资性收入的差异。

从人力资本来看,从未贫困家庭的劳动力人数最少,接受技能培训劳动力占比、劳动力收入教育水平最高;长期贫困家庭的劳动力人数最多,接受技能培训劳动力占比、劳动力收入教育水平最低。从耕地资源、年末存款、生产性固定资产等来看,从未贫困家庭的最高,长期贫困家庭的最低。从生计策略来看,从未贫困家庭中,以农业为主的占比最低,农业劳动时间和非农业劳动时间投入最多;长期贫困家庭的农业劳动时间、非农业劳动时间最低,但是,外出务工时间、以农业为主的占比最高。

### (二) 退出贫困家庭的生计特征

成立期家庭的人均收入水平最高;空巢期家庭次之,成熟期家庭的人均收入比抚育期家庭多;三代同堂家庭的人均收入最低。成立期家庭的收入主要依靠家庭经营,尤其是农业经营收入占比高;空巢家庭的收入主要依靠农业经营和非农业经营;在抚育期家庭、成熟期家庭和三代同堂期家庭收入中,工资性收入、非农业经营收入占比明显比前两者高。相比成熟期家庭,三代同堂期家庭收入劣势主要在于非农收入低和外出务工收入低。抚育期家庭的收入劣势,主要在于农业经营收入低。

从人力资本来看,空巢期家庭和成立期家庭的人口少、劳动力比例相对更高,是其人力资本优势所在;三代同堂期家庭,其劳动力受教育程度、接受劳动力培训比例相对较低,是导致其非农收入更低或外出务工收入更低的人力资本约束;其他家庭的人力资本差异,没有显著规律性。

### (三) 进入贫困家庭的生计特征

空巢期家庭的人均收入最高,三代同堂期家庭次之,抚育期家庭的

人均收入比成熟期家庭高，成立期家庭最低。相比三代同堂期家庭，空巢期家庭的收入优势在于耕地资源多、劳动力资源带来更多农业经营收入；成熟期家庭的收入劣势，在于家庭外出务工收入更多。抚育期家庭与成熟期家庭收入差异主要在于农业收入较多，而外出务工收入较少。

从人力资本来看，三代同堂期家庭的劳动力受教育程度比成熟期家庭和抚育期家庭都低。从物质资本来看，空巢期家庭和成立期家庭的耕地资源更多，与其以农业为主的经营方式以及主要依靠农业收入的特征相一致。

## 五、贫困动态过程的影响因素

### （一）贫困持续年数的影响因素

Cox 比例风险模型的参数估计结果表明，生命周期对农村家庭贫困持续年数有显著的负向影响，以成立期家庭为参照，空巢期农村家庭退出贫困的风险率约降低 36%；抚育期农村家庭退出贫困状态的风险率，约降低 40%；成熟期农村家庭退出贫困状态的风险率降低 44%；三代同堂期农村家庭退出贫困状态的风险率，约降低 46%。

会显著缩短贫困持续年数的因素包括，劳动力受教育年限、接受技能培训劳动力人数、家庭劳动力比例和工作经验等人力资本；家庭耕地资源及非农劳动时间和外出务工时间等。会显著加剧农村家庭贫困持续年数的因素包括从事以农业为主的经营方式及农业劳动时间等。

### （二）长期贫困的影响因素

广义定序 Logit 回归估计结果表明，生命周期对家庭不同贫困经历有显著的正向影响：三代同堂期家庭比抚育期家庭更可能陷入长期贫困，抚育期家庭比成熟期家庭更可能陷入长期贫困，成熟期家庭比空巢期家庭更可能陷入长期贫困，空巢期家庭比成立期家庭更可能陷入长期贫困。

能显著推动农村家庭退出长期贫困的因素有，劳动力受教育水平、工作经验、劳动力比例、接受过技术培训的劳动力人数等人力资本；家庭耕地资源、非农劳动时间、农业补贴政策等。

能显著导致农村家庭陷入长期贫困的因素有，家庭人口规模、户主年龄、户主性别、以务农为主的经营方式及农业劳动时间等。

## （三）进入贫困和退出贫困的影响因素

Logit 回归估计结果表明，生命周期对农村家庭进入贫困有显著正向影响：三代同堂期家庭进入贫困的概率更高，抚育期家庭进入贫困的概率高于空巢期家庭，空巢期家庭进入贫困的概率高于成熟期家庭，成立期家庭进入贫困的概率最低。

家庭生命周期对农村家庭退出贫困有显著负向影响，抚育期家庭退出贫困的概率高于三代同堂期家庭，三代同堂期家庭退出贫困的概率高于成立期家庭。

能显著影响农村家庭进入贫困的因素有，家庭规模、户主年龄、户主性别、以务农为主的经营方式及农业劳动时间等。显著影响农村家庭退出贫困的因素包括，劳动力受教育水平、接受培训劳动力人数等人力资本，以家庭耕地资源为代表的物质资本。

## 六、暂时贫困与持久贫困的影响因素

### （一）家庭生命周期对暂时贫困和持久贫困的影响

受限分位数回归（CQR）估计表明，家庭生命周期对持久贫困、暂时贫困有显著的正向影响。抚育期家庭的暂时贫困显著高于三代同堂期家庭，三代同堂期家庭的暂时贫困显著高于成熟期家庭；三代同堂期家庭的持久贫困显著高于抚育期家庭，抚育期家庭的持久贫困显著高于成熟期家庭。在相同的分位数上，对持久贫困的影响系数均高于对暂时贫困的影响系数，即表明贫困差异主要是由持久贫困组分导致的，而不是暂时贫困造成的。

### （二）影响暂时贫困和持久贫困的共同因素

能显著降低持久贫困和暂时贫困的因素有金融资产、耕地面积和非农业劳动时间等；能显著增加持久贫困和暂时贫困的因素有户主年龄、家庭规模、纯农村家庭身份、小学及以下劳动力人数、村人均耕地面积和山区农村家庭。

### （三）影响暂时贫困或持久贫困的不同因素

农业劳动时间对暂时贫困有显著的正向影响，而对持久贫困没有显著影响。初中以上劳动力和接受培训劳动力等人力资本，对持久贫困有显著负向影响，而对暂时贫困没有显著影响。家庭规模对持久贫困的影响效应随着分位数上升而上升，而对暂时贫困的影响效应则随着分位数上升而下降。

## 第二节　政策建议

### 一、完善扶贫对象的精准识别与动态管理机制

当前，中国扶贫开发工作已步入精准扶贫时期。按照《中国农村扶贫开发纲要（2011～2020年）》的总体目标要求，到2020年，稳定实现扶贫对象不愁吃、不愁穿，保障其义务教育、基本医疗和住房安全。要想打赢扶贫开发攻坚战，精准识别扶贫对象是基础。鉴于乡土社会的一系列特性，扶贫识别机制应该在国家的识别体系之下，建立一套符合各个地区实际情况的乡土性规范（李博，左停，2017）。另外，在对贫困家庭、贫困村进行建档立卡时，要关注农村家庭贫困的动态方式，连续记录贫困户的贫困状态变化信息，确保已经脱贫家庭及时退出，为新增贫困家庭腾出扶贫指标。在基层扶贫单位，逐步建立完整的扶贫年度台账，坚持对贫困户进行长时期的信息搜集，动态反映贫困家庭的发展能力、致贫原因等信息以及扶贫责任人、相关措施等，有利于政府实施扶贫的动态监管。

在当前扶贫实践中，政府已经推行脱贫认定机制，对于刚脱贫的农村家庭给予一定的缓冲期，在缓冲期内仍可以享受有关扶贫政策。在实际操作中，缓冲期设置一般较短。比如，海南省设置扶贫资金缓冲期为2年，安全住房、教育和医疗等方面的扶持缓冲期为4年（唐文颖，2016）。但是，从长期来看，那些进入贫困或退出贫困的农村家庭，基本上都是一些低收入、易遭受冲击的群体。另外，当采用更严格的贫困标

准时,持久贫困问题也会显得更严重。在设置缓冲期时,要考虑贫困类型的差异。对于短期贫困家庭,通过 3~5 年缓冲期的帮扶,使其建立良好的家庭发展能力,逐步实现生计的良性循环,逐步退出扶贫对象。对于长期贫困家庭,可以考虑设置 5~10 年的缓冲期,在教育、就业、医疗等方面重点帮扶。

## 二、区分不同贫困类型,精准分类施策

不同类型的贫困,其致贫原因也不尽相同。造成暂时贫困的主要原因是受到风险冲击而导致收入的短期波动,而持久贫困主要是由于人力资本不足而引起的永久收入能力低下导致的。实证结果也表明,农业劳动时间对暂时贫困有显著正向影响,而对持久贫困没有显著影响。初中以上劳动力和接受培训劳动力等人力资本对持久贫困有显著负向影响,而对暂时贫困没有显著影响。

对于以农业经营为主的暂时贫困家庭(往往更可能是空巢期家庭、老年家庭),扶贫政策应关注与农业经营相关的风险冲击。比如,自然灾害、农产品价格波动等,从而有针对性地帮助贫困家庭提高应对风险的能力。比如,为他们提供合适的农业保险来降低自然灾害冲击对家庭生计的冲击。针对农产品价格波动问题,基层政府有必要对农村家庭进行农产品供给侧信息指导,加快农产品信息服务网络建设等,尽可能降低由于产品供给过量带来的价格冲击等。

对于持久贫困家庭,应通过为贫困家庭进行职业技能培训,提升其就业能力;提供非农务工或外出务工的信息服务,帮助有意愿、有能力参与非农就业或外出务工的贫困家庭实现劳动力就业。从长远来看,要加强贫困地区的基础教育投入,尤其是强化农村师资队伍建设;对持久贫困家庭的高中学生或职高学生给予适当教育补贴,帮助他们完成学业等;实现提高贫困家庭子女人力资本素质,改善其生计状态的目的。

## 三、区分不同家庭生命周期,精准因户施策

分不同家庭生命周期看,应考虑贫困家庭的生计资本、生计策略、

收入能力等方面的差异，因户实施扶贫项目安排并落实帮扶措施。

研究表明，三代同堂贫困家庭是当前贫困最严重的群体，该类家庭的农业经营比重仍较高，农业投入大、比较利益相对低；家庭劳动力比例相对较低、人口多，是造成该类家庭进入贫困的主要原因。可以考虑重点实施以下扶贫措施：第一，应加快完善农村耕地流转制度，实现撂荒的土地能在家庭之间合法流转，通过发展适当规模农业增加农村家庭收入实现脱贫；第二，对以农业为生的家庭，进行供给侧指导，帮助农村家庭实现供给侧与需求侧的对接，不断提高农产品竞争力，保证和提升家庭农业收入能力；第三，给予家庭中能够外出就业的劳动力在技能培训、岗位推荐等方面的就业指导与帮助。

对于抚育期家庭和成熟期家庭，其动态贫困大致相当，家庭生计模式也类似，具有相对更高的非农经营比例或外出务工比例。主要的差异在于，抚育期家庭劳动力比例低，因占用时间抚育子女而导致收入减少。对于那些贫困的家庭，致贫的个体原因往往是未成年孩子多、劳动力比例低、劳动力素质较低。可以考虑重点实施以下扶贫措施：第一，针对抚育期家庭劳动力比例低的特点，重点实施资产收益扶贫项目。比如，通过对村级集体资产的股权化，入股企业或合作社参与经营，可以获取投资收益分红；加快农村土地、宅基地确权工作，为贫困农村家庭土地入股公司或合作社参与经营获取投资收益，提供法律保证。第二，针对成熟期家庭劳动力较充足的特点，可以重点实施：如发展特色产业扶贫项目，带动农村家庭直接参与特色项目经营或者家庭的劳动力有机会参与非农业就业；通过减免费用的方式提供技能培训项目，提高劳动力就业能力，引导其外出就业。第三，通过加大农村教育资源投入、公平分配教育资源，让农村儿童有机会享受高质量的基本义务教育，为农村人口未来向上流动提供基本的教育条件。

对于空巢期家庭，其以农业为主的经营模式，容易受到年老、疾病等风险冲击；并且，"新农合"养老金普遍比较低，在家庭成员逐步丧失劳动力的过程中，风险冲击可能会加剧空巢期家庭的贫困。可以考虑实施以下扶贫措施：第一，考虑农村最低生活保障补贴适当向劳动能力最弱的空巢期家庭倾向，提高老年低保户的补贴金额。第二，强化贫困地区的农村养老金投入，确保贫困的老年家庭能够领取养老金。第三，强化贫困地区的农村医疗金投入、健全医疗救助制度,提高医疗服务和大病救助覆盖贫困人口。第四,针对资产累积能力和收入能力更弱的空巢期家庭,地方政府可以适度将一定的扶贫财政资金入股到效益有保障而风险相对较低的企业和合作社。并把相应股份收益权分配给贫困的空巢期家庭,保障其在较长时期内有稳定的分红收入。第五,农村贫困的老人的生计在很大程度上还是依靠耕地和农业生产,要加快土地确权工作,保障其获取土地分红的合法权利。

## 四、区分不同家庭生命周期,提升家庭的自我发展能力

对于贫困家庭而言,自我发展能力是决定农村家庭持续收入能力的关键因素。研究表明,家庭的劳动力受教育年限、接受技能培训劳动力人数、家庭劳动力比例和工作经验等人力资本;对贫困家庭耕地资源以及非农劳动时间和外出务工时间等对缩短贫困持续年数、退出贫困等有显著影响。但是,对于不同生命周期阶段的贫困家庭,要因户施策来提升其自我发展能力。

对于劳动力比较充足的成熟期家庭和三代同堂期家庭,政府可以考虑在提高贫困家庭的就业能力和家庭经营能力方面重点施策。提升农村家庭就业能力的主要措施:(1)对贫困家庭中有能力、有意愿的劳动力,搭建就业平台,提供就业指导,帮助贫困家庭实现劳动供给与市场对接,督促企业签订劳动合同。(2)通过产业扶贫来吸纳当地贫困家庭劳动力。比如,有的地区给予资金、税收优惠,或通过土地流转方式鼓励企业来贫困地区开展产业扶贫,吸纳贫困家庭就业。(3)还应关注劳动力在地区间、行业间的流动壁垒,进一步消除劳动力市场中的户籍歧视、地域歧视与身份歧视(杨龙,李萌,2017)。

增强经营能力的主要措施:(1)对于有能力、有意愿的家庭,直接扶持贫困家庭开展特色产业项目。比如,特色种植、特色旅游、特色养殖等,给予资金、技术、信息等支持,使得贫困家庭能经营自己的产业,形成家庭发展能力。(2)要重点发挥产业的带动融合能力,扶持"龙头"企业、专业合作社、家庭农场等发展产业扶贫,采用"公司+合作社+农户""电商+合作社+农户"等模式,让贫困家庭融合到产业链的发展

中来，共享产业发展成果。（3）但是，产业扶贫要遵循市场经济规律，考虑贫困地区、贫困家庭的资源禀赋差异，特别要突出产品或服务的特色，紧密考虑市场需求，确保产业扶贫的长期生命力，避免短期行为。另外，政府也要充分发挥服务、监督角色。既要提供必要的政策支持，比如，金融政策支持、建立风险基金；也要制定配套的产业扶贫资金监管制度，确保资金能真正落实到帮扶贫困家庭上；强化扶贫产业风险预警机制和规避机制（刘健生等，2017）。

# 参考文献

[1] 本书编写组. 2000~2001年世界发展报告：与贫困作斗争 [M]. 北京：中国财政经济出版社，2001.

[2] 卜范达，韩喜平. 农户经营内涵的探析 [J]，当代经济研究，2003（9）：37~41.

[3] 曹艳春. 四个"精准"是落实习近平扶贫思想的重要法宝. [2016-02-06]，http://theory.gmw.cn/2016-02/06/content_18816499.htm.

[4] 陈传波，丁士军. 对农户风险及其处理策略的分析 [J]. 中国农村经济，2003（2）：66~72.

[5] 陈传波. 农户风险与脆弱性：一个分析框架及贫困地区经验 [J]. 农业经济问题，2005（8）：47~50.

[6] 陈光金. 中国农村贫困的程度、特征与影响因素分析 [J]. 中国农村经济，2008（9）：13~25.

[7] 陈杭. 基于家庭生命周期视角的农户消费行为研究 [D]. 武汉：中南财经政法大学，2014.

[8] 陈强. 高级计量经济学及Stata应用 [M]. 北京：高等教育出版社，2014.

[9] 陈全功，程蹊. 长期贫困为什么难以消除：来自扶贫重点县教育发展的证据 [J]. 西北人口，2006（3）：39~42，46~47.

[10] 陈全功，李忠斌. 少数民族地区农户持续性贫困探究 [J]. 中国农村观察，2009（5）：39~48.

[11] 陈勇兵等. 中国企业出口持续时间及其决定因素 [J]. 经济研

究，2012（7）：48～61.

［12］陈忠文. 山区农村贫困机理及脱贫机制实证研究［D］. 武汉：华中农业大学，2013.

［13］程名望，盖庆恩，Jin Yanhong，史清华. 人力资本积累与农户收入增长［J］. 经济研究，2016（1）：168～181，192.

［14］程名望，史清华，Jin Yanhong. 农户收入水平、结构及其影响因素：基于全国农村固定观察点微观数据的实证研究［J］. 数量经济技术经济研究，2014（5）：3～19.

［15］杜本峰. 事件史分析及其应用［M］. 北京：经济科学出版社，2008.

［16］范小建. 扶贫标准上调至2300元/人·年（政策解读）.［2011－11－30］，http：//politics. people. com. cn/GB/1026/16437873. html.

［17］方迎风，张芬. 邻里效应作用下的人口流动与中国农村贫困动态［J］. 中国人口·资源与环境，2016（10）：137～143.

［18］高帅，毕洁颖. 农村人口动态多维贫困：状态持续与转变［J］. 中国人口·资源与环境，2016（2）：76～83.

［19］高帅. 社会地位、收入与多维贫困的动态演变——基于能力剥夺视角的分析［J］. 上海财经大学学报，2015（3）：32～40，49.

［20］顾仲阳. 缓冲期帮扶不能挂空挡.［2017－04－09］，http：//f. china. com. cn/2017－04/09/content_40585957. htm.

［21］关爱萍，李静宜. 人力资本、社会资本与农户贫困——基于甘肃省贫困村的实证分析［J］. 教育与经济，2017（1）：66～74.

［22］郭劲光. 我国贫困人口的脆弱度与贫困动态［J］. 统计研究，2011（9）：42～48.

［23］郭熙保，罗知. 论贫困概念的演进［J］. 江西社会科学，2005（11）：38～43.

［24］国家行政学院编写组. 中国精准脱贫攻坚十讲［M］. 北京：人民出版社，2016.

［25］国家统计局住户调查办公室. 中国农村贫困监测报告2016. 北京：中国统计出版社，2016.

［26］国家卫生和计划生育委员会. 中国家庭发展报告2014［M］.

北京：中国人口出版社，2014.

［27］国务院. 中国农村扶贫开发纲要（2011～2020 年）. ［2011 - 11 - 29］，http：//www. gov. cn/gongbao/content/2011/content_2020905. htm.

［28］何昌福，吴海涛. 暂时贫困和慢性贫困：定量分析方法综述 ［J］. 农村经济与科技，2011（4）：43～45.

［29］何晓琦. 长期贫困的定义与特征 ［J］. 贵州财经学院学报，2004（6）：53～57.

［30］洪兴建，邓倩. 中国农村贫困的动态研究 ［J］. 统计研究，2013（5）：25～30.

［31］黄英伟，陈永伟，李军. 集体化时期的农户收入：生命周期的影响——以河北省北街 2 队为例 ［J］. 中国经济史研究，2013（2）：34～46.

［32］霍增辉等. 村域地理环境对农户贫困持续性的影响 ［J］. 中南财经政法大学学报，2016（1）：3～11.

［33］霍增辉，丁士军，吴海涛. 中部地区粮食补贴政策效应及其机制研究——来自湖北农户面板数据的经验论据 ［J］. 农业经济问题，2015（6）：20～28.

［34］江山. 国外动态贫困研究的发展与述评 ［J］. 兰州学刊，2009（3）：137～142.

［35］孔祥智，钟真，原梅生. 乡村旅游业对农户生计的影响分析——以山西 3 个景区为例 ［J］. 经济问题，2008（1）：115～119.

［36］黎洁等. 可持续生计分析框架下西部贫困退耕山区农户生计状况分析 ［J］. 中国农村观察，2009（5）：29～38.

［37］李贝，李海鹏，苏祖勤. 家庭生命周期、农户贫困及其影响因素分析 ［J］. 干旱区资源与环境，2017（3）：32～37.

［38］李斌，李小云，左停. 农村发展中的生计途径研究与实践 ［J］. 农业技术经济，2004（4）：10～16.

［39］李博，左停. 谁是贫困户？精准扶贫中精准识别的国家逻辑与乡土困境 ［J］. 西北农林科技大学学报（社会科学版），2017（4）：1～7.

［40］李聪等. 移民搬迁对农户生计策略的影响——基于陕南安康地

区的调查 [J]. 中国农村观察, 2012 (6): 31~44.

[41] 李树茁等. 退耕还林政策对农户生计的影响研究——基于家庭结构视角的可持续生计分析 [J]. 公共管理学报, 2010 (2): 1~10.

[42] 李小云, 董强, 饶小龙. 农户脆弱性分析方法及其本土化应用 [J]. 中国农村经济, 2007 (4): 32~39.

[43] 李晓超. 2007 中国发展报告 [M]. 北京: 中国统计出版社, 2007.

[44] 林善浪, 王健. 家庭生命周期对农村劳动力转移的影响分析 [J]. 中国农村观察, 2010 (1): 25~33.

[45] 刘建生, 陈鑫, 曹佳慧. 产业精准扶贫作用机制研究 [J]. 中国人口·资源与环境, 2017 (6): 127~135.

[46] 刘玲琪. 陕西省返贫人口特征分析与对策思考 [J]. 人口学刊, 2003 (4): 20~24.

[47] 刘生龙. 教育和经验对中国居民收入的影响——基于分位数回归和审查分位数回归的实证研究 [J]. 数量经济技术经济研究, 2008 (4): 75~85.

[48] 刘艳彬, 王明东, 袁平. 家庭生命周期与消费者行为研究——国际进展与展望 [J]. 中国管理信息化, 2008 (4): 103~105.

[49] 刘艳彬. 中国家庭生命周期模型的构建及产品消费关系的实证研究 [M]. 杭州: 浙江大学出版社, 2010.

[50] 刘宗飞, 姚顺波, 渠美. 吴起农户相对贫困的动态演变: 1998~2011 [J]. 中国人口资源与环境, 2013 (3): 56~62.

[51] 陆康强. 贫困指数: 构造与再造 [J]. 社会学研究, 2007 (4): 1~22.

[52] 罗楚亮. 农村贫困的动态 [J]. 经济研究, 2010 (5): 123~138.

[53] 马志雄等. 可持续生计方法及其对中国扶贫开发实践的启示 [J]. 农村经济与科技, 2012 (11): 34~38.

[54] 倪虹, 彭继权. 内蒙古城乡家庭贫困及其影响因素分析 [J]. 农村经济与科技, 2017 (5): 153~156.

[55] 潘鸿雁. 面对城市与农村的两难抉择——对河北翟城村分离的核心家庭的考察 [J]. 甘肃理论学刊, 2005 (3): 77~82.

[56] 潘允康. 社会变迁中的家庭: 家庭社会学 [M]. 天津: 天津社

会科学院出版社，2002.

［57］［美］乔舒亚·安格里斯特、约恩－斯特芬·皮施克. 基本无害的计量经济学——实证研究者［M］. 上海：格致出版社，上海三联出版社，上海人民出版社，2012.

［58］沈康达. 生命历程视角下的农村动态贫困研究——以宁夏回族自治区盐池县Z村为例［M］. 北京：中国农业大学，2014.

［59］史清华，候瑞明. 农户家庭生命周期及其经济运行研究［J］. 农业现代化研究，2001（2）：65~70.

［60］苏芳，蒲欣冬，徐中民. 生计资本与生计策略关系研究——以张掖市甘州区为例［J］. 中国人口资源与环境，2009（6）：119~124.

［61］唐文颖. 今年脱贫的群众仍可享部分扶贫政策.［2016-12-31］. http：//hnrb. hinews. cn/html/2016-12/31/content_4_1. htm.

［62］田丰. 当代中国家庭生命周期［M］. 北京：社会科学院文献出版社，2011.

［63］万喆. 新形势下中国贫困新趋势和解决路径探究［J］. 国际经济评论，2016（6）：47~62，5.

［64］汪三贵，李文. 贫困县农户收入的变化及原因分析［J］. 农业经济问题，2003（3）：19~24.

［65］汪三贵，刘未. "六个精准"是精准扶贫的本质要求——习近平精准扶贫系列论述探析［J］. 毛泽东邓小平理论研究，2016（1）：40~43，93.

［66］汪三贵，殷浩栋. 资产与长期贫困——基于面板数据的2LS估计［J］. 贵州社会科学，2013（9）：50~58.

［67］王振，齐顾波，李凡. 我国家庭农场的缘起与发展［J］. 西北农林科技大学学报（社会科学版），2017（2）：87~95.

［68］王朝明，姚毅. 中国城乡贫困动态演化的实证研究：1990~2005年［J］. 数量经济技术经济研究，2010（3）：3~15.

［69］王萍萍，方湖柳，李兴平. 中国贫困标准与国际贫困标准的比较［J］. 中国农村经济，2006（12）：62~68.

［70］王萍萍等. 中国农村贫困国标准问题研究［J］. 调研世界，2015（8）：3~8.

[71] 王跃生. 中国城乡家庭结构变动分析——基于2010年人口普查数据 [J]. 中国社会科学, 2013 (12): 60~67.

[72] 王祖祥, 范传强, 何耀. 中国农村贫困评估研究 [J]. 管理世界, 2006 (3): 71~77.

[73] 吴海涛, 丁士军. 贫困动态性: 理论与实证 [M]. 武汉: 武汉大学出版社, 2013.

[74] 吴兴旺. 家庭生命周期与家庭经济周期性波动规律——一项以少数民族相关材料为主的实证研究 [J]. 民族研究, 1999 (4): 32~43.

[75] [美] 伍德里奇. 横截面与面板数据的经济计量分析 [M]. 北京: 中国人民大学出版社, 2007.

[76] 鲜祖德, 王萍萍, 吴伟. 中国农村贫困标准与贫困监测 [J]. 统计研究, 2016 (9): 3~12.

[77] 向运华, 刘欢. 农村人口外出流动与家庭多维贫困动态演进 [J]. 吉林大学社会科学学报, 2016 (6): 84~95, 189.

[78] 熊小刚, 吴海涛. 湖北农村贫困及其影响因素分析 [J]. 农村经济与科技, 2016 (19): 132~135.

[79] 徐锋. 农户家庭经济风险的处理 [J]. 农业技术经济, 2000 (6): 14~18.

[80] 徐映梅, 张提. 基于国际比较的中国消费视角贫困标准构建研究 [J]. 中南财经政法大学学报, 2016 (1): 12~20.

[81] 许汉泽, 李小云. 精准扶贫背景下农村产业扶贫的实践困境——对华北李村产业扶贫项目的考察 [J]. 西北农林科技大学学报 (社会科学版), 2017 (1): 9~16.

[82] 闫强, 朱平芳. 企业研发强度影响因素的删失分位点分析 [J]. 科学学研究, 2014 (5): 735~743.

[83] 杨龙, 李萌. 贫困地区农户的致贫原因与机理——兼论中国的精准扶贫政策 [J]. 华南师范大学学报 (社会科学版), 2017 (4): 33~40, 189.

[84] 杨慧敏, 罗庆, 许家伟. 中国农村贫困的动态发展及影响因素分析——基于CHNS数据 [J]. 经济经纬, 2016 (5): 42~47.

[85] 杨龙等. 贫困地区农户的波动性风险和脆弱性分解——基于四

省农户调查的面板数据［J］.贵州社会科学，2013（7）：107~114.

［86］杨云彦，赵峰.可持续生计分析框架下农户生计资本的调查与分析——以南水北调（中线）工程库区为例［J］.农业经济问题，2009（3）：58~65.

［87］姚毅.城乡贫困动态演化的实证研究——基于家庭微观面板数据的解读［J］.财经科学，2012（5）：99~108.

［88］叶初升，赵锐，孙永平.动态贫困研究的前沿动态［J］.经济学动态，2013（4）：120~128.

［89］叶初升，赵锐.中国农村的动态贫困：状态转化与持续［J］.华中农业大学学报（社会科学版），2013（3）：42~52.

［90］于洪彦，刘艳彬.中国家庭生命周期模型的构建及实证研究［J］.管理科学，2007（6）：45~53.

［91］岳希明等.透视中国农村贫困［M］.北京：经济科学出版社，2007.

［92］张翠娥，王杰.弱势的累积：生命历程视角下农村贫困家庭的生成机制［J］.华中农业大学学报（社会科学版），2017（2）：23~30，131.

［93］张泓骏，施晓霞.教育、经验和农民工的收入［J］.世界经济文汇，2006（1）：18~25.

［94］张立冬.中国农村贫困动态性与扶贫政策调整研究［J］.江汉学刊，2013（2）：227~233.

［95］张清霞.贫困动态性研究［J］.湖南农业大学学报（社会科学版），2008（3）：42~45，49.

［96］张全红，李博，周强.中国多维贫困的动态测算、结构分解与精准扶贫［J］.财经研究，2017（4）：31~40，81.

［97］张志国.中国农村家庭贫困动态性及其影响因素研究［J］.辽宁大学，2015.

［98］章元，万广华，史清华.暂时性贫困与慢性贫困的度量、分解和决定因素分析［J］.经济研究，2013（4）：119~129.

［99］章元，万广华，史清华.中国农村的暂时性贫困是否真的更严重？.世界经济，2012（1）：144~160.

[100] 郑浩. 贫困陷阱: 风险、人力资本传递及脆弱性 [D]. 武汉: 武汉大学, 2012.

[101] 中华人民共和国国家统计局. 2016 年国民经济和社会发展统计公报. [2016-2-29]. http://www.stats.gov.cn/tjsj/zxfb/201602/t20160229_1323991.html.

[102] 周振, 兰春玉. 我国农户贫困动态演变影响因素分析——基于 CHNS 家庭微观数据的研究 [J]. 经济与管理, 2014 (3): 16~21.

[103] 周新苗. 我国机动车辆保险市场的风险理赔因素分析——分位点及受限分位点回归的应用 [J]. 数量经济技术经济研究, 2009 (2): 137~150.

[104] 朱晶, 王军英. 物价变化、贫困度量与我国农村贫困标准调整方法研究 [J]. 农业技术经济, 2010 (3): 22~30.

[105] 庄天慧, 张海霞, 傅新红. 少数民族地区村级发展环境对贫困人口返贫的影响分析 [J]. 农业技术经济, 2011 (2): 41~48.

[106] 邹薇, 方迎风. 中国农村区域性贫困陷阱研究——基于"群体效应"的视角 [J]. 经济学动态, 2012 (6): 15~30.

[107] 邹薇, 屈广玉. "资产贫困"与"资产扶贫"——基于精准扶贫的新视角 [J]. 宏观经济研究, 2017 (5): 69~73.

[108] 左停, 王智杰. 穷人生计策略变迁理论及其对转型期中国反贫困之启示 [J]. 贵州社会科学, 2011 (9): 54~59.

[109] Arranz J. M., Cantó O. Measuring the Effect of Spell Recurrence on Poverty Dynamics: Evidence from Spain [J]. *Journal of Economic Inequality*, 2012, 10 (2): 191~217.

[110] Bane M. J., Ellwood D. T. Slipping into and out of poverty: The dynamics of Spells [J]. *Journal of Human Resources*, 1986, 21 (1): 1~23.

[111] Bebbington A. Capitals and Capabilities: A Framework for Analyzing Peasant Viability, Rural Livelihoods and Poverty [J]. *World Development*, 1999, 27 (12): 2021~2044.

[112] Bigsten A., Shimeles A. Poverty Transition and Persistence in Ethiopia: 1994~2004 [J]. *World Development*, 2008, 36 (9): 1559~1584.

[113] Burke W. J., Jayne T. S. Spatial Disadvantages or Spatial Poverty

Traps: Household Evidence from Rural Kenya, MSU [R]. International Development Working Paper No. 93, 2008.

[114] Chambers R., Conway G. Sustainable Rural Livelihoods: Practical Concepts for the 21$^{st}$ Century [R]. IDS Discussion paper No. 296, Institute of Development Studies, Brighton, UK, 1992.

[115] Chernozhukov V., Hong H. Three-step Censored Quantile Regression and Extramarital Affairs [J]. *Journal of the American Statistical Association*, 2002, 97 (495): 872~882.

[116] Chernozhukov V., Fernandez-Val I and Han S. et al. CQIV: Stata Module to Perform Censored Quantile Instrumental Variables Regression, 2012.

[117] Chronic Poverty Research Centre. *The Chronic Poverty Report* 2004~2005 [M]. Manchester Press, 2005.

[118] Cook S. Social Security in Rural China: A Report on Research in Four Counties [R]. Research Report to ESCOR Department for International Development, 2001.

[119] Cruces G., Wodon T. Transient and Chronic Poverty in Turbulent Times: Argentina 1995~2002 [J]. *Econom ics Bulletin*, 2002, 9 (3): 1~12.

[120] DFID. Sustainable Livelihoods Guidance Sheets [J]. Department for International Development, 2000: 45-56.

[121] Du R. Y., Kamakura W. A. Household Life Cycles and Lifestyles in the United States [J]. *Journal of Marketing Research*, 2006, 43 (1): 121~132.

[122] Duncan G. J. Years of Poverty; Years of Plenty: The Changing Economic Fortunes of American Workers and Families [M]. *University of Michigan*, 1984.

[123] Duncan G. J., Corcoran M., Gurin G. et al., Myth and Reality: The Causes and Persistence of Poverty [J]. *Journal of Policy Analysis & Management*, 1985 (4): 516~536.

[124] Duvall E. M. Family Development's First Forty Years [J]. *Family Relations*, 1988, 37 (2): 127~134.

[125] Ellis F. *Rural Livelihoods and Diversity in Developing Countries* [M]. New York: Oxford University Press, 2000.

[126] Foster J., Greere J. and Thorbecke E. A. class of decomposable poverty measures [J]. *Econometrica*, 1984, 52 (3): 761~766.

[127] Gaiha R., Deolalikar A. Persistent, Expected and Innate Poverty: Estimates for Semiarid Rural South India 1975~1984 [J]. *Cambridge Journal of Economics*, 1993, 17 (4): 409~421.

[128] Gilly M. C., Enis B. M. Recycling the Family Life Cycle: A Proposal for Redefinition [J]. *Advances in Consumer Research*, 1982, 9 (1): 271~276.

[129] Glauben T., Herzfeld T. and Wang X. Persistence of Poverty in Rural China: Where, why, and how to escape? [J]. *World Development*, 2012 (40): 784~795.

[130] Glick P. C. The Family Cycle [J]. *American Sociological Review*, 1947, 12 (1): 164~174.

[131] Gustafsson B., Ding S. Temporary and Persistent Poverty among Ethnic Minorities and the Majority in Rural China [J]. *Review of Income and Wealth*, 2009, 55 (1): 588~606.

[132] Harper C., Marcus R. and Moore K. Enduring poverty and the conditions of childhood : lifecourse and intergenerational poverty transmissions [J]. *World Development*, 2003, 31 (3): 535~554.

[133] Hulme D. Chronic poverty and development policy: An introduction [J]. *World Development*, 2003, 31 (3): 399~402.

[134] Hulme D., Shepherd A. Conceptualizing Chronic Poverty [J]. *World Development*, 2003, 31 (3): 403~423.

[135] Jalan J. and Ravallion, M. Geographic Poverty Traps? A Micro Model of Consumption Growth in Rural China [J]. *Journal of Applied Econometrics*, 2002, 17 (4): 329~346.

[136] Jalan J., Ravallion M. Is Transient Poverty Different? Evidence from Rural China [J]. *Journal of Development Studies*, 2000, 36 (6): 82~99.

[137] Jalan J., Ravallion M. Transient Poverty in Post-reform Rural China [J]. *Journal of Comparative Economics*, 1998, 26 (2): 338~357.

[138] Krishna A. Pathways out of and into Poverty in 36 Villages of

Andhra Pradesh, India [J]. *World Development*, 2006, 34 (2): 271~288.

［139］Li H. Y. Family Life Cycle and Peasant Income in Socialist China: Evidence from Qin Village [J]. *Journal of Family History*, 2005, 30 (1): 121~138.

［140］McCulloch N., M. Calandrino. Vulnerability and Chronic Poverty in Rural Sichuan [J]. *World Development*, 2003, 31 (3): 611~628.

［141］Muller C. Censored Quantile Regressions of Chronic and Transient Seasonal Poverty in Rwanda [J]. *Journal of African Economies*, 2002, 11 (4): 503~541.

［142］Paul C. G. The Family Cycle [J]. *American Sociological Review*, 1947, 12 (1): 164~174.

［143］Porter G. Transport, (im) Mobility and Spatial Poverty Traps: Issues for Rural Women and Girl Children in Sub-Saharan Africa [R]. Paper prepared for the international workshop on Understanding and addressing spatial poverty traps, 2007.

［144］Powell J. L. Censored Regression Quantiles [J]. *Journal of Econometrics*, 1986, 32 (1): 143~155.

［145］Rodgers J. R., Rodgers J. L. Chronic Poverty in the United States [J]. *The Journal of Human Resources*, 1993, 28 (1): 25~54.

［146］Rodgers J. R., Rodgers J. R. Chronic and Transitory Poverty Over the Life Cycle [J]. *Australian Journal of Labour Economics*, 2010, 13 (2): 117~136.

［147］Rowntree B. S. *Poverty: Study of Town Life* [M]. London: MaCMillan and Co. Ltd, 1902.

［148］Sahn D. E., Stifel D. E. Poverty Comparisons Over Time and Across Countries in Africa [J]. *World Development*, 2000, 28 (12): 2123~2155.

［149］Schaninger C. M., Danko W. D. A Conceptual and Empirical Comparison of Alternative Household Life Cycle Models [J]. *Journal of Consumer Research*, 1993, 19 (4): 580~594.

［150］Schmillen A., Möller J. Distribution and Determinants of Lifetime

Unemployment [J]. *Labour Economics*, 2012, 19 (1): 33~47.

[151] Scoones I. Sustainable Rural Livelihoods: A Framework for Analysis [R]. IDS Working Paper No72, Institute of Development Studies, UK, 1998.

[152] Sen A. Poverty: An Ordinal Approach to Measurement [J]. *Econometrica*, 1976, 44 (2): 219~231.

[153] Sen B. Drivers of Escape and Descent: Changing Household Fortunes in Rural Bangladesh [J]. *World Development*, 2003, 31 (3): 513~534.

[154] Shorrocks A., Wan G. Spatial Decomposition of Inequality [J]. *Journal of Economic Geography*, 2005, 5 (1): 59~81.

[155] Stevens A. H. The Dynamics of Poverty Spells: Updating Bane and Ellwood [J]. *American Economic Review*, 1994, 84 (2): 34~37.

[156] Tuttle R. C. Poverty Over the family Life Cycle [J]. *Journal of Family and Economic Issues*, 1989, 10 (4): 267~291.

[157] Wan G. H., Zhang Y. Explaining the Poverty Difference between Inland and Coastal China: A Regression-based Decomposition Approach [J]. *Review of Development Economics*, 2008, 12 (2): 455~467.

[158] Wells W. D., Gubar G. Life Cycle Concept in Marketing Research [J]. *Journal of Marketing Research*, 1966, 3 (4): 355~363.

[159] You J. Evaluating Poverty Duration and Persistence: A spell Approach to Rrural China [J]. *Applied Economics Letters*, 2011, 18 (14): 1377~1382.